中传学者文库编委会

主　任： 廖祥忠　张树庭
副主任： 蔺海波　李　众　刘守训　李新军　王　晖
　　　　　杨　懿　柴剑平

成　员（按姓氏笔画排序）：
　　　　王廷信　王栋晗　王晓红　王　雷　文春英
　　　　龙小农　付　龙　叶　龙　刘东建　刘剑波
　　　　任孟山　李怀亮　李　舒　张绍华　张　晶
　　　　张根兴　张毓强　林卫国　郑　月　金　炜
　　　　金雪涛　周建新　庞　亮　赵新利　徐红梅
　　　　贾秀清　高晓虹　隋　岩　喻　梅　熊澄宇

中传学者文库
主编／柴剑平
执行主编／龙小农
副主编／张毓强　周建新

智能媒体初论
赵子忠自选集

赵子忠　著

中国传媒大学出版社
·北京·

图书在版编目（CIP）数据

智能媒体初论：赵子忠自选集 / 赵子忠著 . -- 北京：中国传媒大学出版社，2024.8.

（中传学者文库 / 柴剑平主编）．

ISBN 978-7-5657-3737-4

Ⅰ . G206.2-53

中国国家版本馆 CIP 数据核字第 2024DC0935 号

智能媒体初论：赵子忠自选集
ZHINENG MEITI CHULUN: ZHAO ZIZHONG ZIXUANJI

著　　者	赵子忠
责任编辑	于水莲
特约编辑	杨舒文
封面设计	锋尚设计
责任印制	李志鹏
出版发行	中国传媒大学出版社
社　　址	北京市朝阳区定福庄东街 1 号　　邮　编　100024
电　　话	86-10-65450528　65450532　　传　真　65779405
网　　址	http://cucp.cuc.edu.cn
经　　销	全国新华书店
印　　刷	北京中科印刷有限公司
开　　本	710mm×1000mm　1/16
印　　张	19.75
字　　数	302 千字
版　　次	2024 年 8 月第 1 版
印　　次	2024 年 8 月第 1 次印刷
书　　号	ISBN 978-7-5657-3737-4/G · 3737　　定　价　99.00 元

本社法律顾问：北京嘉润律师事务所　郭建平

总 序

媒介是人类社会交流和传播的基本工具。从口语时代到印刷时代，再经电子时代至今天的数智时代，媒介形态加速演变、融合程度深入发展，媒介已然成为现代社会运行的基础设施和操作系统。今天，人类已经迈入媒介社会，万物皆媒、人人皆媒，无媒介不社会、无传播不治理。今天，无论我们怎么用力于信息传播的研究、怎么重视信息传播人才的培养都不为过。

中国传媒大学（其前身为北京广播学院）作为新中国第一所信息传播类院校，自1954年创建伊始，即与媒介形态演变合律同拍、与国家发展同频共振，努力探索中国特色信息传播人才培养模式、构建中国信息传播类学科自主知识体系，执信息传播人才培养之牛耳、发信息传播研究之先声，被誉为"中国广播电视及传媒人才摇篮""信息传播领域知名学府"。

追溯中传肇始发轫之起源、瞩望中传砥砺跨越之未来，可谓创业维艰而其命维新。昔日中传因广播而起，因电视而兴，因网络而盛，今天和未来必乘风破浪、蓄势而上，因人工智能而强。在这期间，每一种媒介兴起，中传均吸引一批志于学、问于道、勤于术的

学者汇聚于此,切磋学术、传道授业,立时代之潮头,回应社会需求,成为学界翘楚、行业中坚,遂有今日中传学术研究之森然气象,已历七秩而弦歌不断,将传百世亦风华正茂。

自新时代以来,中传坚守为党育人、为国育才初心,励精图治、勠力前行,秉承"系统治理、创新图强、交叉融合、特色发展"的办学理念,牢牢把握高等教育发展大势、传媒业态发展趋势,瞄准"智能传媒"和"国际一流"两大主攻方向,以世界为坐标、以未来为向度,完成了全面布局和系统升级,正在蹄疾步稳、高质量推动学校从传统高等教育向未来高等教育跨越、从传统传媒教育向智能传媒教育跨越、从国内一流向世界一流跨越,全力建设中国特色、世界一流传媒大学。

中国特色、世界一流,在于有大先生扎根中国大地,汇聚古今、融通中外;在于有大先生执教黉门,学高为师、身正为范;在于有大先生躬耕杏坛,敦品积学、启智润心。习近平总书记更强调,高校教师要立志成为大先生,在教书育人和科研创新上不断创造新业绩。中传广大教师素来以做大先生为毕生职志,努力成为新时代"经师"与"人师"的统一者,做真学问、立高品行,践履"立德树人"使命。

2024岁在甲辰,欣逢中传建校70华诞,学校特邀约部分学者钩玄勒要、增删批阅,遴选已公开刊发的论文汇编成集,出版"中传学者文库",意在呈现学校在学科建设、科学研究、服务行业实践等方面的最新成果,赓续中传文脉,谱写时代新声。

文库汇聚老中青三代学者,资深学者渊渟岳峙、阐幽抉微;中年学者沉潜蓄势、厚积薄发;青年学者踌躇满志、未来可期。文库与五十周年校庆所出版的"北广学者文库"相承接,大致可勾勒中传知识生产薪火相传、三代辉映之概貌，反映中传在构建中国特色新闻传播类、传媒艺术类、传媒技术类学科体系、学术体系和话语体系方面的耕耘与收获，窥见中国特色信息传播类学科知识体系构建的发展脉络与轨迹。

这一构建过程，虽筚路蓝缕，却步履铿锵；虽垦荒拓野，亦四方辐辏。一批肇始于中传，交叉融合、具有中国特色的学科，如播音主持艺术学、广播电视艺术学、传媒艺术学、数字媒体艺术学、政治传播学等，从涓涓细流汇入滔滔江河，从中传走向全国，展现了中传学者构建中国自主知识体系的学术想象力和创新力。文库展示的虽然是历史，实则是呈现今天；看似是总结过去，实则是召唤未来。与其说这套文库的出版，是对既有学术成果的展示，毋宁说是对未来学术创新的邀约。

回首过往，七秩芳华。我们深知，唯有将马克思主义基本原理与中华优秀传统文化相结合，才能推动中华学术创造性转化和创新性发展，推动中国自主知识体系的构建。我们深知，唯有准确把握媒介形态演变的脉动、深刻认知媒介形态变革所产生的影响，才能推动中国信息传播类学科自主知识体系的构建与时俱进。

展望未来，星辰大海。我们深知，以人工智能为代表的产业和科技革命正迅疾而来，媒介生态正在加速重构，教育形态正在全面重塑，大学之使命与价值正在被重新定义；我们深知，唯有"胸怀国之大者"、面向世界科技前沿、面向经济主战场、面向国家重大需求，才能确保中传始终屹立于中国乃至世界传媒教育发展之潮头。

如何应对人工智能带来的深刻变革，对中传而言是一场要么"冲顶"、要么"灭顶"的"兴亡之战"。我们坚信，不管前方是雄关漫道，还是荆棘满途，唯有勇敢直面"教育强国，中传何为？"这一核

心命题,奋力书写"智能传媒教育,中传师生有为!"的精彩答卷,才能化危为机,奋力开创人工智能时代中传智能传媒教育新纪元。

功不唐捐,芳华七秩;风帆正举,赓续创新。

是为序。

廖祥忠

第十四届全国政协委员,中国传媒大学党委书记、教授、博士生导师

前 言

新媒体的发展历程,是信息社会发展中的精彩篇章。20世纪80年代的"5A"信息社会理论,演化成了新媒体基础架构以及应用模式;"技术创新扩散"范式,推动了新媒体技术创新和产业实践的结合;"社会网络组织"的理论,成为网络数据联合和信息流动的基本模式;"万物互联,人机共生",为人工智能和物联网络提出了新的发展方向。

本论文集的研究,一部分研究于Web2.0的发展成熟期,另一部分研究于Web3.0创新启动期。Web2.0的相关理论日益成熟,产业形态越来越完善,市场格局越来越稳定。Web3.0的相关理论正在创新发展,概念内容不断丰富,体系发展不太稳定,产业正处于启动期,在未来5~10年还会有更多的发展变化。

一、Web2.0 的研究

对Web2.0的新媒体理论,相关学者们的研究,重点体现在了移动化、社交化和视频化发展上。学界和业界主要的理论研究包括"连接"理论的移动化重申,"互动"理论的移动化转型,"社会化媒体"理论的用户分享规模提升,"平台理论"的规模化探讨,"去中心化"的内容与传播架构思考,"社群模式"的各种思考,"社会网络"的体系与网络沟通,"场景理论"的视频化重构等,对这些理论的探索,是我研究论文的重要构成部分。

在Web2.0研究中，一个研究重点是Web2.0的商业模式研究，体现为直播电商模式的创新研究。研究项目开始于2016年，中传和阿里探讨合作了创新研究的项目，题目叫"内容电商创新研究项目"，这个项目研究的初衷，就是把图文类型的电商，转变成视频化类型的电商。研究项目尝试了短视频电商和直播电商两个方向的研究，通过市场研究发现，短视频电商模式不太受到市场的接受，而直播电商模式取得了快速发展，并在后来发展成为重要的新媒体商业形态。这个项目的研究重点和理论贡献，是直播电商"人货场"模式的相关研究。

另外一个研究重点是网红研究。随着社会化媒体的发展，网红成为重要的传播现象，"赋能"理论成为推动网红发展的基本依托，"用户参与内容生产"模式也推动了Web2.0体系的发展壮大。基于传统理论中有新闻语境下的"KOL"概念（关键意见领袖），虽然当时觉得网红和"KOL"还存在很多很明显的差别，但我们还是借助了"KOL"这个概念及理论来做了研究。现在看来，在"网红"研究中，我们是采用了"网络明星"的方式来研究的。

二、Web3.0研究

随着新媒体技术的创新，新媒体发展进入了Web3.0阶段。新媒体技术包括人工智能技术、元宇宙技术、区块链技术、5G网络技术、物联网技术等技术集群的发展，需要我们提出面向Web3.0的新理论和新模式。

Web3.0理论研究还处于创新探索阶段，各种基础理论需要体系化，创新理论需要完善，交叉理论需要融合发展，概念需要明确界定，内涵需要不断明确和确认。

我对Web3.0的研究主要包括三个方向：第一个方向是智能媒体的研究，这个研究从2019年开始，主要的研究方向为"开放式AIGC"（人工智能生成内容）、"智能中台"。我们研究院智能媒体的研究团队由徐琦老师负责,从 2019 年开始,已经连续五年发布智能媒体发展报告,对于人工智能政策、人工智能技术公司的平台、技术基础机构、媒体机构的人工智能应用的案例,进行了调研研究,从大量的案例中对于媒体应用人工智能进行了思考。智能媒体的理论研究包括,"人智协同""人智交互""智能媒体平台"等相关的领域,智能媒体理论研究是复合多元的,从人工智能的"行为模式""符号主义"等基础理论,到"多模态能力""智能感知"等技术概念,再到"智能创作""智能审核"等媒体业务,乃至人工智能风险等理论的交叉融合创新。

第二个方向是 5G 新媒体的研究,这个研究源于 5G 网络的商用。我们研究院移动互联网的团队是卢迪老师负责的,5G 新媒体的研究理论主要包括新"连接"模式和"物联网"的信息汇聚结构,我们对 5G 两个核心技术进行了应用研究,一个是"网络切片",一个是"边缘计算",这两个技术方向应该能够有重要的应用突破。

第三个方向是元宇宙的研究,这个研究开始于 2021 年,源于国际上"元宇宙"概念的兴起。对于现实世界和虚拟世界的融合发展,是元宇宙概念下研究的重要命题,"数字孪生""虚实共生""数字原生"等基础理论都需要创新与建构。元宇宙研究的框架包括对于元宇宙行业的分析、元宇宙政策发展、元宇宙的技术方向、元宇宙的应用实践、元宇宙的产品和模式、数字资产和产业形态的演变等方面。

三、媒体融合研究

媒体融合研究对象是传统媒体和新兴媒体的融合发展,研究开始于 2014 年,研究缘起是中央提出要推动媒体融合发展,早期的研究主要集中于中央媒体的媒体融合和省级媒体融合,2018 年开始了县级媒体融合研究和省级媒体融合平台建设的研究,2021 年开始了市级媒体融合发展的研究。基于不同类型媒体的主体,我们进行了不同视角、不同资源、不同机制、不同方式的模式研究。

对于媒体融合的研究，国内学者和传统媒体从业同仁，一方面把 Web1.0 理论和 Web2.0 理论应用到传统媒体融合上；另一方面，对传统媒体的理论进行升级和丰富，并对媒体融合提出了很多细分理论，包括"移动优先"理论，"受众向用户转型"市场转型理论，"平台型媒体"建构理论，"新闻+"核心优势拓展理论，"内容科技"理论，"台网联动"理论，"新媒体矩阵"平台组合理论等。

媒体融合的理论研究，主要是"全媒体"理论的媒体融合研究，有助于打造全媒体传播体系，探讨全媒体传播的模式，形成全媒体的理论架构。

应用研究方向主要有以下几个方面：一是融媒体技术平台应用，包括将移动客户端技术、云计算技术、大数据技术、新闻策采编发评技术体系等应用到媒体融合技术体系中；二是新媒体内容体系，主要是融媒体内容的创作和研究；三是新闻+政务的研究，政务新媒体的应用，有助于发挥媒体对于政务工作的支撑作用；四是融媒体经营，包括内容付费、广告、电商、融媒体活动等内容。

新媒体研究是一个过程变化很快的研究领域。我们对新媒体的这些研究，既有理论的，也有应用的，基于学术理论、政策管理、产业发展、投资模式、技术创新等内容，相互解读、融合思考、交叉分析，是和学界业界同仁共同交流、共同研究的结果。

赵子忠

2024 年 6 月

目 录

智能媒体研究

智能媒体的基本思考 …………………………………………………… 003
原子力与平台化：智能媒体的发展理论与模式 ………………………… 006
2019 年中国智能媒体发展报告（节选）………………………………… 022
2020 年中国智能媒体发展报告（节选）………………………………… 044
2021 年中国智能媒体发展报告（节选）………………………………… 077
2022 年中国智能媒体发展报告（节选）………………………………… 086
2023 年国内大模型发展综述与趋势研判 ……………………………… 103
智能媒体的发展趋势与变革 …………………………………………… 111
智能媒体技术助力主题主线新闻传播 ………………………………… 118
ChatGPT：语言文字的智媒体时代 …………………………………… 126

5G 媒体研究

5G 传媒的空间在哪里 …………………………………………………… 131
5G 对传播的影响 ………………………………………………………… 133

5G 环境下广电的融合创新 ……………………………………… 136
5G 时代传媒业态展望 …………………………………………… 141
5G 哲学与创新方向 ……………………………………………… 144
传媒变革：5G 对媒体的基本影响 ……………………………… 147

媒体融合研究

媒体融合的几点思考 …………………………………………… 161
构建全媒体传播体系的路径和关键 …………………………… 165
媒体融合和全媒体传播体系 …………………………………… 179
技术生态视域下的全媒体传播体系建设 ……………………… 188
"新闻+"运营模式的理论与实践 ……………………………… 199
电视媒体融合需要理解信息革命 ……………………………… 207
对广电媒体融合若干问题的思考 ……………………………… 211
广电媒体融合发展的基本问题思考 …………………………… 215
媒体融合：唯一不变的就是变化 ……………………………… 218
新媒体技术在县级媒体融合中的应用 ………………………… 222
媒体融合"省带县"模式：财富和包袱 ……………………… 229

社交媒体研究

元宇宙的源起动力 ……………………………………………… 235
连接
　——主流媒体平台化建设的关键路径 ……………………… 238
新媒体多元化的基本模型及其特征 …………………………… 244
知识付费的发展 ………………………………………………… 254

互联网内容付费的特征 ··· 256
内容付费的内涵及主要类型 ······································· 264
内容科技的主要特征与基本结构 ·································· 272
新基建：内容科技的支撑与动力 ·································· 278
内容与技术融合需关注的四个问题 ································ 284
私域流量，直播电商和微商模式 ·································· 290
直播电商生态和广电生态的融合与思考 ···························· 293

智能媒体研究

智能媒体的基本思考*

人工智能大模型发展给媒体发展带来了新的课题。智能媒体发展，不能仅仅就媒体讨论媒体，而需要将其放到一个更基本的结构上去思考。对于智能媒体发展前景的判断和分析，需要有一些基本的思考，这样能够逐步明确对智能媒体基本的态度和认知。

思考一，智能化。我的观点是，智能化不能仅仅局限于媒体的智能化，还要关注社会的智能化。智能化趋势，是人工智能一个泛在的模式。有理论提出"无处不 AI"，提出智能化就是人工智能进入我们社会的多个领域，并且成为无处不在的技术，成为我们生活工作的一部分。我们需要预判人工智能将会进入社会的哪些领域，产生什么样的影响，这种预判既有充满想象力的思考，也有基于数据的科学性的分析。智能化不是媒体的智能化，而是整个社会智能化之后，在媒体上的表现和反映。对于智能媒体的预判，需要建构在对社会智能化的预判之上，这个预判非常关键，社会智能化会发展到一个什么样的程度，决定了智能媒体的发展水平和程度。

思考二，智能基建。这里我提出一个自己的观点，智能基建就是智能媒体。智能基建会构建智能媒体的基本业态。智能媒体的发展，依托于智能化社会新的基础要素。智能基建中有一种共识是算力、算法、数据三要素，基于这样的要素模式，我们正在建设和推动高性能芯片、5G、6G、数据中心、物联网研究与创新等研发工作，我们正在开发更多的软件、更多的虚拟空间，

---

* 本文原载于《新闻论坛》2024 年第 2 期，收入本书时有改动。

更多的开放式深度学习平台。支撑算力、算法、数据的要素变化，将会极大地影响智能媒体的模式。我们现在探讨的智能媒体，有些是底层的人工智能平台，有些是重要的媒体应用，这些新兴的智能平台以及应用，会成为未来五年智能媒体发展的重要组成部分。

思考三，智能内容生产。智能媒体的发展，目前的研究主要集中在智能内容生产领域，即 AIGC。相关的研究强调了人工智能的核心在于信息生产能力，大量的应用案例都是在内容生产领域。有几个重点问题得到了大家的持续关注，一是数据生产的规模，人工智能内容生产能力能够达到现有 UGC（用户生成内容）生产能力的几何级的能力，这种生产能力正在极大地震撼我们；二是场景泛化模式，各个行业的专业人士，正在推动人工智能生成专业内容的能力；三是多模态的生产能力。多媒体问题，在人工智能领域依旧是一个重要课题，文字、图片、视频、音频以及相关的模态，如何更为自由地转化，仍是智能媒体的前沿领域；四是内容生产安全问题，人们正在大量使用智能化应用，相关内容的智能审核是当前应用的热点领域。

思考四，智能分发。智能分发是智能媒体传播力的基础，to C（To Customer，面向用户/消费者）这个问题是智能媒体发展的一个重要问题。智能媒体关注内容生产，实际上智能分发才是智能媒体需要突破的环节。在 Web2.0 的发展过程中，个性化算法推荐的快速发展，就是其中一个重要的案例。智能分发的基本理论底座是人格化，或者称个性化，需要更多的人工智能用户分析能力的提升，以更加小颗粒度、复杂多维的传播架构，完成智能媒体的内容分发流程和模式。智能化社会中，如何智能化信息分发的模式，将是智能媒体平台建构的核心问题。

思考五，智能交互。智能交互是最直接的人机关系，智能化的人机关系如何处理呢？我们经历了计算机语言交互、图形用户界面交互，正要进入自然人机交互阶段，或者说我们更倾向于"智能人人交互"。智能交互本身就是智能生产和智能分发的一个组成部分，智能语音识别、智能图像识别等技术，让智能交互进入了新的发展时期，推动人与机器的交互向人与人交互模式的发展。近几年发展的数字人，是社会对智能交互的一种意愿方向的产物。在智能媒体发展中，智能交互将成为重要的"交互平台"，成为智能媒体的一种类型或者是智能媒体的一个重要组成部分。

思考六，智能产业。智能化推动智能产业的发展，是目前一个重要的共识。智能媒体将会成为智能产业中的哪个部分，或者说智能媒体将形成什么样的智能产业，是智能媒体发展的一个重要问题。国务院在《新一代人工智能发展规划》中提出，大力发展人工智能新兴产业，打造具有国际竞争力的人工智能产业集群，智能软硬件、智能机器人、智能运载工具、虚拟现实和增强现实、智能终端、物联网基础器件六大产业。这些产业将会推动智能媒体形成新的产业生态，支撑更多的智能媒体内容，形成基于信息流和用户流的产业集群。

智能媒体的发展，会随着智能社会的发展而丰富，随着智能产业的发展而壮大。

原子力与平台化：智能媒体的发展理论与模式*

一、智能媒体理论回顾与理论分析

回顾智能媒体的相关学术研究，是探索智能媒体理论发展过程、把握主要智能媒体研究理论的基础。本文以"智能媒体"为主题词，以"中文核心期刊"和"CSSCI"为纳入标准检索CNKI（中国知网）数据库，对智能媒体的文献做了梳理和分析。检索年限为1997年至2022年，共检索到430篇文献。在知网搜索到的最早关于智能媒体的文献，是1997年发表在《世界标准化与质量管理》杂志上的消息动态，题目叫《FIPA加速智能媒体的标准化》[①]。智能媒体论文发表时间大致可以分为三个阶段：第一阶段是2000—2015年，从搜索引擎到社交化网络，智能媒体的发文数量每年都有1~2篇；第二阶段是2015—2018年，智能媒体的研究进入快速增长期；第三阶段是2018—2022年，智能媒体的每年论文数量为60~80篇。经过统计发现，"智能媒体""人工智能""媒体融合"是论文出现频率较高的关键词，累计占比32.53%，"智能时代""智能传播"与"大数据"也是较为热门的研究领域。

我们对上述的智能媒体理论进行了研究，发现有四种理论非常值得大家进行思考和探讨。

---

* 本文原载于《青年记者》2023年第1期，与王喆、郑月西合作，收入本书时有改动。
① FIPA加速智能媒体的标准化［J］.世界标准化与质量管理，1997（4）：46.

（一）人机传播理论

人机传播理论，是对于智能媒体发展的重要理论思考，在原有的互联网模式中，我们研究的主要是人与人之间的传播，到了智能媒体阶段，我们需要面对的是人与机器之间的传播，在人机传播这一全新的传播形态下，计算机成为一种值得关注的传播主体，人工智能与人进行信息的传递，人与机器的交互可能会从简单的界面交互，进一步发展成为情感、情绪的交互。

牟怡、许坤在《什么是人机传播?》中，探讨了人机传播领域前沿研究的三个领域。第一个领域，计算机社会行动者范式，"计算机社会行动者"范式是斯坦福大学的 Clifford Nass 以及他的同事从一系列人机互动实验中得出的理论结构。第二个领域，媒体等同理论，这个理论被大量地运用于人与机器人的交互。第三个领域，从交互界面研究到人机交互研究，原先的交互研究主要是人和机器交互界面的研究，近期，研究者主要从智能媒体技术出发，将人类的特征作为社交化机器的特征，研究机器的人机交互程度，如对社交机器人陪伴效应的研究。[1]

人机传播在智能媒体中的表现，主要体现在两个方面：一方面是智能型助手，智能型助手具备强大的信息管理分发能力，可以帮助人更好地实现信息处理；另一方面是情感型助手，智能媒体不断提高情感传播的能力，能够有效实现社交化的情感、情绪陪伴。[2]

（二）人工智能生成内容

人工智能生成内容（AIGC），是继 PGC（专业生产内容）、UGC（用户生产内容）后，利用 AI 自动生成内容的生产方式。从业界来看，互联网公司纷纷推出了 AIGC 平台及服务，腾讯打造了写稿机器人"梦幻写手"；阿里巴巴推出了 AI 在线设计平台 Lubanner，帮助营销人员生产 Banner；字节跳动的剪映、快手云剪都能提供 AI 生成视频；网易推出了 AI 音乐创作平台"网易天

---

[1] 牟怡，许坤.什么是人机传播?——一个新兴传播学领域之国际视域考察［J］.江淮论坛，2018（2）：149-154.
[2] 彭兰.人机传播与交流的未来［J］.湖南师范大学社会科学学报，2022，51（5）：12-22.

音"等，可以看出，AIGC 是智能媒体时代的重点应用创新。

关于 AIGC，李白杨在《人工智能生成内容的技术特征与形态演进》中提出 AIGC 的四大特征和三大发展阶段，其中四大特征是：第一，AIGC 对巨量数据进行处理演算后才能生成内容；第二，AIGC 可以批量化、体系化地生成丰富的内容；第三，AIGC 数据来源于无人机、摄像机、物联网等设备收集的多模态数据；第四，认知交互能力，AI 为人机交互带来更多可能性。AIGC 的三大发展阶段是：模型赋智阶段，AIGC 利用 AI 技术构建模拟现实世界的数字孪生模型；认知交互阶段，AI 能够学习并创作更丰富的内容；空间赋能阶段，AIGC 基于物联网和多模态技术获取多维信息，实现更加智能的人与机器互动。①

（三）多模态数据处理

随着文字、图片、视频、音频等多媒体信息形态的发展，多模态数据处理成为重要的热点理论。任泽裕、王振超等人在《多模态数据融合综述》中提出了多模态数据处理的具体四大应用场景：多模态视频片段检索，综合多模态信息生成内容摘要，多模态情感分析，多模态人机对话系统。②

新兴媒体的不断发展，推动了业界的需求。例如，搜索引擎的发展时期，推动文字的信息处理飞速发展，关键词成为行业重要的信息概念；社交媒体的发展时期，用户对于图片和照片的分享，增加了图片的信息数量，"有图有真相"成为金句；最近五年，随着短视频平台的发展，抖音、快手等平台公司推动了短视频信息数量爆发，给信息领域增加了视频类型。海量的各种模态的数据对于智能化信息处理提出了新的需求，智能技术需要解决跨模态的信息处理问题，因而多模态数据处理成为新的热点理论。

---

① 李白杨，白云，詹希旎，等.人工智能生成内容（AIGC）的技术特征与形态演进［J］.图书情报知识，2023，40（1）：66-74.
② 任泽裕，王振超，柯尊旺，等.多模态数据融合综述［J］.计算机工程与应用，2021，57（18）：49-64.

(四)人机共生与人机协同

在 5G 互联网发展与研究过程中,有一个概念影响了整个行业,这个概念叫作"人机共生,万物互联",它描述出了非常富于想象力的场景。在这个场景中,随着 5G 技术群和人工智能技术群的发展,"人机共生"将会成为重要的研究课题。在人机共生成为越来越普遍的现象后,"人机如何共生"成为智能媒体发展中重要的社会伦理问题。"人机协同"概念的提出,为探索解决人机共生中存在的问题提供了思路。人机协同将经历三个阶段:初级阶段,人工智能机器辅助人们进行简单的内容生产;中级阶段,人们设定算法程序与机器协同工作;高级阶段,实现人机共生。

喻国明等在《新闻人的价值位移与人机协同的未来趋势》中提出,人机协同将成为未来传媒生产的主流模式。机器新闻写作还离不开新闻记者的把关,在重大而敏感的议题上更是如此。[1]杜娟在《从"人机协同"看人工智能时代的新闻伦理构建》中提出,对"工具理性"和"价值理性"的概念进行考察,"人机协同"概念强调了未来技术发展对新闻业的更高要求,其伦理学内涵也为突破人工智能时代新闻伦理的困境提供了一种哲学路径:构建人机之间平衡和谐的关系,以人类的智慧让人工智能在新闻实践中"物尽其用",是未来努力的方向。[2]

对于"人机共生"与"人机协同"的理论,业界和学界也有着深深的忧虑和担心。学界关于人机协同的平衡讨论较多,认为机器会越发智能,成为新的主体。喻国明提出,依赖机器生产会导致回音壁效应和黑天鹅事件,成为现实的伦理风险。杜娟表示,机器生产中人的主体性缺失,会导致新闻缺乏道德和社会关怀。

---

[1] 喻国明,刘瑞一,武丛伟.新闻人的价值位移与人机协同的未来趋势:试论机器新闻写作对于新闻生产模式的再造效应[J].新闻知识,2017(2):3-6.
[2] 杜娟.从"人机协同"看人工智能时代的新闻伦理构建[J].社会科学研究,2019(4):197-204.

二、智能媒体的原子力

讨论智能媒体研究，"智能原子力"是一个非常重要的思想。在对多家互联网企业调研的过程中，人工智能平台的人工智能技术能力，都强调了"智能原子力"这个概念。什么叫原子力呢？原子的力量有两个，一个是"聚变"，一个是"裂变"，聚变和裂变都会推动整个生态的蓬勃发展。人工智能平台提供的是具有标准化、复用性、可扩展、可授权、可定价等特点的人工智能工具。原子能力代表各维度能力之间的深度交流和联合，能力相互关联，从而迸发如原子聚变般的效果，促进媒体智能化发展。智能媒体依托于各项原子能力集成于智能媒体平台，以云化、数字化为基础，以智能化为核心。

（一）人脸识别技术

人脸识别技术是智能媒体的原子力之一，是目前市场应用较为广泛的人工智能技术。我们可以在火车站、飞机场、酒店、办公楼等地方看到应用的基本场景。人脸识别技术是基于面部分析技术，提供包括人脸检测与分析、比对、搜索、验证、五官定位、活体检测等多种功能。张溪瑨提出该技术可用于识别照片、视频或实时人物，其工作流程主要包括五个步骤，即图像采集、人脸检测、特征提取、数据库比对、身份识别。[①]与传统生物特征识别技术相比，人脸识别技术具有自然性、非接触性、不易察觉性、并发性的特点。

人脸是重要的智能识别内容，和脸相关的事情都是人们关注的，人脸本身就具备原子力。关于脸的热词叫"颜值"，在颜值上下功夫、做应用，是使人脸识别具有原子力的方法之一。在短视频平台上，颜值这个功能就被放大了，互联网公司把人脸识别技术应用到颜值上，取得很好的效果，比如抖音、快手捕捉人类面部特征，形成特效滤镜。

---

① 张溪瑨，王晓丽. 人脸识别技术与应用的风险及治理研究[J]. 科学学研究，2024，41（3）：385-393.

（二）智能人体识别

智能人体识别，是人工智能应用中一个重要的部分。梁绪认为，人体行为识别的关键是提取行为特征，与图像空间中的特征不同，视频中人的行为特征需要描述人在图像空间中的外观，提取外观和姿势的变化，即从二维空间特征扩展到三维时空特征。[①]

国家跳水队的 AI 教练，就是智能人体识别技术原子力的体现。AI 教练需要将跳水全过程和场馆场景进行三维再现。从可视化到量化，从二维平面到三维立体，运用 3D 视觉技术以及深度神经网络，从 2D 视频中估算出运动员的三维姿态，并将跳水全过程进行三维再现，实现定格分析与量化评估。

动作捕捉技术，是智能人体识别的另外一种应用。《阿凡达 2》这部电影以水下场景为主，演员们用一种新的水下表演捕捉形式，将水下拍摄和表演捕捉结合在一起，就是水下动作捕捉系统的应用。

（三）光学字符文字识别技术

光学字符（OCR）文字识别技术是一个多模态应用处理的重要工具，它能够把图文和视频转化成文字，是将多模态变成文字的一种方式。OCR 文字识别技术的原子力是做减法，把复杂的多模态变为成熟简单的智能文字处理。

智能媒体应用中，我们在处理视频时，OCR 可以将提取到的信息进行分类，针对节目视频图像中的字幕区域的文字内容进行 OCR 自动识别，并形成文本数据。区分出标题、字幕、滚动字幕和广告等，根据综艺、体育、新闻栏目等视频的特色，使用图像目标检测技术，设计并定制化地检测出图像中的标题、字幕、滚动字幕、信息、广告、文档和背景文字这几类，通过这些应用，将视频处理能力转变成文字处理能力。从安全播出的角度看，OCR 可以对字幕区域的文本数据进行敏感关键词的过滤，确保文本字幕不会出现影响安全播出的禁忌词语。

[①] 梁绪，李文新，张航宁. 人体行为识别方法研究综述［J］. 计算机应用研究，2022，39（3）：651-660.

（四）智能视频技术

智能视频技术近几年备受关注，这离不开互联网短视频行业的快速发展。抖音、快手等短视频平台采用了用户生产内容（UGC）模式，每天用户上传的短视频条数为 1500 万~2000 万条，海量的短视频内容推动了智能视频技术的应用和发展。

智能视频技术包含视频生产技术、视频采集技术、视频传输技术、视频解码技术、视频存储技术以及视频应用技术。智能视频剪辑编辑是应用非常广泛的方向，多种智能剪辑编辑技术提供了大量的剪辑编辑模板，可以将长视频或原始视频素材进行智能拆条，生成为短视频内容。"横屏转竖屏"也是智能视频的应用，电视媒体原来有着大量的横屏素材，现在也在生产着大量的横屏节目，智能化"横转竖"功能，能够让电视节目和手机节目顺利转化，实现大小屏节目共用。例如，2022 年中央广播电视总台春节联欢晚会首次在央视频 App 和微信视频号进行了竖屏直播，春晚摄制团队安排了多个专门的竖屏机位进行拍摄，并实现高清、4K 新媒体信号现场混合制作播出，以及横屏、竖屏的统一切换。

（五）智能语言技术

智能语言技术在媒体中的应用比较早，典型的应用是"关键词"。互联网海量数据的大发展，特别是文字生产发布存储的数量增加，使得自然语言处理技术得到了快速发展，搜索引擎就是智能语言技术原子力的具体体现。何苑在自然语言技术的智能传播应用与风控分析中指出，自然语言处理（NLP）技术涉及语义分析、知识图谱、机器翻译、信息检索和过滤、语音识别和情感分析等不同方面。[1]

搜索引擎就是对智能语言技术这种原子力的一个很好应用，其能够从文本中自动提取出若干个反映文本主题、话题、实体等方面的关键词或短语，为个性化推荐、话题聚合、电商推荐等应用场景提供技术支持。其一方面能

---

[1] 何苑，张洪忠，张尔坤. 基于自然语言技术的智能传播应用与风控分析［J］. 传媒，2022（5）：48-51.

够精准识别文本内容，智能分析文本结构，准确理解文本含义；另一方面能自动提取文本中的关键词，自动提取若干个反映文本主题、话题、实体等方面的关键词或短语，灵活设置提取的关键词数量，在媒体中常用于新闻个性化推荐。

智能翻译是智能语言技术的原子力体现，其通过对不同语言的分词、语意等智能分析模式，进行词语、句子、语法、语态、语义、情感等内容的处理，进行自然语言的算法和处理，如百度使用的人机共译。

（六）智能语音技术

智能语音技术主要由语音识别技术（ASR）和语音合成技术（TTS）两大技术板块组成，包括语音识别、语音合成、音频理解以及音乐智能四个应用模块，《中国智媒体融合发展报告（2022）》认为，其主要能力是使智能机器可以用听觉感知周围的世界，用声音和人做自然的交互，让操控机器和智能生活更为便捷。

AI智能配音就是一种较为常见的原子力应用。利用AI系统所训练的语料资源库，基于强大的智能语音技术，一键生成个性化配音，高效合成输出。无论是普通话、方言，还是不同口音的外语，只要是在AI资源库中的资源就会直接生成所需的配音内容，甚至可以通过提前录入干音，形成千人千声的定制配音。

（七）智能图像技术

智能图像技术包括图像采集、图像分割、图像比对、图像预处理、目标识别和分类、目标检测和跟踪、目标定位和测量。其具有智能图像处理的机器视觉，相当于人们在赋予机器智能的同时为机器安上了眼睛，使机器能够"看得见""看得准"，可替代人眼做测量和判断，使得机器视觉系统可以实现高分辨率和高速度的控制。

在以上智能图像技术中，智能图像中的目标检测与追踪技术也是有原子力的。上述技术被应用在媒体内容监测的时候，通过数据集的训练建立审核

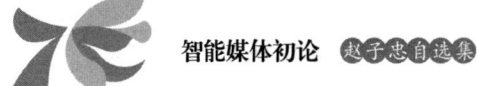

目标的模型,针对画面中的目标元素进行追踪,对于图像及视频中的不恰当、有争议或违法内容等进行识别检测,进行标注和报警,以进行过滤和处理,可以大大减少人力的投入。

三、智能媒体平台化与智能聚合

智能媒体的发展,正在从流程化转向平台化,并通过人工智能平台完成信息的重新聚合。智能媒体的一个发展方向是媒体平台和媒体流程的智能化,主要是在媒体现有业务流程的各个环节增加人工智能模块。媒体行业重点研究的方向,就是从新闻写作到图文创作、视频创作、智能分发和智能审核等全流程的智能化,这个模式在于提高原有媒体的采编存播发的效率。智能媒体领域还有一个另外的发展方向,即智能平台的媒体化。依托人工智能技术体系,建立创新媒体人工智能平台,通过人工智能赋能的方式,实现创新的智能媒体生态,从而重新聚合内容和受众。

(一)智能文字创作平台

智能文字创作平台,是依托自然语言处理技术,通过知识理解、智能知识图谱平台、智能文档分析,形成的规模化的语言文字处理平台。智能创作平台,要完成文字的情感分析、观点抽取、关系抽取、自然语言推断、事件抽取、机器阅读理解等一系列功能。郝俊慧认为,智能创作平台从开始的开源框架发展到如今能够新增大量科学计算 API(应用程序编程接口),支持超大模型训练的端到端自适应大规模分布式训练技术,全流程加速了创作任务。①

智能文字创作平台能够处理包括写新闻、写小说、对对联、写功课、写歌词等工作。其主要基于知识增强的多范式人工智能创作,通过自编码网络和自回归网络融合在一起进行预训练,自编码网络采用多任务学习增量式构

---

① 郝俊慧. 从开源框架到 AI 大生产平台[N]. IT 时报,2021-12-17(009).

建预训练任务，持续进行语义理解学习，通过新增的实体预测、句子因果关系判断、文章句子结构重建等语义任务，自回归网络结构，支持长文本语言模型建模。多范式的统一预训练模式使得智能媒体平台能够理解任务、生成任务和零样本学习任务。

媒体机构智能化写作平台，主要用于财经、体育、天气等一些特定的领域，人工智能平台工具可以提高内容的生产效率，简化繁杂的固定信息整理过程。例如，新华社推出的智媒体融合平台，基于媒体大脑30余款机器人，为内容工作者提供"策、采、编、发、审"全流程产品，为宣传系统、媒体机构、企事业单位的融媒体中心提供便捷、高效、智能的内容生产平台。平台支持多种部署方式，可以整体规划新建融媒中心，也可以在已有融媒平台的基础上新增模块或者升级功能。

（二）图片智能创作平台

图片智能创作平台，也被称为智能视觉创作平台，可应用于工业设计、动漫设计、游戏制作、摄影艺术等场景，激发设计者创作灵感，提升内容生产的效率。通过简单的描述，模型便可以在短短几十秒内得到图像，极大地提升了设计效率、降低了商业出图的门槛。图片智能创作平台，把场景图知识融入视觉—语言模型的预训练过程，学习场景语义的联合表示，显著增强了跨模态的语义理解能力。包括视觉常识推理、视觉问答、引用表达式理解、跨模态图像检索、跨模态文本检索等多项典型多模态任务。

百度文心大模型中的图形处理平台、ERNIE-ViLG 开放 API 平台，可以实现文字生成图片，也可以实现图片生成文字。用户在文字生成图片的专区，通过自定义输入文本，生成古风类型图片、二次元图片、油画、未来主义风格图像，也可以生成方图（1024×1024）、长图（1024×1536）、横图（1536×1024）等不同分辨率尺寸的图片，平台会根据输入内容自动创作出符合要求的图片。

蓝色光标集团旗下的销博特平台，强调 AI 作画领域各平台都有自己的风格，定位于"康定斯基模型"，其生成画作的风格更偏向"康定斯基"的"热抽象"。"热抽象"，也被称为抒情抽象或感性抽象，通过无规律的色彩组合、自由的点线面关系和空间布局来抒发感情，表达某种意趣、意念、幻觉等。用户输入一个文本，"康定斯基模型"会自动对文本进行元素处理，打好标签，再根据标签元素调取数据库素材、匹配相应图片，并对图片场景进行联想，通过后台算法对需要表现的情绪进行推算，从而依据元素、构图、画风进行"康定斯基"式的风格创作。

（三）智能视频创作平台

随着短视频行业的发展，"视觉互联网"时代的概念被提了出来，人类社会将加速步入"视觉互联网"时代，视觉数据也将随之迎来"大爆炸"，智能开放平台、智能视频创作平台和 AI 超算中心、AI 芯片成为"视觉互联网"的新商业基础设施。

智能视频平台主要是通过视觉场景及物体识别、OCR 文字识别、自然语言处理等人工智能引擎，结合大数据和云技术，高效准确地对目标媒体资源进行视音频内容的记录、传播和运营，打造高度完善的智能中台、内容中台及数据中台。

例如，腾讯优图实验室的智能视频平台，覆盖全流程视频智能处理，包括视频画质检测、视频画质增强、高清底码、老片修复、视频 DNA 等应用场景。腾讯云智能视频处理包含三个重要应用：智能超分、老片修复、智能转码。智能超分应用通过对视频进行高码率转码/编解码，并且对画面细节进行更流畅生动的还原与升级，实现对视频分辨率、帧率、清晰度、流畅度等各维度的品质提升。智能转码应用支持视频文件的智能编码和处理，能够提升观众观看体验，降低播放成本，提高视频传输效率。老片修复应用通过对视频进行智能分析，利用 AI 画质修复和增强技术，去除失真，提升质量。

（四）智能语音交互平台

智能语音平台指的是以语音交互为核心的人工智能开放平台，集合了多种智能语音技术。在智能语音交互平台中，平台提供了全语音操作，启动服务、录制语音、查找内容、打开内容、关闭视频等功能，通过智能语音交互，不需要通过鼠标点击或者滑动屏幕等方式就可进行操作。喻国明提出，智能语音媒介平台核心竞争在于其平台所能提供的个性化产品和服务。服务的能力包括智能家居的生态体系建立、与第三方产品对接的能力、内容产品的提供能力、用户个性化服务等。更进一步而言，就是用户是否能够以智能音箱作为入口，在生态级的互联网平台上满足基本的日常所需。[①]

百度的"小度"是智能语音交互平台，度儿智能操作系统（Dueros）整体设计架构分为三层：最上层为智能设备开放平台；中间层为对话系统；最下层为技能开放平台。其中，智能对话系统作为 Dueros 的核心层，涵盖了从语音识别到语音播报再到文字上屏显示的一个完整交互流程，在其背后是支撑交互的自然语言理解、对话状态控制、自然语言生成、搜索等核心技术。这些技术支撑着两个平台，一个是智能设备开放平台，另一个是智能技能开放平台。智能设备开放平台是应用层，主要体现为包括核心接入组件、麦克风阵列、芯片模组等开发套件以及结构设计、工业设计、音腔设计在内的参考设计方案。技能开放平台是能力层，主要面向开发者，开发者可通过平台提供的技能工具，创建并发布基于 Dueros 的技能。

央视网和百度共同打造的语音平台"小智"，能够和用户进行语音互动，如当现场观众发出"我要看昨天晚上的新闻联播"的指令时，"小智"就能直接播放晚上的新闻联播节目，这种功能非常方便快捷，体现了智能语音交互平台的应用能力。

---

① 喻国明，杨名宜. 平台型智能媒介的机制构建与评估方法：以智能音箱为例［J］. 新疆师范大学学报（哲学社会科学版），2019，40（2）：120-126.

（五）智能媒体审核平台

智能媒体审核平台是指，通过机器学习结合深度学习，为媒体提供音视频、图片、文本的内容审核服务。其支持直播和点播两种送审方式，主要涉及涉政、色情、暴恐、违禁、广告等审核场景，支持人工复审，提高音视频内容审核的效率，降低人工审核漏审风险，缩减平台的人力成本。支持对用户账号的权限管理和配额管理。姜波认为，人工智能平台的引入可以彻底改变传统的内容审核形式，实现对互联网内容信息的实时审核。无论是审核效率还是审核精度，都将得到提升。运用大数据分析、人工智能技术对数字内容审核、过滤方式进行革新，将高科技与传统编审机制进行融合，会实现内容审核领域的人力密集、脑力密集向创新密集、技术密集转型升级。①

2019年，人民网发布的深度融合发展三年规划纲要提出，将研发基于人工智能的"风控大脑"，旨在以人工智能技术为核心引擎，构建对海量全媒体数据的高通量感知、智能理解、深度挖掘、安全预警和全息展示的风控平台。人民日报的人工智能审核体系，拥有智能审校技术，支持采编素材、视频文字、图书稿件等场景的多维度审校，每10万字内容审校以传统人力方式需要3.3天，机器算法仅需秒级即可完成，并且全方位保障内容质量。

（六）数字人生成驱动平台

人工智能技术在数字人形象生成、动作驱动和语言交互等环节的深入应用，将进一步提升数字人制作的智能化水平，近几年，建设数字人生成驱动平台成为数字人发展的重要依托和载体。

数字人生成驱动平台是利用AI建模技术，以AI语音技术等智能技术为核心，进行虚拟人形象建构，为行业提供虚拟形象生成、AI驱动、API接入等多场景的服务。该平台可进一步降低数字人的应用门槛，实现人机可视化交互服务、智能内容生产服务，有效提升用户体验，提升服务质量和效率。

例如，数字人生成驱动平台可以提供数字人生产、数字人设管理、业务

---

① 姜波.利用智能审核平台对数字内容作品把控的探讨[J].传媒论坛，2018，1（5）：8，10.

编排和技能配置、内容创作和 IP 孵化等功能。数字人生产是指低成本快速定制 2D 卡通、真人形象及 3D 卡通、超写实数字人像。结合 AI 和计算机图形学，数字人生产具有超写实、高精度的特点，音唇精准同步、表情丰富逼真。数字人人设管理是指可对数字人进行多维度捏脸、更换发型服饰妆容、定制声音等操作，打造专属数字人形象。数字人业务编排和技能配置是指，内置对话编排、知识配置、商品推荐、场景营销、趣味游戏、真人接管等多种数字人技能，提供便于操作的图形化工作台进行编排及配置，快速实现数字人智能应用，支撑多场景解决方案。内容创作和 IP 孵化是指，通过功能丰富、素材齐全的智能导播台，实现虚拟 IP 的自动/半自动化直播、高效的短视频内容创作等功能，为 IP 拥有者提供"让 IP 活起来"的能力。

（七）智能化数字孪生平台

智能化数字孪生平台，核心为数字孪生智能化加工引擎，提供灵活丰富的数字孪生消费服务数据接口，能够快速灵活支撑各类数字孪生应用，避免重复建设，缩短应用交付周期，提高应用交付质量，加快组织级数字应用的创新速度，降低数字化转型成本。数字孪生平台的实现主要依赖于以下几方面技术的支撑：高性能计算、先进传感采集、数字仿真、智能数据分析、VR 呈现，以实现对目标物理实体对象的超现实镜像呈现。[1]

数字孪生平台提供多种服务，包含数字孪生图谱、数字孪生服务、数字孪生元模型管理等。数字孪生图谱是对现实世界的实体进行数字化表达，它将人、设备、空间都进行了数字化，形成了数字孪生实例，并且将其内在的业务关系具象化，形成了人、物、场相互交织的数字孪生关系图谱。数字孪生服务提供免代码的数字孪生服务接口的自定义服务，以此满足灵活多变的数字孪生应用创新需求，并且全周期安全管理，确保数字孪生信息安全可控。数字孪生元模型作为数字世界的运行法则，需要进行有效的展示与表达，可

---

[1] 刘大同，郭凯，王本宽，等. 数字孪生技术综述与展望［J］. 仪器仪表学报，2018，39（11）：1–10.

视化的数字孪生元模型编辑器有效提高了实施过程中元模型定义的效率，并且内置不同行业、专业的元模型库。

（八）智能化分发平台

在智能媒体的发展中，分发传播是核心环节。2012年前后，互联网平台积极开发智能推荐分发平台，通过算法模型来分析每个用户的满意度，实现"千人千面"的信息分发，从而导致了媒体分发环节的变革和创新。

随着人工智能技术的不断发展，大数据的"深度学习"能力进一步提高了分发平台的智能化水平。人工智能更多介入了内容数据，对媒体内容智能化标签的处理、更加智能化的知识图谱建构，形成了复合维度的内容类型和分类。对于用户数据的更长时间的收集和积累，形成了更多维度的用户画像体系，以确定用户的媒体接受倾向。经过大量数据的反复训练，智能推荐系统开始设计各类的推荐模式，多种的推荐算法越来越发展成为复合智能推荐模型，能够实现智能化的"精准分发"。

《智能媒体融合发展报告（2022）》指出，智能分发推荐平台有四大特点。一是端到端的能力搭建。面对不同的行业场景，实现从推荐端实时处理到在线服务模块。二是大规模分布式机器学习。利用突破性的大规模分布式机器学习以及高性能高可用的技术架构，可以支持日均50亿+的内容阅读量，日均60万+的内容发布量。三是行业独家定制。智能分发平台提供电商、新闻、社交等多行业模板，行业模板均经过大量项目实践经验沉淀。同时按照用户需求，个性化分析用户画像，达到精准推流，锁定目标人群，增强用户黏性。四是深度开放的功能选择。灵活的黑白盒功能，既能满足零基础用户一键配置推荐的需求，又能满足专业算法工程师代码层面开发的需求。

四、结语

人工智能的发展，为信息处理模式带来了创新性的变革，从而推动了智能媒体的进一步变革创新。人机传播、智能生产内容、多模态的内容处理、人机协同理论，会逐步成为智能媒体的研究方向，推动智能传播生态的建构。智能媒体变革的技术动力是来自各个人工智能板块的原子力，这些人工智能技术的原子力，经过"聚变"或者"裂变"，成为智能媒体应用中新的热点或者新的方向。智能媒体的平台化，是下一阶段媒体发展的重要思路。以人工智能为主体的智能化媒体平台，将进一步推动媒体深度融合的内容生态发展、传播能力提升、体制机制改革，从而为媒体发展带来智能化的篇章。

2019年中国智能媒体发展报告（节选）*

前　言

人工智能是国内全媒体传播体系建设的重要技术支撑之一，对媒体生态的未来走向影响深远。习近平总书记提出，"要探索将人工智能运用在新闻采集、生产、分发、接收、反馈中，全面提高舆论引导能力"①。党的十九届四中全会提出将"建立以内容建设为根本、先进技术为支撑、创新管理为保障的全媒体传播体系"作为推进国家治理体系和治理能力现代化的重要内容。

作为下一个引领世界发展的新兴驱动力，从运算智能、感知智能到认知智能，人工智能技术正不断赋能千行百业并改变其传统面貌，世界媒体发展的未来也正在被人工智能发展重塑。国际方面，Google、Facebook、Apple、Amazon等科技巨头借助技术实力和平台优势进入传媒领域。与此同时，华盛顿邮报、纽约时报、世界报、美联社、彭博社、CNN、BBC等媒体纷纷启动人工智能计划以应对智媒挑战。国内方面，以腾讯、百度、阿里巴巴、新浪为代表的头部互联网公司在媒体人工智能方面积累了先发优势，以人民日报、新华社、中央广播电视总台等为代表的新型主流媒体也正在加速开展媒体人工智能布局。人工智能技术正在成为全媒体传播体系建设的关键支撑。

---

* 本文原载于《2019年中国智能媒体发展报告》，与徐琦、王巍合作，收入本书时节选了前言和第一章，有改动。

① 习近平.加快推动媒体融合发展 构建全媒体传播格局［J］.求是，2019（6）：4-8.

当前阶段，人工智能技术正在全面赋能媒体工作流程。在信息采集环节，大数据挖掘、线索机器人、智能语音及传感器网络等将智能媒体采集推向多面识别和多维感知层面。在内容生产环节，媒体大踏步跨入智能生产阶段，机器写作、虚拟主持人、智能多媒体编辑等智能生产方式打破了长期困扰传媒业的内容产能桎梏。在内容分发环节，个性化推荐掀起了声势浩大的传播变革，算法推荐与人工编辑协作成为智能分发新常态。在内容风控环节，智能风控大幅减轻了人工审核的工作量，为维护清朗网络空间作出了重要贡献。在效果追踪环节，传统媒体测量技术局限得以克服，基于媒体大数据的智能效果评估得以实现。不仅如此，人工智能技术还在舆情监测、版权保护、智能媒体管理以及媒体商业化方面展现出了惊人的提效降本和模式创新作用。

从更深层次来看，人工智能技术必将深刻改变媒体整体生态。在人工智能助力媒体工作流程改变的背后，是媒体运作底层逻辑的改变。未来，"算据＋算法＋算力＋网络"将成为智能媒体生态迭代的新规则和新范式。"人工智能＋媒体"模式也打破了传统媒体产业的边界，新产品、新应用、新场景层出不穷，智能媒体生态竞争日趋复杂，商业模式走向多元，全新规制体系和伦理责任规范亟待建立健全。

在此背景下，中国传媒大学新媒体研究院、新浪 AI 媒体研究院携手推出《中国智能媒体发展报告（2019—2020）》，旨在对全球人工智能媒体发展时代背景、全新产业生态、人工智能赋能媒体的主要应用环节与最佳实践以及未来发展趋势进行剖析和研判。

具体来看，本报告分为五大部分。第一部分阐述人工智能媒体发展的政策、经济、技术背景；第二部分勾画国内人工智能媒体生态现状，重点分析人工智能对信息采集、内容生产、内容分发、媒资管理、内容风控、效果检测、媒体经营、舆情检测、版权保护等九大环节的助力及最佳实践；第三部分聚焦 2019—2020 年度媒体人工智能优秀应用案例及其成功经验；第四部分研判人工智能媒体发展的趋势与挑战；第五部分为智能媒体创新服务，研究舆情引导、内容风控、正能量传播、谣言治理等的智能媒体典型应用与重要经验。

第一章　全球人工智能发展迅速，智能时代快速到来

一场深刻影响人类文明、命运的技术浪潮正在悄然酝酿，以人工智能为代表的智能技术集群逐步被公认为驱动未来世界政治、经济、社会变革的底层动能。中、美、日、英、欧盟等国家及地区纷纷筹谋布局自身国家人工智能发展路线，人工智能技术正成为大国竞逐实力的关键砝码。人工智能基础设施的基底初成，被寄予厚望的智能化经济加速到来，掀起了"技术—经济"范式向产业经济进发的转移浪潮。

人工智能是利用数字计算机或者数字计算机控制的机器模拟、延伸和扩展人的智能，感知环境、获取知识并使用知识获得最佳结果的理论、方法、技术及应用系统[1]。人工智能的发展阶段主要分为弱人工智能与强人工智能，两者决定性的区别在于是否能真正思考、拥有自主意识。当下弱人工智能得到长足发展，但离微软亚洲研究院界定的人工智能五层次（计算与记忆力、感知、认知、创造力、智慧）[2]中的高层智能仍有较远距离。尽管如此，云计算、大数据、机器学习系统等智能技术集群日渐成熟，"深度学习"带领人工智能技术能力实现重大飞跃，人工智能将不断从简单的构造智能向具备自主意识、值得信赖的智能系统转变。

站在媒体智能化重构的分水岭上，传媒行业比以往更加迫切地需要了解媒体人工智能发展的国内外政策环境、技术内涵、应用路径及先驱案例。媒体人工智能今后将成为新闻传播事业发展的最大增量，属于智能媒体时代的希望曙光正逐渐出现在社会发展历史进程的地平线之上。

---

[1] 中国电子技术标准化研究院. 人工智能标准化白皮书（2018版）[R/OL].（2018-01-18）[2020-02-11]. http://www.cesi.ac.cn/images/editor/20180124/20180124135528742.pdf.
[2] 赵语涵. 人工智能迎感知智能爆发阶段[EB/OL].（2019-06-06）[2020-02-11]. http://bjrb.bjd.com.cn/html/2019-06/06/content_11888034.htm.

一、全球加快人工智能发展政策布局

(一)国际人工智能发展政策

作为一项基础性支撑技术,未来人工智能与产业结合将会推动经济爆发式增长并深刻改变社会文明的进程。因此,包括全球主要经济体在内的国家纷纷上马人工智能发展政策与规划,在技术研发、人才培育、产业对接、标准制定、伦理讨论、资金投入等方面全面部署,旨在争夺人工智能发展制高点。

1. 美国

从奥巴马到特朗普执政时期,美国持续出台人工智能政策。2016年,奥巴马政府接连发布《为未来人工智能做准备》《国家人工智能研发战略规划》《人工智能、自动化与经济报告》三份报告,成为支持美国人工智能长期发展的第一批政策基础。特朗普上台后,其通过"人工智能峰会"、成立特别机构、发布及提出一系列行政命令与国会法案等手段,希望确定未来美国在人工智能时代的"领先地位"。之后,特朗普又发布"人工智能服务美国"重要口号,并在2019年2月签署《在人工智能上保持美国领先的行政命令》,要求联邦政府把人工智能研发调至优先地位,鼓励制定更多红利政策[1]。

美国在政策布局上表现出四个鲜明特征。第一,强调"美国领先",在国际人工智能竞争中获得主导地位。第二,给予人工智能充足的预算优先级,《2019年国会预算申请》《网络和信息技术研究与开发计划:对总统2020财年预算的补充》提出人工智能会成为长期重点研发投入领域。美国空军、陆军、国防高级研究计划局、国土安全部、国防部等29个国家机构将参与大规模人工智能发展计划[2]。第三,人工智能事关国家安全,《国家安全战略》显示出美

---

[1] 美国白宫.维护美国在人工智能领域的领导力的行政命令[EB/OL].(2019-02-11)[2020-02-11]. https://www.whitehouse.gov/presidential-actions/executive-order-maintaining-american-leadership-artificial-intelligence/.

[2] 美国网络与信息技术研发计划.2020财年总统预算补充[EB/OL].(2019-06-12)[2020-02-11]. https://www.nitrd.gov/pubs/FY2020-NITRD-Supplement.pdf.

国将广泛投资军事领域的自动化、人工智能、机器学习技术①。第四，注重人工智能对伦理、就业、行业的影响，《国家人工智能发展战略计划：2019年更新版》指出，要建立和设计有道德的人工智能，提升公平度、透明度和可靠性②。国会提出两党议案《人工智能未来法案》，表示首先需加大有关科学、技术、工程、数学教育的投入，以适应雇佣市场的长久变化。其次要求人工智能咨询委员会评估人工智能将如何取代就业机会或创造新的就业岗位，以及联邦政府将如何激励开发可以惠及各社会阶层和经济团体的人工智能技术③。

2. 欧盟

欧盟在人工智能道路上秉持传统，走协同合作发展之路，确保自身在"全球人工智能军备竞赛"中的强大竞争力，而且突出它在伦理价值方面的领军作用。

首先，欧盟在整个欧盟层面上确立了共同推进人工智能发展的政策共识和合作机制。欧盟在2018年发布《人工智能合作宣言》《欧盟人工智能》《欧洲人工智能协调计划》，"宣言"的签署国承诺共同推进人工智能演进发展，形成战略合作④。《欧洲人工智能协调计划》提出15项内容⑤，主要呼吁各国增加人工智能投资，在欧洲范围内共建数据空间、人工智能伦理及监管机制与技术标准，广泛对接产业应用和加强人才培育建设。自欧盟人工智能共同发展

---

① 美国白宫. 特朗普总统讲述政府的国家安全战略的言论［EB/OL］.（2017–08–25）［2020–02–11］. https://trumpwhitehouse. archives. gov/briefings–statements/remarks–president–trump–administrations–national–security–strategy/.

② 美国科技政策办公室. 国家人工智能研究与开发战略计划：2019更新［EB/OL］.（2019–06）.［2020–02–11］. https://www. whitehouse. gov/wp–content/uploads/2019/06/National–AI–Research–and–Development–Strategic–Plan–2019–Update–June–2019. pdf.

③ 美国. H. R. 4625 – FUTURE of Artificial Intelligence Act of 2017［EB/OL］.（2017–12–12）［2020–02–11］. https://www. congress. gov/bill/115th–congress/house–bill/4625/.

④ 欧盟委员会. 欧盟成员国签署合作人工智能的协议［EB/OL］.（2018–05–25）［2020–02–11］. https://ec. europa. eu/digital–single–market/en/news/eu–member–states–signcooperate–artificial–intelligence.

⑤ 欧盟委员会.（2018）. 欧盟协调人工智能计划［EB/OL］.（2018–06–25）［2020–02–11］. https://ec. europa. eu/knowledge4policy/publication/coordinated–plan–artif icialintelligence–com2018–795–f inal_en.

框架形成后,未来十年内欧盟人工智能公私投资总额将超过 200 亿欧元。

其次,欧盟在人工智能伦理与治理问题上给出了先驱性方案。欧盟早在《欧盟人工智能》中便将三大战略目标之一设定为确立合适的伦理和法律框架①。2019 年 4 月,欧洲人工智能高级别专家组正式发布《人工智能伦理准则》②,提出可信赖的人工智能应当是合法的、道德的、稳健的,其根基在于"以人为本"。若想实现可信赖的人工智能系统,需遵循文件中提出的 7 个 AI 系统开发、部署和利用的准则去构建、优化人工智能系统。

3. 英国

与美国的"全球领先"、欧盟的"伦理引领"不同,英国人工智能政策的突出特色是通过产业战略制定人工智能发展计划。

其中《产业战略:建设适应未来的英国》是由英国商业、能源和产业战略部发布的产业战略白皮书。它明确点出"引领英国进入人工智能和数据革命前沿阵地"的战略目标③。在 2018 年发布的《人工智能领域行动》中,英国明确表示期待借助人工智能驱动和提升英国的生产率及创收能力④。

英国政府在设立人工智能发展的目标和愿景后,又通过《人工智能领域行动》《英国发展人工智能的计划、意愿和能力》阐述了具体举措⑤,主要囊括如下几个方面:第一,建立新机构统筹协助人工智能发展管理工作。第二,积极投资人工智能研发工作,不断提高国家研发经费,使其占 GDP 总量的

---

① 欧盟委员会.欧盟成员国签署合作人工智能的协议[EB/OL].(2018-05-25)[2020-02-11]. https://ec.europa.eu/digital-single-market/en/news/eu-member-statessigncooperate-artificial-intelligence.

② 欧盟委员会.可信赖人工智能的伦理准则[EB/OL].(2018-05-25)[2020-02-11]. https://ec.europa.eu/futurium/en/ai-alliance-consultation.1.html.

③ 英国政府.工业战略:为未来构建适合英国的框架[EB/OL].(2018-05-25)[2020-02-11]. https://assets.publishing.service.gov.uk/government/uploads/system/uploads/attachment_data/file/664563/industrial-strategy-white-paper-web-ready-version.pdf.

④ 英国政府.《国家人工智能研发战略计划 2019 更新版》[EB/OL].(2019-06-05)[2020-02-11]. https://www.whitehouse.gov/wp-content/uploads/2019/06/National-AI-Research-and-Development-Strategic-Plan-2019-Update-June-2019.pdf.

⑤ 英国人工智能委员会.《英国的人工智能:准备、意愿和能力?》[EB/OL].(2017-07-19)[2020-02-11]. https://publications.parliament.uk/pa/ld201719/ldselect/ldai/100/100.pdf.

2.4%，注重创新理念对生产力提升的引领性作用。第三，重视人工智能伦理，在多个政府报告中提到建立人工智能道德准则和伦理框架的问题。第四，给予民众适应人工智能时代的教育及劳动力培训，并不断加强对于顶尖人才的培养。第五，合理融合政府与行业的资金、研发资源，打造优质的营商环境，探索未来商业模式。第六，投资智能时代的基础建设，确保能够支持未来的数据应用、城市转型和市场竞争。第七，协调区域发展和人工智能的关系，强化各区域间在发展人工智能进程中的集群性和联系性，培养更多的专业产业集群和创新枢纽。

4. 日本

日本早在第一次人工智能热潮时便启动了人工智能初期研究，借助其强大的制造业和机器人能力，日本已经在此领域积淀了丰富的基础专项技术。为应对未来挑战，日本不断加强顶层设计对人工智能发展的影响力，并提出独特的"超智能社会"愿景，指挥国内人工智能的发展路线。

从顶层设计而言，日本不断发布具备国家战略高度的指导计划。2013年，日本政府提出《日本再兴战略》[1]，指出人工智能将与大数据、物联网一道成为第4次工业革命的支柱。2016—2017年，日本推出《第五期科学技术基本计划（2016—2020）》，明确指出要通过人工智能等技术打造"超智能社会"[2]。"超智能社会"又称社会5.0，以网络空间与物理空间的高度技术融合为基础，人与机器人、人工智能共存，可超越地域、年龄、性别和语言等限制，针对诸多细节与多样化潜在需求及时提供相对应的产品和服务，是发展经济与解决社会问题相协调的社会形态。它一共包括11个社会服务系统平台，为民众提供绿色、泛在、优质高效的信息化服务[3]。

---

[1] 日本政府.日本经济再生本部战略计划[EB/OL].（2013-02-25）[2020-02-11]. https://www.kantei.go.jp/jp/singi/keizaisaisei/pdf/en_saikou_jpn_hon.pdf.

[2] 日本内阁府.科学技术基本计划[R/OL].（2016-08-12）[2020-02-11]. https://www.cao.go.jp/cstp/kihonkeikaku/5honbun.pdf.

[3] 朱启超，王姝.日本"超智能社会"建设构想：内涵、挑战与影响[J].日本学刊,2018（2）: 60-86.

从其他特点而言，其政策布局用意集中在两个方面：第一，明确三省联动发展机制，驱动产学研联合。《下一代人工智能促进战略》明确由总务省、文部科学省和经济产业省在技术研发方面建立三省合作体制①，分别负责构建信息通信技术的整合性平台、科学技术研究及相关活动平台和产业技术综合研究平台，这3个国家级人工智能协同创新平台成为日本产学研联动中枢。第二，重视发展机器人突出的产业对接能力。日本在2015年发布的《机器人新战略》中，直言需继续保持"机器人大国"的优势地位②，扩大市场规模至2.4万亿日元，引领大数据、网络、人工智能与机器人深度融合。在利用人工智能增强制造业、服务业产业竞争力的同时，日本可借此解决由少子化、高龄化带来的一系列社会问题。

（二）国内人工智能发展政策

1. 国家层面人工智能发展政策

党中央、国务院高度重视人工智能发展对于我国增强国家竞争力、提升社会治理水平与增加人民福祉的关键作用。新一代人工智能正在全球蓬勃生长，成为经济、科技、社会发展的动能引擎。我国领导层在人工智能政策制定中高瞻远瞩，自2015年开始便把其纳入重点视野范围，2017年国务院印发《新一代人工发展规划》后③，抢占人工智能重要发展机遇，顺应下一轮科技、经济变革大势，在全球形成人工智能技术、产业领先优势，已经变成从中央到地方的共识。

自2015年以来，国家层面人工智能发展政策的成果主要包括三个层面：第一，人工智能被纳入我国长期关注的重点发展领域，固定出现在重要

---

① 赋能上海|人工智能列国志之日本篇：AI引领第四次产业革命［EB/OL］.（2018-09-15）［2020-02-11］. https://baijiahao.baidu.com/s?id=1611648391911728981&wfr=spider&for=pc.

② 日本经济产业省.机器人新战略［R/OL］.（2015-04-12）［2020-02-11］. https://www.meti.go.jp/english/press/2015/pdf/0123_01b.pdf.

③ 国务院.新一代人工智能发展规划［R/OL］.（2017-07-20）［2020-02-11］. http://www.gov.cn/zhengce/content/2017-07/20/content_5211996.htm.

的国家政策之中，政策数量和涉及领域逐渐增加，从较为粗略的顶层设计变为可执行落地的具体计划。

第二，多个国家机构相继推出支持人工智能发展的指导意见和行动计划，包括工业和信息化部、科技部、发改委、教育部、中央网信办在内的多个国家机构针对负责领域发布了一系列政策。

第三，人工智能道德伦理和治理问题成为国家层面的关注焦点。国家成立新一代人工智能治理专业委员会，发布《新一代人工智能治理原则——发展负责任的人工智能》，提出负责任的人工智能应遵循的8条原则。此外，一系列涉及数字安全、隐私保护等问题的立法、修订计划已经被提上日程。

2. 地方政策分析

为了解各省及直辖市的全局规划，本节筛选了32份来自22个省、自治区、直辖市关于指导人工智能行动的关键政策并对其进行分析。分析显示，区域人工智能政策指导建设的规划考量主要体现在四个方面：该省、自治区、直辖市分别对智能技术建设、智能经济建设、智慧社会建设、智能环境建设领域的规划布置及公共支持策略。

第一，智能技术建设，意指人工智能基础理论及技术研发、底层基础设施的不断完善、关键智能产品的广泛应用。人工智能技术研发持续进步意味着其基础理论和核心技术取得突破，鼓励人工智能基础理论和共性技术的大力研发。底层基础设施是由算据、算力、算法构成的，相关政策体现为引导形成各个领域的数据共享体系、5G网络覆盖、开源算法框架平台建设等。关键智能产品一般指能够扩散到各个应用场景下的智能软件或硬件，诸多省、自治区、直辖市将这些产品视作产业落地的重点、难点、急点，有了这些关键性产品才能推动多个智能场景上马发展。

第二，智能经济建设，意指在培育人工智能技术产业化的同时引导现有产业进行智能化融合转型。推动智能产品落地应用，引导智能企业良性发展，构建创新平台和产业基地，从微观到宏观帮助国民经济进行智能化转型。各个地方一般会根据自身的产业基础选择重点发展的智能产业，如安徽省因为拥有科大讯飞，意在打造基于智能语音产业的中国声谷；江西因为拥有优秀的物联网基础,意在利用"物联江西"奠定物联网产业在江西智能经济建设中的主导地位和作用;而老工业基地集聚、农业发达的黑龙江、吉林、辽宁三省则不约而同地视智能制造、智能农业为关键性智能应用方向。

第三,智能社会建设,意指利用人工智能能力提高社会综合治理能力和水平,谋求人民福祉,提供高质量的民生服务和有效维护社会的稳定运行。典型的政策体现为促进智慧城市、智慧交通、智慧安监、智慧环保、智慧政府、智慧司法等场景的产品应用。这些应用的发展意义是帮助人类大大提高社会治理水平,让资源配置更加合理公平。

第四,智能环境建设,意指投入人工智能发展环境建设,为人工智能提供制度规范、标准设定、财政优惠等保障,提升人工智能在社会中的认同感、接受感和参与积极性。它诉诸的政策工具主要集中在标准规范、法规管制、知识产权保护和财政优惠上。例如,江苏省在《江苏省新一代人工智能产业发展实施意见》中指出,要积极推动人工智能领域的安全、技术、应用和测试认证等标准建设,促进人工智能产业健康发展[1];北京在《北京市加快科技创新培育人工智能产业的指导意见》中表示要加强人工智能领域的知识产权保护,健全人工智能领域技术创新、专利保护与标准化互动支撑机制[2]。另外,所有政策涉及的省、自治区、直辖市都提到需要建立健全人工智能相关制度规范,加强人工智能伦理道德、法治保障和社会问题研究,建立保障人工智能健康发展的制度规范和伦理道德框架。

当前,我国地方层面人工智能政策主要聚焦于提升产业化效果,进行适合自身定位的科技成果转化,把产业摆在绝对的第一位。但同时各省、自治区、直辖市政府已经意识到人工智能技术对于整个人类社会的深刻影响。对于人工智能此类尚在成长的通用技术,仅仅靠企业、产业去拉动则力量非常有限,必须借助强有力的政策工具去引导人工智能技术被接受、研发并应用。

---

[1] 江苏省工信厅.江苏省新一代人工智能产业发展实施意见[R/OL].(2018-05-11)[2020-02-11].https://gxt.jiangsu.gov.cn/art/2018/5/16/art_6278_7639526.html.

[2] 北京市人民政府.北京市加快科技创新培育人工智能产业的指导意见[R/OL].(2019-05-23)[2020-02-11].http://www.beijing.gov.cn/zhengce/zcjd/201905/t20190523_78281.html.

我国各省、自治区、直辖市的政策制定者都展现出了长远目光，人工智能在各地区的长足健康发展未来可期。

二、人工智能赋能产业经济智能化转型

党的十九大报告指出，以供给侧结构性改革为主线，推动经济发展质量变革、效率变革、动力变革，提高全要素生产率，不断增强我国经济创新力和竞争力。其中，动力变革是质量变革、效率变革的基础。当前我国经济进入新常态，需要找到崭新的经济动能，把提高经济增长质量和效益的挑战转换为新的发展机遇。习近平主席在中国共产党第十九次全国代表大会上指出，建设现代化经济体系，必须把发展经济的着力点放在实体经济上，并推动互联网、大数据、人工智能和实体经济深度融合①。

传统意义上，资本、劳动力被看作推动经济增长的"生产要素"。"全要素生产率"又称技术进步率，全要素生产率增长也会促进经济发展。埃哲森在《人工智能改写经济增长模型》中提出人工智能是一种全新生产要素②，因为人工智能不仅是一种全要素生产率，更是一种类似能不断习得技能的通用劳动力。此外，人工智能亦能引领资本要素得到充分配置，并在各经济部门形成创新扩散和渗透。目前中国全要素生产率较低，经埃哲森估算，作为全新的生产要素，人工智能有望将2035年的中国经济总增加值较上年提升7.1万亿美元。到2035年，人工智能有望推动中国劳动生产率提高27%，在稳定

---

① 习近平.决胜全面建成小康社会 夺取新时代中国特色社会主义伟大胜利——在中国共产党第十九次全国代表大会上的报告［EB/OL］.（2017-10-18）[2020-02-11]. http://cpc.people.com.cn/n1/2017/1028/c64094-29613660.html.

② 普尔蒂，多尔蒂.人工智能改写经济增长模型［R/OL］.（2017-04-15）[2020-02-11]. https://www.accenture.com/_acnmedia/pdf-48/accenture-artificial-intelligence-rewrite-economy-growth-model.pdf.

发展状态下，实现我国国内生产总值增长达 7.9% 之多①，领先于美国、英国、德国、日本等国。

人工智能作为全新生产要素，可以重构生产、分配、交换、消费等经济活动各环节，智能经济缓缓开启。2019 年 3 月 19 日，习近平主席在中央全面深化改革委员会第七次会议中发表重要讲话，提出要构建数据驱动、人机协同、跨界融合、共创分享的"智能经济形态"②。它以人工智能、云计算、大数据、5G 等一系列智能技术集群为依托，引导智能技术与国民经济深度融合，作用于智能技术产业化和产业智能化，形成支撑经济高质量发展的经济运行系统。从技术视角来看，智能经济则是由"算法＋算力＋算据＋网络"这一数字基础设施建构的经济形态，它在未来将是应用在每种产业经济之上的统一结构形式。

任何行业都能够通过数据被描述，通过计算被理解，其问题都能通过智能决策被响应，这便是智能经济的由来。智能经济赋予千行百业的"转型扭曲力"来自人工智能催生从宏观到微观各领域的智能化新需求。从企业微观而言，人工智能会改造原有的价值产生路径，例如对于产品生产，人工智能可以根据客户需求定制化生产，预测生产规模，构造智能供应链推动供给侧结构性改革；从行业中观而言，人工智能可做到促进多种技术集成应用，借助强大的整合能力使未来跨界、跨行业的融合发展更加频繁，从而刺激更多的新技术、新产品、新产业、新业态、新模式问世；从宏观经济而言，整体经济会朝着技术主导、创新驱动、集约发展、自适应的方向蓬勃发展，不断演进和提升自身运行效率。

---

① 珀迪，邱静，陈笑冰. 人工智能：助力中国经济增长［R/OL］.（2017-07-06）［2020-02-11］. https://www.accenture.com/_acnmedia/accenture/conversion-assets/dotcom/documents/local/cn-zh/pdf/accenture-zhanwang-ai-chinese-economic.pdf.
② 习近平主席主持召开中央全面深化改革委员会第七次会议［EB/OL］.（2019-03-19）［2020-02-11］. http://www.xinhuanet.com/politics/leaders/2019-03/19/c_1124255626.htm.

三、人工智能技术拥有稳定的广阔前景

（一）人工智能引发全球资本投资热潮

此时此刻，全球人工智能的预测市场规模正在不断扩大。据德勤预测，全球人工智能市场规模在2025年将超过6万亿美元，其中2017—2025年复合增长率达30%[①]。面对一个快速扩张的市场，全球人工智能投资稳步增加。2010年全球对人工智能创业投资总额仅为13亿美元，2010—2018年平均每年保持超过48%的大幅度增长，并于2018年攀升至404亿美元。截至2019年11月4日，2019年当年全球对人工智能创业投资总额已达到374亿美元。2014—2019年，全球共发生15798项（超过40万美元）针对人工智能创业的投资，平均每项投资的额度达到860万美元[②]。

在国内，资本市场经历了一个由热情高涨到回归理性的过程。截至2019年5月，我国共计拥有人工智能企业1093家，2014—2016年新增企业数量迅速从137家达到峰值219家，时至2018年，新增企业数量已缩水至44家，显示了资本逐步回归理性。与人工智能企业新增数量相反的是，企业融资的单笔金额在不断上升，2018年我国资本市场的单笔人工智能企业投资额达到4.2亿元[③]。2018年，我国人工智能企业融资规模达到157.54亿美元，占据全

[①] 德勤中国，清华大学全球私募股权研究院.2019中国高科技高成长50强暨明日之星年度报告厚积薄发：创新回归商业本质［R/OL］.（2019-11-20）［2020-02-11］.https://www2.deloitte.com/content/dam/Deloitte/cn/Documents/technology-media-telecommunications/tf/deloitte-cn-tmt-tf50-2019-report-zh-191120.pdf.

[②] Raymond Perrault, Yoav Shoham, Erik Brynjolfsson, Jack Clark, John Etchemendy, Barbara Grosz, Terah Lyons, James Manyika, Saurabh Mishra, and Juan Carlos Niebles, "The AI Index 2019 Annual Report", AI Index Steering Committee, Human-Centered AI Institute, Stanford University, Stanford, CA, December 2019.

[③] 亿欧智库.2019中国人工智能投资市场研究报告［R/OL］.（2019-06-12）［2020-02-11］.https://www.iyiou.com/intelligence/report635.html.

球人工智能企业融资数额的 46.94%①另据 IT 桔子统计，2019 年我国人工智能融资金额达到 871 亿元。

与人工智能投资爆发相呼应，一批顶尖科技公司正在人工智能大赛道上抢先布局。我国以阿里巴巴、腾讯、百度为代表的科技阵营深入整个人工智能产业领域，形成了自有人工智能投资矩阵。阿里巴巴主要占据智能金融、智能企业服务、智能基础元件等赛道，投资包括旷视科技、商汤科技、寒武纪科技在内的多家明星独角兽公司。腾讯则布局产业互联网，主攻智能医疗、机器人、自动驾驶赛道，接连投资丁香园、体素科技、Atomwise、晶泰科技、碳云智能等公司，逐渐构建起智慧医疗整合产业链。百度贯彻其专注 AI 的战略，广泛在各个赛道进行投资，其中最引人注目的是百度对自动驾驶和智能硬件及生态的战略级投入。

有学者曾根据国务院印发的《新一代人工智能发展规划》进行我国人工智能市场 R&D 融资规模的测算。如果按照 2025 年的市场规模进行推算，2020 年全球人工智能市场 R&D 资金当年投入将在 1200 亿到 2000 亿之间，中国该项资金投入则锁定在 600 亿到 1000 亿之间②。可见，目前我国资本市场对于人工智能的态度回归理性，为了挤出市场泡沫，当前资本的投资阶段整体后置，由早期转向中期，A、B 轮投资增多。但资本并未改变对人工智能长期投入的信心和决心，具备强劲技术实力和商业潜力的人工智能企业仍是被资金争相追逐的理想对象。

（二）顶级科技公司逐鹿人工智能产业

在人工智能的成长过程中，技术是绝对支撑，而产业则是突出保障。从束之高阁的黑科技成为飞入寻常行业的堂前燕，智能技术商业化和行业智能化是促使人工智能在人类经济社会中生根发芽的必由之路。全球科技巨头将

---

① 乌镇智库. 全球人工智能发展报告（2018）[R/OL].（2019-04-13）[2020-02-11]. http://www.199it.com/archives/869189.html.
② 张俊芳. 人工智能产业发展及全球化资源配置研究 [C]. 中国软科学研究会. 第十三届中国软科学学术年会论文集. 中国软科学研究会：中国软科学研究会，2017：138-148.

人工智能技术转向商业化应用，开启群雄逐鹿的时代。

第一，基于人工智能调整发展战略，辅助重要的组织调整，不断加注研发力量。科技巨头或是直接以发展人工智能作为战略，或是形成以人工智能支撑的重要业务，毫无疑问人工智能已经走进了这些公司的战略核心。

第二，形成"软件＋硬件＋应用＋芯片"全产品覆盖局面，立体式打造自有人工智能技术储备。面对几乎空白的B端、C端市场，科技巨头采用了"既要又要还要"的战略，在硬件、软件、芯片、应用上纷纷发力，围绕自身需求和客户需求集成人工智能技术，快速划分山头抢占各个入口和市场。以Google和百度为例，首先，它们拥有各自的人工智能软件Google Assistant及对话式人工智能操作系统DUER OS。其次，在人工智能硬件端，Google布局了智能音箱Google Home等一系列智能硬件，百度则有小度智能音箱、机器人等；最后，在人工智能芯片上，Google拥有TPU芯片，百度则开发了中国第一款云端全功能芯片昆仑芯片。

第三，开源人工智能技术框架，丰富人工智能开放平台生态。人工智能技术在全社会应用不可能仅靠科技公司的力量，开源技术框架能够使世界各地的工程师针对特定问题调试算法，推动人工智能技术在各行业的扩散，例如Google的TensorFlow现在是全球应用最广的机器学习框架之一。人工智能开放平台生态则类似于苹果的App store，可以招募任何想要合作的技术伙伴、业务伙伴，例如阿里巴巴的商业操作系统能够帮助B端用户迅速实现全产业链的数字化、智能化转型，而百度大脑是百度AI核心技术引擎，包括视觉、语音、自然语言处理、知识图谱、深度学习等AI核心技术。它本身也是AI技术开放的平台，支持智能技术的人才培养，智能软件、硬件的共同开发和提供行业解决方案。

综上可见，在战略目标、技术投入、产品开发、兼并收购、生态培育等各个方面，百度、阿里巴巴、腾讯、新浪、Google、Apple、Microsoft、Facebook等全球顶级科技巨头共同显示出逐鹿人工智能未来的野心和魄力。特别是横跨多个产业的科技巨头，大多希望利用人工智能赋能其他产业，实现智能化转型。换言之，这些科技巨头们期待在人工智能时代成为智能经济发展的基础设施,成为万物智联世界的"水电煤供给者"。

四、初探智能媒体时代的曙光

(一)习近平总书记指出媒体智能化势在必行

我们现在正处在人工智能发展的前奏阶段。国内,党中央高度重视人工智能对我国经济发展、社会治理的突出正向作用,强势发挥引领效应,促进顶层设计不断传导到地方政策中去,为人工智能切实发展、合理发展、长期发展打开了大好局面。

2019年1月,习近平总书记在十九届中央政治局举行第十二次集体学习时发表重要讲话《加快推动媒体融合发展 构建全媒体传播格局》时指出,从全球范围看,媒体智能化进入快速发展阶段,我们要增强紧迫感和使命感,推动关键核心技术自主创新不断实现突破,探索将人工智能运用在新闻采集、生产、分发、接收、反馈中,用主流价值导向驾驭"算法",全面提高舆论引导能力[1]。

习近平总书记的这番话成为指导媒体与时俱进、变革自身、完成使命的重要指示。借助人工智能技术赋能,新闻传播超越了信息传播的单一范畴,成为关系国家形象、国家利益、国家战略的重要领域[2]。

(二)基底重塑后的媒体生态智能化变革

对未来媒体行业而言,智能科学与高速移动互联网将迭代融合主导传媒发展。大数据、人工智能、云计算、物联网等智能技术集群刷新了互联网传媒的技术视野,催生了下一个传媒技术持续爆发的时代。万物皆媒的智媒时代曙光出现在地平线之上,它逐步迁移并扎根于"算据+算力+算法+网络"的基础底座,而这种改变会深刻重构长久以来媒体的性能质地,一个自我进

---

[1] 习近平.加快推动媒体融合发展 构建全媒体传播格局[J].求是,2019(6):4-8.
[2] 秦瑜明,赵希婧,桂笑冬.人工智能时代新闻传播事业的守正创新[N].光明日报,2019-12-16(6).

化、自由连接、自主决策的"在线社会信息传播系统"① 冉冉升起。

网络，是无处不在的移动互联网络，是满足海量高速低时延连接的媒体网络。前 Web 时代，媒体网络是由广电网、有形分发网构建的网络。行至 Web 时代，媒体网络扩容到互联网、移动互联网之上，占据各个智能终端为节点，基本完成了构建人与人连接的历史任务。在智能时代，智能传感器的普及使得任何物体都能成为网络节点，通过 5G 网络实现人与人、人与物、物与物的连接，使以往割裂的广电网、有形分发网、互联网、物联网形成真正的物理归一。原本只服务于传播的媒体网络向普适型服务网络转变，作为大动脉深深嵌入永远在线的智能化、数字化、网络化的社会运行大协同之中。

数据，是作为生产要素的数据资产，是理解微粒化需求的决策依据。媒体运营、经营中会产生大量数据，这些数据在本质上是对用户本身及其行为和业务运行全程的数字化描述。在农业、工业时代，为个体打上标签是整个社会及其决策层理解个体的简化方式，但在传播领域却造成了丢失对话客体的结构性困境。得益于媒体人工智能，以往用于描述个体的几个、十几个标签维度会迅速丰富至几百、几千个标签维度，乃至最终出现逆标签化②。个体届时能被充分了解，成为真正观念上的"个体人"。同样地，该进程也会出现在业务运行中，粗糙、局部、模糊的业务过程被微粒化理解并记录下来。这两类数据资产能帮助媒体灵活掌握其受众用户画像和业务运行全程，持续进行数据监控、生成数据洞察，进而应用于从微观到全局的状态描述、问题诊断、趋势预测与行动决策。

算法，是解决特定问题的微观程序。算法是耦合算据处理和达成业务目标之间的关键。算法既可以是应对某一个微观问题的具体解法，例如提高晚上 9 点钟某资讯平台的 Push 点击率；也可以是应对复杂环境的决策平台或系统，例如新浪的鹰眼平台。在完全进化的智能媒体中，任何业务环节都遍布

---

① 吕尚彬. 媒体融合的进化：从在线化到智能化［J］. 人民论坛·学术前沿, 2018（24）: 50-59.

② 阿里研究院. 数字经济系列报告之四 解构与重组：开启智能经济［R/OL］.（2019-01-07）［2020-02-11］. https://i. aliresearch. com/img/20190103/20190103173342. pdf.

种类繁多、优化目标不一的大量算法，它们按照预设规则共同落实媒体智能的效果，并能够在深度学习中不断优化自身解法。每个智能媒体环节后都隐藏着无数经过精心设计的算法，它们可能服务于截然不同的优化目标，但是最终会集成在某种应用业务之下，成为智能媒体能力的具体体现。

算力，是媒体服务泛在的绝对支撑。万物互联并不是简单的连接，而是万物智联，这里的"智"指的便是智能计算。算力是与算法搭配理解的概念，如果说算法是解决业务目标的方法，那么算力就是算法运作的基本动能。算力越充足，则算法运行的速度越快，可应用的场景越广阔。随着万物皆媒的媒介需求不断丰富，媒体作为未来智能社会的基础服务可能在任意时空被唤醒，即时响应的计算成为必不可少的资源支撑。尤其对于搭载在时延容忍度低场景中的媒体功能来说，边缘计算使得一部分计算无须上传云端，在本设备或邻近边缘即可完成，保证了用户随时随地调用媒体服务的需求。由此，边缘计算将和云计算一道优势互补、深度协同，共同保证智慧媒体运行的动能需求。

当传媒业最终迁移至"算据+算法+算力+网络"的基础底座之上时，一个高度灵活、实时决策、无处不在的智能媒体产业便会开始自动建构。就当前而言，人工智能正在重塑媒体业务的每一个环节，微观层面的企业变革已经在部分国内外媒体中展开。他们作为未来媒体探索的领跑者，今后会引领智能化媒体变革从个体的、局部的走向全部的、全局的，并且会在发展过程中收纳包容更多新兴技术，适应和引领全体社会生活的智能化提升工程。

（三）国内外重要媒体率先布局智能转型

于此智能化浪潮深刻影响千行百业之际，我们已经通过传媒前沿实践观察到，传媒业已率先成为第一波享受人工智能发展红利的行业。国内外重要媒体争先踏上这前所未见的效率飞轮，积极布局媒体人工智能技术、产品，探索智媒时代媒体形态的演变路径与可持续发展模式，全面拓展人工智能支持的媒体事业版图。

1. 国际媒体智能化转型之先声

华盛顿邮报、纽约时报、美联社、彭博社、BBC、Google News 尝试在工作流中深度引入人工智能，全面赋能传播业务。路透新闻研究机构针对全球 200 名顶尖编辑、CEO 和数字领导者展开调查，发现近四分之三的受访者表示在使用人工智能自我赋能①。

华盛顿邮报引入自动写稿机器人 Heliograf，它最先在里约奥运会报道时被投入使用，借助专业人士在系统中前置报道模板自动生成新闻稿。加上使用"知识地图"认知技术，使它在读者有拓展阅读需要时能够为其无缝连接相关背景或增补信息。

如今彭博社几乎三分之一的内容都由其产量惊人的机器人 Cyborg 协助产出，它可以在很短时间内提取识别数千家收益报告关键数据并编辑发表，在财经新闻方面成为路透社的主要对手。

纽约时报则拥有名为 Editor 的 AI 编辑，它借助识别文章语义得以提取如事件、人物、地点在内的标签信息，记者、编辑通过利用标签系统检索便可大大减少繁杂的准备工作。此外，它在评论区放置了 AI 审核工具，让读者能够自主控制"有害评论"的过滤度高低。另外，纽约时报在进行名为 Feels 的项目，它通过预测时报文章带来的情感影响服务于个性化广告投放决策。

BBC 新闻实验室是驱动 BBC News 业务革新的技术前哨。它专注于对话式新闻、工作流优化、多语言、新受众体验、语音转文字、结构化新闻等六个领域，以人工智能引领的技术群驱动着 60 个实验项目。BBC News 新闻实验室在半自动新闻领域取得了突破性成绩，它正在使用的人工智能编辑 Juicer 便是其中代表。

美联社同样早早在内容生产环节布局，利用 WordSmith 驱动财经报道写作。原本美联社单季度只能产出 300 篇收益报道，如今这个数字被抬升至

---

① NEWMAN N. Journalism, media, and technology trends and predictions 2018 [R/OL].(2018-01)[2020-02-11]. https://reutersinstitute.politics.ox.ac.uk/sites/default/files/2021-02/RISJ%20Trends%20and%20Predictions%202018.pdf

4400篇，几乎是之前的15倍之多。美联社也在使用名为NewsWhip的新闻机器人，用以追踪和分析社交媒体上的舆情并度量美联社内容在社交网络上与读者的交互情况。

  Google News是Google旗下的资讯产品。它的内容分发逻辑着眼于公共的、集体构建出的"客观现实"，认为新闻是一种推动用户认识世界的强有力的工具，算法应尽量保持客观、中立。在事实核查上，Google News中涉及事实核查的文章会被标注"Fact Check"的可视标签。正因Google对社会价值尺度保持尊重，所以每周可获得超过16亿次点击。

  2. 国内媒体智能化代表性尝试

  国内媒体智能化转型的进程丝毫不落后于国外媒体，人工智能的部分能力已经被广泛应用在主流媒体与资讯平台的实践中。前者是指以人民日报、新华社、中央广播电视总台为代表的一批主流媒体，后者则是指由科技公司驱动的资讯平台，如新浪新闻、腾讯新闻、今日头条等。

  于主流媒体而言，开启新闻传播的智慧革命是深入贯彻习近平总书记重要指示精神的战略举措，是打造新型主流媒体的必经之路，更是进化至四全媒体的应有之举。

  人民日报立足信息发展前沿，先后与各大头部科技公司、研发机构、商业平台达成多维度、多层次合作，布局深耕媒体人工智能的长远技术储备。目前，人民日报新媒体亮相了5个主要项目：体现主流算法的人民日报客户端7.0版、"人民日报+"短视频客户端、融媒体创新产品研发与孵化项目、人工智能媒体实验室和全媒体智慧云。借助国内人工智能独角兽第四范式的先荐平台，人民日报统领起质量评估系统、用户与平台双向互动的推荐系统、文本分析系统、用户画像系统等多个系统[1]，初步搭建出自身的推荐系统。该推荐系统已在人民日报客户端7.0投入商用，它的核心亮点便是通过质量把控、智能分发、传播反馈三个步骤用主流价值导向驾驭算法，全面提高舆论

---

[1] 第四范式与人民日报签约 共同打造新媒体主流算法 [EB/OL].(2019-09-20)[2020-02-11]. http://www.cet.com.cn/xwsd/2361835.shtml.

引导能力①。

2019年年底，新华社正式宣布投入使用社内首个智能化编辑部，对新闻生产、分发进行了全环节、全流程、全系统再造。该编辑部的记者表示，目前生产效率较以往提高了3~5倍，提升效果明显。在采集环节，它利用"媒体大脑"摄像头新闻机器人和"鹰眼"平台发现新闻热点，利用"现场云"移动采集系统和智能手机等硬件随时发起"现场新闻"全息直播，并同步采集文字、图片、短视频等全媒体形态新闻素材；在生产环节，AI主播、数据新闻、地图新闻、XR等30多个全媒体产品初具规模；在分发和反馈环节，智能推荐分发、版权评价系统被用来精确触达受众及评估传播效果②。

中央广播电视总台同样将建设人工智能编辑部视作重要战略。2019年12月25日，中央广播电视总台央视网人工智能编辑部发布系列创新产品，主要包括国内首个时政创新产品"I学习"、覆盖全球的智能传播效果评估系统"智晓"和国内主流媒体首个商用级别AI内容风控平台"融媒智控云矩阵"。据中国广播电视总台下的国际在线透露，总台央视网多年来积淀了200万小时的视频内容数据、1亿多的用户行为数据、超过100个优秀的算法模型，具备每天处理100亿条数据的强大算力③。

从科技公司驱动为主的资讯平台来看，他们亦在媒体智能化转型中投资巨大。不仅各个资讯平台普遍使用智能分发架构起产品及商业模式，一系列服务于信息采集、内容生产、内容风控的智能媒体应用也日益成熟。新浪智能媒体平台依托科技和数据赋能，实现了人工智能在媒体平台"采编审播"全链路的融合应用，由传统门户网站成功转型为智能媒体平台，成为国内智媒平台建设的标杆案例。今日头条则不断通过优化定制化资讯分发体验在短

---

① 人民日报客户端7.0版本上线 主流算法正式亮相［EB/OL］.（2019-09-20）［2020-02-11］. https://baijiahao.baidu.com/s?id=1645187912316737932&wfr=spider&for=pc.

② 宋玉萌.新华社智能化编辑部建成运行 实现人工智能再造新闻生产全流程［N］.新华每日电讯，2019-12-13（3）.

③ 央视网"人工智能编辑部"发布系列创新产品 打造主流媒体"智慧+"引擎［EB/OL］.（2019-12-25）［2020-02-11］. https://baijiahao.baidu.com/s?id=1653902386968970023&wfr=spider&for=pc.

时间内聚集起庞大的用户群体，使得智能推荐成为业界通用的信息呈现方式。腾讯 Dreamwriter 在内容生产业务中声名显赫，有数据显示其每天在财经、科技、体育领域的发稿量超过 2500 篇。

  媒体人工智能的理念和实践逐渐扩散影响传媒生态全域，不论是纸媒、广电等传统媒体还是互联网资讯平台，都在尝试将媒体人工智能应用到自身的业务环节里。但同时争议和乱象亦在涌现，信息茧房产生、虚假及不良信息肆意流窜、价值观引领等突出问题被摆在了整个行业面前。尽管如此，来到崭新的智能时代，崭新的机遇和挑战正在缓缓浮现，无论是支撑新华社的媒体大脑，还是人民网提出的内容科技，抑或是央视网的人工智能编辑部，主流媒体已经坚定表明人工智能深度参与、赋能传媒业将是一股不可抵挡的创新变革之潮。

2020年中国智能媒体发展报告（节选）*

第一章　2020年中国智能媒体发展亮点

一、政策面：AI新基建提速，AI赋能媒体深度融合

2020年，国家层面先后出台了"新基建"、媒体深度融合等重要政策，从国家战略高度为媒体智能化发展指明了方向。中央层面，2020年科技部、工业和信息化部、网信办、广电总局、文化和旅游部等各部委均出台了推动人工智能发展的相关政策，为"智媒+行业"的强力"出圈"提供了政策依托。地方层面，多省市陆续出台人工智能、媒体深度融合、智慧广电等相关政策，从技术研发、人才培养、环境建设、应用市场四大方面推进智能媒体的区域布局。

（一）国家层面："十四五"规划对媒体深度融合作出重要部署

回顾2020年国家层面智能媒体发展政策走向，媒体深度融合与新基建赋能无疑是关键词。一方面，作为国家战略的媒体融合正处在爬坡过坎、攻坚

---

* 本文原载于《2020年中国智能媒体发展报告》，与徐琦、王巍合作，收入本书时节选了第一章，有改动。

克难的关键时期,为了推动媒体融合向纵深发展,中央进一步明确和深化了指导思想和战略部署,提出了媒体融合向纵深发展的总方向,其中特别指出要以先进技术引领驱动融合发展。另一方面,2020年以来,习近平总书记曾多次提出加快5G网络、数据中心等新型基础设施建设进度,从顶层设计为新型基础设施建设按下"快进键",势必将为媒体智能化升级转型提供更加完备的"新基建"底座。

具体来看,自2013年8月全国宣传思想工作会议上习近平总书记提出媒体融合的要求以来,中央全面深化改革领导机构通过的涉及媒体融合的文件已经有三份——分别是2014年8月中央全面深化改革领导小组第四次会议审议通过的《关于推动传统媒体和新兴媒体融合发展的指导意见》,2018年11月中央全面深化改革委员会第五次会议审议通过的《关于加强县级融媒体中心建设的意见》,2020年6月中央全面深化改革委员会第十四次会议审议通过的《关于加快推进媒体深度融合发展的指导意见》。上述政策从国家战略高度为媒体深度融合、媒体智能化发展指明了战略方向。

2020年9月,中共中央办公厅、国务院办公厅印发了《关于加快推进媒体深度融合发展的意见》(以下简称《意见》)。《意见》以习近平同志近年来关于媒体融合发展的一系列重要讲话为指导,在科学分析我国主流媒体融合发展实践的基础上,提出了当前任务,即推动媒体融合向纵深发展,从重要意义、目标任务、工作原则三个方面明确了媒体深度融合发展的总体要求。[①]《意见》特别指出要以先进技术引领驱动融合发展,用好5G、大数据、云计算、物联网、区块链、人工智能等信息技术革命成果,加强新技术在新闻传播领域的前瞻性研究和应用,推动关键核心技术自主创新。在新技术的影响下,人工智能将更加全面、深入地介入、渗透、融合于媒体,成为智媒时代媒体向纵深进一步融合发展的决定性因素,助力媒体行业开启深融合、一体化、智能化、广场域的智媒新时代。

---

① 中共中央办公厅国务院办公厅印发《关于加快推进媒体深度融合发展的意见》[EB/OL].(2020–09–26)[2020–12–15]. http://www.gov.cn/xinwen/2020–09/26/content_5547310.htm.

不仅如此，媒体深度融合也体现在我国"十四五"规划中。"十四五"时期是我国全面建成小康社会、实现第一个百年奋斗目标后，乘势而上开启全面建设社会主义现代化国家新征程、向第二个百年奋斗目标进军的第一个五年。中国共产党第十九届中央委员会第五次全体会议深入分析国际国内形势，于2020年11月3日发布《中共中央关于制定国民经济和社会发展第十四个五年规划和2035年远景目标的建议》（以下简称《建议》）。①该《建议》不仅为未来社会经济、国民发展规定目标和方向，也对媒体深度融合、全媒体传播建设作出了重要部署。《建议》明确提出要推进媒体深度融合，实施全媒体传播工程，做强新型主流媒体，建强用好县级融媒体中心。同时，以智慧广电为代表的智能媒体建设工程也被明确写入"十四五"规划的建议当中。《建议》体现出党中央对打造智慧广电项目、推进全媒体传播体系、实现媒体深度融合的高度重视，也从侧面反映出国家对新兴技术驱动媒体发展转型的充分肯定。

今年（2020年）以来，我国"新基建"全面迎来利好，势必推动传媒产业链加速完成数字化转型和智能化升级，实现传媒产业要素的高效配置，助力传媒经济发展新旧动能转换。其中，人工智能作为"新基建"的着力点，在2018年中央经济工作会议中已被纳入新基建的概念。2020年以来，习近平总书记多次提出要加快5G网络、数据中心等新型基础设施建设进度，从顶层设计为新型基础设施建设按下"快进键"。4月20日，国家发展改革委将"新基建"范围明确界定为信息基础设施、融合基础设施、创新基础设施三方面，人工智能作为技术基底贯穿其中。2020年5月，两会政府工作报告中再次提出要加强新型基础设施建设，发展新一代信息网络，建设数据中心，激发新消费需求、助力产业升级。②对于我国媒体行业智能化转型升级而言，"新基

---

① 中共中央关于制定国民经济和社会发展第十四个五年规划和二〇三五年远景目标的建议［EB/OL］.（2020–11–03）［2020–12–15］. http://www.gov.cn/zhengce/2020-11/03/content_5556991.htm.

② 国务院. 2020年政府工作报告［R/OL］.（2020–05–22）［2020–12–15］. http://www.gov.cn/guowuyuan/2020zfgzbg.htm.

建"无疑是重大政策利好。在政策扶持下,人工智能将全面赋能媒体产业价值链的各个环节,大幅提升信息处理效率,将人力从简单机械的劳动中解放出来,处理智力要求更高的信息,重塑内容生产与传播全流程。

(二)部委层面:多部委政策推动智媒强力"出圈"

2020年,科技部、工业和信息化部、网信办、广电总局、文化和旅游部等各大部委均出台了人工智能发展相关政策,极大地助推了人工智能和传媒业、文旅、教育培训等垂直行业的融合,也为2021年智媒强力"出圈"赋能其他行业提供了政策基础。

具体来看,科技部提出要运用人工智能加快新一代信息技术产业发展,并从基础理论、支撑体系、关键技术、创新应用等层面提出战略扶持与指导。今年疫情期间,《科技部办公厅关于做好国家高新区科学防疫推动企业有序复工复产的通知》提出要发挥科技优势,为企业疫情防控和复工复产提供精准支撑,鼓励网上办公、视频会议、远程协作和数字化管理等方式。《科技创新重大项目申报指南》[1]中明确将围绕跨媒体智能方向持续攻关,着力构筑知识群、技术群和产品群的生态环境。《关于扩大战略性新兴产业投资培育壮大新增长点增长极的指导意见》[2]提出要加快新一代信息技术产业提质增效,围绕智慧广电、媒体融合、5G广播等方向实施中小企业数字化赋能专项行动,要加快数字创意产业融合发展等。上述政策为智媒落地提供了更为全面的保障和有力的生态支撑。

工业和信息化部方面,2021年主要从疫情管控、企业上云、传统行业加速转型三方面出发,为"新基建"提速提供政策保障。其中,《工业和信息

---

[1] 中国科学技术大学.科技部关于发布科技创新2030:"新一代人工智能"重大项目2020年度项目申报指南的通知[EB/OL].(2020-03-27)[2020-12-15]. http://kyb.ustc.edu.cn/2020/0327/c6077a417215/page.htm.

[2] 国家发改委.关于扩大战略性新兴产业投资培育壮大新增长点增长极的指导意见[EB/OL].(2019-09-23)[2020-12-15]. http://www.hebi.gov.cn/sfgw/3367639/638810/3367697/3422050/index.html.

化部办公厅关于运用新一代信息技术支撑服务疫情防控和复工复产工作的通知》①明确提出要推动制造企业与信息技术企业合作，深化人工智能应用，支持运用云计算大力推动企业上云。

国家互联网信息办公室方面，2019年末出台的《网络信息内容生态治理规定》②明确要强化人工智能技术，坚持主流价值导向，优化信息推荐机制，加强版面页面生态管理，构建风清气朗的平台环境，加强网络信息内容治理。

国家广电总局围绕全面推进"智慧广电"的目标，出台了一系列智媒发展相关政策，范围覆盖人才培育、业务升级、功能拓展、创新产品等，指引传媒行业向智能化转型升级。《关于加强广播电视公共服务体系建设的指导意见》③提出要全面推进"智慧广电+公共服务"，实现广播电视由消费性服务向生产性消费的转变。《关于统筹疫情防控和推动广播电视行业平稳发展有关政策措施的通知》④提出要支持"智慧广电"新产品、新业态、新模式。《国家广播电视总局关于开展智慧广电专项扶贫行动的通知》⑤明确了开展智慧广电消费扶贫、推动智慧广电教育扶贫、提供智慧广电健康扶贫、推进智慧广电公共服务、实施智慧广电人才扶贫等一系列举措。《国家广播电视总局关于推

---

① 工业和信息化部.工业和信息化部办公厅关于运用新一代信息技术支撑服务疫情防控和复工复产工作的通知［EB/OL］.（2020-02-18）［2020-12-15］.http://www.gov.cn/zhengce/zhengceku/2020-02/19/content_5480843.htm.

② 国家互联网信息办公室发布《网络信息内容生态治理规定》［EB/OL］.（2019-12-20）［2020-12-15］.http://www.cac.gov.cn/2019-12/20/c_1578375159431916.html.

③ 公共服务司.公共服务司广电总局印发《关于加强广播电视公共服务体系建设的指导意见》的通知［EB/OL］.（2020-01-06）［2020-12-15］.http://www.nrta.gov.cn/art/2020/1/6/art_113_49392.html.

④ 国家广播电视总局关于统筹疫情防控和推动广播电视行业平稳发展有关政策措施的通知［EB/OL］.（2020-03-12）［2020-12-15］.http://www.nrta.gov.cn/art/2020/3/18/art_2062_53548.html.

⑤ 公共服务司.国家广播电视总局关于开展智慧广电专项扶贫行动的通知［EB/OL］.（2020-03-18）［2020-12-15］.http://www.nrta.gov.cn/art/2020/3/18/art_2062_53548.html.

动新时代广播电视播出机构做强做优的意见》①强调要把握"智慧广电"发展方向，以智慧化应用加快提质升级，在新时代基层群众工作中发挥更大的作用，要积极将人工智能、云计算、大数据、区块链、虚拟现实、物联网等技术成果运用于内容采集、创作、生产、分发、传输、接收、反馈等环节，提升正面宣传质量和效果。

文化和旅游部则以智慧旅游建设为重要抓手，以智慧旅游智能新基建与智能硬件建设为重点，驱动旅游业高质量发展。《文化和旅游部国家卫生健康委关于做好旅游景区疫情防控和安全有序开放工作的通知》②提出采取大数据分析等多种新技术手段，推动智慧旅游，科学分流、疏导游客，做到旅游景区流量管理关口前置，严控客流。《文化和旅游部办公厅关于统筹做好乡村旅游常态化疫情防控和加快市场复苏有关工作的通知》③提出加快推动智慧旅游基础设施建设。同时，为贯彻落实文化产业数字化战略，文化和旅游部从智能新基建与智能硬件出发，推进智慧文旅进程。《文化和旅游部关于推动数字文化产业高质量发展的意见》④明确提出要面向行业通用需求，建设数据中心、云平台等数字基础设施，加强工业互联网、物联网、车联网在智能文化装备生产各环节的应用，提升智能装备技术水平。

此外，今年国务院知识产权战略实施工作部际联席会议发布了《2020年

---

① 宣传司.国家广播电视总局印发《国家广播电视总局关于推动新时代广播电视播出机构做强做优的意见》的通知［EB/OL］.（2020-11-05）［2020-12-15］.http://www.nrta.gov.cn/art/2020/11/5/art_113_53696.html.

② 文化和旅游部国家卫生健康委关于做好旅游景区疫情防控和安全有序开放工作的通知［EB/OL］.（2020-04-13）［2020-12-15］.http://www.gov.cn/zhengce/zhengceku/2020-04/14/content_5502188.htm.

③ 文化和旅游部办公厅关于统筹做好乡村旅游常态化疫情防控和加快市场复苏有关工作的通知［EB/OL］.（2020-07-17）［2020-12-15］.http://www.gov.cn/zhengce/zhengceku/2020-07/18/content_5527982.htm.

④ 文化和旅游部关于推动数字文化产业高质量发展的意见［EB/OL］.（2020-11-18）［2020-12-15］.http://www.gov.cn/zhengce/zhengceku/2020-11/27/content_5565316.htm.

深入实施国家知识产权战略加快建设知识产权强国推进计划》[1]，提出要加快智能审查系统开发，鼓励运用人工智能进行知识产权审查，提高审查质量和效率，助力版权内容保护，繁荣版权内容生态。

（三）地方层面：技术、人才、环境、市场推进区域布局

作为未来我国经济高质量发展的基石，人工智能在区域布局中的重要性越发凸显。多省（区、市）陆续发布人工智能发展方案、意见，结合自身实际加速布局。当前各地人工智能政策指导建设的规划考量主要集中于对该省、自治区、直辖市的智能技术研发、人才培养、环境建设、应用市场四个方面。与此同时，地方广电积极响应中央指示，发布了一系列智慧广电政策加速广电智能化转型。

技术研发方面，各地鼓励人工智能基础理论和共性技术研发，扶持人工智能底层基础设施建设。目前各省、自治区、直辖市重点扶持云计算、大数据平台和数据中心建设，着力打造新一代智能信息基础设施，以期带来降低成本、提升效率、创新商业模式等优势，助推经济转型升级。代表性政策包括《上海市关于进一步加快智慧城市建设的若干意见》[2]《辽宁省关于促进文化和科技深度融合的实施意见》[3]等。

人才培养方面，各地坚持人才优先发展战略，创新人才引进和培育机制，加快和大力实施人工智能人才的引进与培养。主要举措包括引进一批人工智能领域国内外顶尖科学家、科技领军人才和高水平创新团队以及优秀青年人

---

[1] 知识产权局网站.国务院知识产权战略实施工作部际联席会议办公室关于印发《2020年深入实施国家知识产权战略加快建设知识产权强国推进计划》的通知［EB/OL］.（2020-05-13）［2020-12-15］.http://www.gov.cn/zhengce/zhengceku/2020-05/15/content_5511913.htm.

[2] 中国上海.关于进一步加快智慧城市建设的若干意见［EB/OL］.（2020-02-11）［2020-12-15］.http://ssme.sh.gov.cn/public/news!loadNewsDetail.do?id=2c91c28d6fbd84b6017031c2ddc44e19.

[3] 辽宁省科技厅.《辽宁省关于促进文化和科技深度融合的实施意见》政策解读［EB/OL］.（2020-06-05）［2020-12-15］.http://www.most.gov.cn/dfkj/ln/zxdt/202006/t20200604_157216.htm.

才；重点培养一批具有发展潜力的人工智能领军人才，加强人工智能基础研究、应用研究和运行维护等方面专业技术人才的培育；推动人工智能学科建设，完善人工智能领域学科布局，加强人工智能与其他学科专业教育的交叉融合等。代表性政策有《北京市高精尖产业技能提升培训补贴实施办法》[1]。

环境建设方面，多地提出加强应用示范和专项支持，优化产业市场和政策环境，为人工智能提供制度规范、标准设定、财政优惠等保障，提升人工智能在社会中的认同感、接受感和参与积极性。主要举措包括推动各级政府部门率先运用人工智能，依托政务云引入和开发人工智能应用模块，做好示范带头作用；完善政府支持人工智能发展的专项扶持政策，引导民间资本支持人工智能产业发展，统筹使用产业转型升级、信息化建设等专项基金，充分发挥政府投资基金的扶持作用。代表性政策包括《关于公布人工智能典型应用方案（产品）目录的通知》[2]《广州市关于推进新一代人工智能产业发展的行动计划（2020—2022年）》[3]等。

市场应用方面，多地提出要突出新一代人工智能在经济、社会等各个领域的需求应用，坚持以应用与需求为导向，将人工智能赋能战略性新兴产业，打造现代服务业新引擎。主要举措为依托各地优势将人工智能与现代生产制造、商务金融、文娱消费、教育健康和流通出行等深度融合，形成具有在线、智能、交互特征的新业态新模式，全面提升人民生活品质。代表性政策有

---

[1] 市科委专家处.关于印发《北京市高精尖产业技能提升培训补贴实施办法》的通知[EB/OL].（2020-03-13）[2020-12-15]. http://kw.beijing.gov.cn/art/2020/3/13/art_1136_509770.html.

[2] 杭州市经济和信息化局.关于公布人工智能典型应用方案（产品）目录的通知[EB/OL].（2020-04-22）[2020-12-15]. http://www.hangzhou.gov.cn/art/2020/4/22/art_1256296_42665848.html.

[3] 广州市南沙区工业和信息化局.转发广州市工业和信息化局关于印发《广州市关于推进新一代人工智能产业发展的行动计划（2020-2022年）》的通知[EB/OL].（2020-03-09）[2020-12-15]. https://www.creditchina.gov.cn/home/zhuantizhuanlan/xinyongdashuju/zhengcewenjian/202003/t20200305_187149.html.

《上海市促进在线新经济发展行动方案（2020—2022年）》①。

具体到地方"智慧广电"建设方面，当前省级广电政策主要围绕广电传播体系的智能化升级和业务延伸两大重点开展，政策覆盖技术研发、资金扶持、生态合作等，力争将广电内容优势、网络优势、用户优势、管理优势嫁接到融合业务上，在人工智能的赋能下实现信息传递、管控及其服务的智能化、安全化，推动信息社会进入高级阶段，与智慧城市、智慧社区、智慧健康、智慧教育、智慧家庭等融为一体。代表性政策包括《京津冀新视听战略合作协议》②《长三角地区广播电视和网络视听一体化高质量发展战略合作框架协议》③等。

二、资本面：AI 投资轮次后移，重点布局行业应用

（一）中国人工智能行业规模持续扩大，融资增速则有所放缓

在全球人工智能热潮及中国国家政策的大力扶持下，中国人工智能产业步入了发展快车道。各大投资方正在加速布局，将人工智能技术概念引入商业场景，渗入大众生活的每一个角落。从 2016 年起，中国人工智能市场进入爆发阶段，持续保持较高的市场增长率。2020 年，人工智能企业加快落地应用探索，基础层、技术层企业开始向应用层下游渗透，人工智能应用产品更加丰富，面向不同行业和应用场景提供更全面的综合智能化解决方案，2020 年我国新一代人工智能市场规模预计将达到 700 亿元。未来随着人工智能在各行各业的场景落地及市场开拓的稳定展开，人工智能产业化前景向好，微

---

① 上海市人民政府办公厅.上海市人民政府办公厅关于印发《上海市促进在线新经济发展行动方案（2020-2022年）》的通知［EB/OL］.（2020-04-08）［2020-12-15］.http://www.shyp.gov.cn/shypq/yqyw-wb-bmdt-sww/20200420/354255.html.

② 河北局.《京津冀新视听战略合作协议》签署［EB/OL］.（2020-09-11）［2020-12-15］.http://www.nrta.gov.cn/art/2020/9/11/art_114_52896.html.

③ 国家广电总局.沪苏浙皖四省（市）广电局签署《长三角地区广播电视和网络视听一体化高质量发展战略合作框架协议》［EB/OL］.（2020-11-05）［2020-12-15］.http://gdj.ah.gov.cn/xwzx/xydt/145258581.html.

软和安永发布的《2020年大中华区人工智能成熟度调研报告》预测2022年中国人工智能市场规模将超过千亿元。

人工智能市场的壮大离不开资本的助力,近十年来国内人工智能投资事件数量和投资金额一直保持高速增长并在2018年达到历史峰值。2009年至2019年期间,中国共发生3678起人工智能投资事件,总交易金额达2878亿元人民币(不包括未披露交易金额的投资),平均单笔投资额度为1.7亿元人民币。[①] 清科数据显示,截至2020年11月,中国人工智能交易事件数量为420次,交易总额499.33亿元,融资增速持续放缓。但融资增速放缓并不意味着人工智能公司获得融资的机会在减少,相反,随着投资市场的完善和发展,资本对于人工智能产业更加趋于理性。人工智能技术的突破,商业模式的持续更新,为优质企业和相关项目的拓展创造了良好条件,具有核心壁垒及优秀落地能力的AI企业的大额投资项目有望不断增加。同时,随着人工智能与实体经济的融合深入,行业细分领域的应用将进一步拓展,该类企业有望获得资本的青睐。

从投资地域分布来看,北京、上海、广东已成为我国人工智能行业发展的三大着力点。不仅如此,这些省份还以点带面同时推动着京津冀发展区、粤港澳大湾区、长三角经济区的人工智能崛起,构建起更为庞大的人工智能产业生态。2020年人工智能领域投资集中于北京、上海、广东的趋势同样显著。清科数据显示,截至2020年11月,北京、上海、广东共发生307起投资事件,占据总投资事件的73%,总融资金额达到370亿元人民币,占总融资金额的74%。

从投资轮次分布来看,2009年至今资本对人工智能行业的投入轮次开始向中后期转移。2016年之前,天使/种子轮投资数量比例逐年升高,占比一度达到60%,其原因在于人工智能行业企业早期融资金额及估值相对比较合理,且初创期及成长期企业对资本来说更加容易入手,符合国家对创业投资

---

① 微软. 2020年大中华区人工智能成熟度调研报告[R/OL].(2020-10-15)[2020-12-12]. http://www.199it.com/archives/1143258.html.

行为"投早投小"的政策导向。随着人工智能市场板块的逐渐成熟，人工智能整体投资阶段由早期向中后期转移。2016年之后，天使/种子轮投资逐年下降，到2020年在所有投资类型中的占比降至13%左右。同时，A轮和B轮投资占比稳定上升，到2020年达到69.05%[1]，部分人工智能独角兽企业在2020年已经开始筹备IPO融资。整体来看，资本对于人工智能产业的布局已经基本形成，产业发展逐渐走向成熟，当前资本市场会更加关注成长性较好的企业，以资本的力量推动优质企业在人工智能领域形成独特的竞争优势。

（二）人工智能与传媒领域融合创新领域持续受到投资者青睐

从人工智能领域投资行业分布来看，传媒行业在获投事件数量和金额上都遥遥领先于其他行业，持续受到投资者的青睐。《2020年大中华区人工智能成熟度调研报告》显示，2009年至2019年间，传媒行业共获得2706次投资，占比74%，融资额度达2230亿元人民币，占全部投资额度的77%。

传媒行业获得投资者青睐的主要原因包括以下两点：首先，传媒业大量使用计算机视觉、自然语言处理、深度学习等技术来打造智能化媒体应用，这让传媒业自然成为人工智能关键技术落地的主要场景之一。并且传媒业所倚重的计算机视觉、自然语言处理、深度学习等技术及应用领域本身就是资本布局的重要地带。2019年，我国计算机视觉、自然语言处理、深度学习三项技术及其应用分别占当年人工智能行业投融资金额的24.2%、15.6%与14.1%[2]，三者占据人工智能投资金额的"半壁江山"。其次，传媒行业巨头和独角兽企业在深耕人工智能市场方面积累了成熟的经验，拥有海量数据优势和较完善的基础设施，再加上5G浪潮迅猛来袭，传媒领域自然更容易获得投资商青睐。

---

[1] 微软.2020年大中华区人工智能成熟度调研报告［R/OL］.（2020-10-15）［2020-12-12］.http://www.199it.com/archives/1143258.html.

[2] 微软.2020年大中华区人工智能成熟度调研报告［R/OL］.（2020-10-15）［2020-12-12］.http://www.199it.com/archives/1143258.html.

（三）智媒投资热点集中于计算机视觉、智能云、虚拟现实等

2020年国内人工智能与传媒相关领域投资数量较往年有所减少，投资热点覆盖人工智能技术与传媒领域的深度融合，以及人工智能与信息技术的交叉赋能领域，如AI+音视频/游戏/VR（虚拟现实）/AR（增强现实）/直播/大数据等。课题组梳理了今年人工智能与传媒领域的重大投资事件。

从融资轮次来看，表中所列出的9件融资事件中有5件处于较早期（天使轮/Pre-A轮/A轮后战略投资）阶段，4件处于C轮/D轮后战略投资。从融资金额来看，表中5家公司已公开融资金额，平均融资金额超过1.6亿元人民币，可见人工智能依然是一个高投入门槛的领域。

从业务领域来看，在AI+音视频领域，美摄主要输出移动端视音频图像智能处理、识别以及深度学习等技术能力，像素偏移主要提供AR增强工具化能力以及VR虚拟形象的技术应用，而依图科技更注重人工智能领域的基础性科学研究，研究方向包括计算机视觉、自然语言理解、知识推理、智能硬件、机器人等技术领域。在AI+云游戏领域，动视云偏重于提供应用能力，主要提供基于云计算架构的电视游戏开发及运营服务。在AI+VR/AR领域，大朋VR专注于虚拟现实头戴显示产品的开发和虚拟现实内容平台的建设，而亮亮视野是一家AR眼镜研发商，主要开展第一视角的音视频、图文直播等业务。在AI+直播领域，小K动捕和万象科技均获得天使轮投资，前者可提供虚拟直播解决方案，后者将虚拟偶像应用于直播带货，显示出早期资金正在切入虚拟化直播市场。在AI+大数据领域，中科闻歌依托于中科院自动化所，其技术积累、资金储备、产品开发、商业模式皆被资本市场看好。目前中科闻歌可提供多语言、跨模态和深度智能理解的大数据智能计算引擎，可为政府、媒体、企业提供大数据系统、服务与解决方案，落地产品包括"闻海"大数据平台、"红旗"县市级融媒体平台、"云涌"融媒体可视化分析系统、"云迹"传播检测与评估系统等。

三、技术面：人工智能技术发展推动智媒新应用落地

2020年，人工智能从底层芯片、传感器到计算机视觉、语音识别、自然语言处理、机器学习等领域的通用技术能力持续提升，物联智能视觉、脑机接口、复杂场景下的智能语音处理技术等重点领域取得亮眼突破。与此同时，国内媒体环境移动化、泛媒化、视频化、平台化发展态势凸显，给智能媒体发展带来了全新的机遇与挑战。今年人工智能与5G、大数据、云计算、区块链、物联网等新兴技术进一步融合，智能媒体领域AI中台化、入口场景化与内容安全2.0态势凸显，进一步增加了智媒应用的深度与广度。

（一）人工智能新进展：物联智能视觉、脑机接口获得突破

今年以来，计算机视觉、自然语言处理、人机交互等人工智能关键技术领域都取得了重要进展，物联智能视觉、脑机接口、复杂场景下的智能语音处理技术等领域取得亮眼突破，给智能媒体发展带来了无限的想象空间。

物联智能视觉方面，以5G为代表的新一代信息通信技术及以深度学习为代表的人工智能技术，正在推动计算机视觉产业不断成熟。同时，随着"万物皆媒"的物联网系统应用，数以亿计的物联网终端将获得"智能视力"。未来，视觉系统将进一步渗透到新型智慧城市、智慧园区、智能工厂、智慧医院、智慧农业、智慧供应链等行业中，视频服务将成为支撑性基础业务，视频媒体应用将更加泛在。

人机交互技术方面，脑机接口技术今年获得重要突破，英国《自然·神经科学》杂志发表了一项最新研究，其中显示美国科学家报告了一种能够以较高准确率解码神经活动，并将其翻译为句子的机器翻译算法[1]。今年8月，埃隆·马斯克展示了其创立的公司Neuralink所研发的脑机交互设备以及三只

---

[1] 脑活动可被翻译成句子，美科学家用脑机接口高效解码神经活动［EB/OL］.（2020-03-31）［2020-12-12］. https://baijiahao.baidu.com/s?id=16626430382146444440&wfr=spider&for=pc.

植入脑机芯片的小猪，新版脑机接口实现了从有线到无线的进步①。脑机交互通过脑机接口实现对物体的控制或内容的输入，能有效提高交互带宽和反应灵敏度。随着脑机接口技术的发展，人与媒介之间的交互将从物理接触方式向脑机交互拓展，未来应用场景极富想象力。

语音技术方面，2020年业界开始将声学感知空间的能力与交互系统结合起来，实现多智能交互设备的就近唤醒应答，避免多设备重复响应和执行指令，打破设备之间的隔阂，使各种形态、配置的终端设备通过连接协议实现AI能力共享、算力共享，提升多人、多设备、多背景的复杂场景语音处理能力。采用多模态引入视觉等维度信息后，智能交互设备可以更加准确地理解用户的需求，判断用户的意图，为用户提供更自然、更个性化、更高效的多模态人机交互体验。

（二）传播环境新变化：移动化、视频化、泛媒化、平台化

2020年全球深受新冠肺炎疫情影响，全球政治、经济、社会、科技格局加速演变，媒体领域出现重要变化。后疫情时期国内媒体环境移动化、泛媒化、视频化、平台化发展态势凸显。

首先，今年以来5G建设加速推进，推动媒体环境日趋移动化和泛媒化。一方面，使用移动终端上网的网民持续增长，截至2020年6月，我国网民使用手机上网的比例达99.2%。②同时，5G网络则进一步保障了移动终端连接的稳定性和延续性，智能汽车、可穿戴设备等移动终端市场需求也在不断扩大。另一方面，5G推动多种智能终端成为信息的接收与传播媒介，万物皆连促使万物皆媒的泛媒介形态得以形成，"四全媒体"的内涵和外延都将继续扩展，新平台、新终端、新交互工具不断演化迭代，机器人新闻、传感器新闻、区块链新闻等新闻品类将蓬勃发展。

---

① 陈彬.脑机接口：重大突破还是商业噱头？［EB/OL］.（2020-09-04）［2020-12-12］.http://www.infzm.com/contents/191032.
② 中国互联网络信息中心.第46次《中国互联网络发展状况统计报告》［R/OL］.（2020-09-01）［2020-12-12］.http://www.cnnic.net.cn/hlwfzyj/hlwxzbg/hlwtjbg/202009/P020200929546215182514.pdf.

新冠疫情加速了媒体全面向视频化转向的态势。疫情期间，网民娱乐需求持续向线上转移，推动网络视频使用率、用户规模进一步增长，互联网全面向视频化发展。截至 2020 年 6 月，我国网络视频（含短视频）用户规模达 8.88 亿，渗透率达 94.5%[①]。伴随着流量向网络视频、网络直播的迁移，视频内容将成为未来社会的主要表达方式和基础业务，媒体对于视频化应用需求进一步增长，推动了人工智能等新兴技术在视频领域的创新发展。未来，更高的清晰度、更丰富的展现方式，以及更沉浸式的服务体验都将是视频媒体服务的主攻方向。

平台级媒体在信息服务、社会治理、社区服务、娱乐产品等方面具有综合优势，媒体平台化发展态势良好。一方面，国内外互联网巨头将多种垂直应用联结成为生态级平台，形成多边优势互补和多元价值交换的平台经济，通过满足互联网用户多样化需求，获得强用户黏性，形成生态级规模。另一方面，基于对当前互联网发展趋势的把握，许多主流媒体加速自身互联网化，搭建基于移动传播体系的自主可控平台，以此作为主流媒体引导群众、服务群众的新渠道，如人民日报推出全国移动新媒体聚合平台人民号，吸引了超过 2.6 万家生产者入驻，生产了 30 多万条优质内容。互联网平台媒体化和主流媒体平台化转型汇流竞合，成为引领当下媒体格局的关键力量。

（三）智媒技术新趋势：AI 中台化、传播场景化与内容安全 2.0

人工智能关键技术领域的新突破为智媒应用创新提供了基础条件，同时，媒体环境的新变化为智媒应用创新指明了落地方向。纵观 2020 年智媒技术发展，AI 中台化、入口场景化与内容安全 2.0 升级尤其值得重点关注。

首先，AI 中台化加速发展，有力支撑了平台型媒体的拓展创新。目前，腾讯、百度、阿里巴巴等头部互联网公司率先建立中台体系，为自身发展提供核心动力的同时，也面向行业输出一系列基于内容、技术及平台的智能媒

[①] 中国互联网络信息中心．第 46 次《中国互联网络发展状况统计报告》[R/OL]．(2020-09-01)[2020-12-12]．http://www.cnnic.net.cn/hlwfzyj/hlwxzbg/hlwtjbg/202009/P020200929546215182514.pdf．

体服务。与此同时，新华社、人民日报、中央广播电视总台发挥主流媒体优势，联合行业内顶尖的互联网公司、技术公司打造中台体系，在为上层应用提供技术支撑的前提下打造前瞻性的媒体创新应用，赋能自身内容生产触达全链条，实现数据、技术、业务、运营及组织的全面融合。在这一基础上，中央级媒体开放智能平台功能服务和技术服务接口，将阶段性创新成果向省、市、县媒体输送，促进智能技术在传媒行业的普及。"大中台＋小前台"逐渐成为智能驱动新模式。这种设计可以有效打通前后台的用户数据和内容数据，利于充分调动系统内外的各种优质资源，激活平台内容聚合和内容生产能力，提升信息分发能力，以实现平台与用户更广泛、深入的连接。

第二，传播场景化，用户实时交互体验得以提升。新冠疫情催生了大量非接触式服务，云办公、云娱乐、云聚会等新场景形成，高清低延时的实时音视频服务需求快速增长，视频与直播服务得以提速发展。云视频的普及，将推动实时音视频技术渗透到各个细分行业，实时音视频技术将和行业应用场景相结合，形成场景化通信解决方案，场景将成为融媒体接入的新入口。同时，随着人工智能背景下虚拟现实技术、增强现实技术与混合现实技术的成熟和发展，用户获取信息的时空环境将进一步从现实性场景向虚拟、现实增强场景拓展。当前芯片、传感器、语音语义识别等关键技术已较为成熟，以人工智能技术为基础的智能硬件终端产品将进入爆发式发展阶段。进入万物皆媒时代，任何智能机器都将成为传媒输出内容的端口，呈现内容的媒介将变得极其丰富。

第三，智媒内容安全进入 2.0 时代。随着互联网音视频内容的快速增长，针对音视频内容安全的监管成为网络治理新的关键点，以人工为主或人机协同方式进行的内容审核面临着严峻挑战，内容安全将从图文 1.0 时代向视频 2.0 时代迈进。面对复杂的网络环境和技术的快速更迭，低功耗的数据处理、基于深度学习的视频内容安全分析、伪造与鉴伪之间的攻防关系等都将成为新的挑战。进入内容安全 2.0 时代，人工智能将进一步被应用在面向全媒体的视频篡改取证和内容合规性审核等方面。同时针对各种异常情况，推动应急响应体系的制定，包括响应预案、响应流程、主动响应机制等，从而形成一套智能监测、自动发现、及时应急响应的安全保障体系。此外，基于智能化技术的媒体融合内容版权保护，可以为各媒体机构的数字内容提供一套版权登记和管理系统，为媒体融合内容的知识产权登记、使用、推广、维权等需求提供支撑和保障。

四、生态面：疫情催化、生态协同推进智媒投身经济建设主战场

2020年新冠疫情给信息传播领域带来了历史性挑战，客观上却加速了国内媒体智能化发展的进程。疫情防控既对智媒创新提出了新的命题，也为后疫情时代智媒创新指出了新的方向，催化了"智媒+行业"的强力出圈态势，推动文旅/会展/政务等成为智媒赋能垂直行业、拓展传媒生态版图的首批试验田。在赋能路径方面，智媒中台建设和智媒上云成为智能媒体平台化发展的关键部署。在生态协作方面，国家重点实验室领衔推进智媒基础研究和应用示范，主流媒体集团与互联网商业平台间合作不断增强，AI开放平台百花齐放，共同推动了智媒生态的持续健康发展，彰显了智媒企业投身经济建设主战场的潜力空间。

（一）应用生态：疫情催化智媒创新，"智媒+行业"强力出圈

新冠肺炎疫情全球蔓延带来了史上首次基于社交媒体的信息疫情，同时催生了智能媒体的新场景、新产品、新应用。不仅如此，受到疫情严重影响的行业逆势成为智媒破圈融合的第一站，"智媒+行业"成为智媒发展的重要看点。

1. 新冠疫情催化智媒创新落地，彰显智媒潜力

当前阶段，人工智能技术已经渗入信息采集、内容生产、内容分发、内容管理、内容风控、效果监测、媒体经营、舆情管理、版权保护等新闻生产流程的各个环节，从底层改变媒体的整体运作流程，落地的智能化应用层出不穷，二者的深度融合，为媒体向纵深发展提供了聚合共振的基础。

疫情期间，工业和信息化部办公厅特别发布《关于运用新一代信息技术支撑服务疫情防控和复工复产工作的通知》，鼓励运用大数据、人工智能、云计算等数字技术，在疫情监测分析、病毒溯源、防控救治、资源调配等方面更好地发挥支撑作用。在疫情信息传播过程中，由数据驱动的智能信息传播迅速展开，各企业的疫情传播应用场景不断涌现，应用范围持续拓展，不但提高了疫情信息的生产、聚合、分发效率，同时也帮助政府与企业提高了疫情信息风控水平与舆情信息管理能力，更涌现出一批满足用户多元需求的新型信息产品。

具体来看，疫情融媒报道机器人、疫情地图、疫情信息精准分发、疫情问答助手、虚拟主播、智能精准辟谣、疫情舆情管理等方面均涌现出了一批创新应用产品。典型案例包括：疫情期间新华社"媒体大脑"辅助多家媒体机构高效生产疫情新闻报道，使用率最高的包括疫情报道机器人、数据新闻机器人、直播拆条机器人、海报视频机器人与字幕生成机器人等。新浪"疫情地图"以统计专题的形式实时动态视觉化地展现全球新型冠状病毒疫情状况，同时推出了小区疫情地图，将疫情信息精确到"最后一公里"，成为全网最受欢迎的疫情地图可视化产品之一。在疫情信息精准分发方面，新浪基于知识图谱和用户大数据积累不断优化分发策略，采用基于用户来源渠道、地域主题和内容消费场景的个性化推荐等多种分发模式，实现了全网疫情热点覆盖和个体用户信息需求痛点满足之间的较优平衡。中国卫生信息与医疗健康大数据学会基层应用专委会与搜狗明医推出的新冠肺炎智能问答机器人服务被接入湖北、山东、浙江、北京、天津、上海等省、市（区、县）卫健委官网与公众号，可实现全时段守候、毫秒级响应，免费为民众解答发病原理、疾病特征、症状、诊断筛查等问题。科大讯飞在疫情期间免费开放了虚拟主播"小晴"的授权使用，新华网、东南网、金华电视台等多家媒体与其达成合作，将虚拟主播用于疫情信息播报。中国互联网联合辟谣平台、新华社客户端、新浪新闻、腾讯新闻、丁香医生等平台上线了新冠疫情辟谣频道或专题页面，部分平台通过人工智能技术进行智能识谣，再通过社会化辟谣网络开展疫情谣言的高效治理。

2. 智媒出圈，智媒+文旅/会展/政务等创新亮眼

经过数月艰苦奋战，付出了巨大牺牲，中国成为世界上率先控制住国内疫情的国家之一。进入后疫情时期，智媒"出圈"呈现加速态势，领先智媒企业开展向其他垂直行业渗透拓展，部分企业开始通过"智媒+行业"布局实现盈利。尤其是文旅与会展等受到疫情影响较大的行业甚至逆势成为智媒+强力出圈的突破点，彰显了智媒企业投身到经济建设主战场中的可观潜力。

智媒+文旅方面，在文旅部智慧旅游建设政策引导下，多家领先智媒机构今年均面向文旅场景推出了多种创新应用产品。例如，新华社"媒体大脑"推出了 MAGIC 拍摄机器人并在浙江台州府城景区落地应用。该款机器人是国内首个 VLOG 机器人，集成了多个智能摄像头，由于集合了 360° 环视高清摄像机+专业摄影机+超高算力边缘计算节点，使得从业者可将内容同步上传到媒体大脑·MAGIC 云端处理。在内容方面，该款机器人可通过激光视觉多传感器混合定位导航、人物识别追踪等技术，能自由移动、自主采集视频、自动识别人物、自行生成专属 VLOG。不仅如此，新华智云基于已有数据中台技术，整合全国文旅单位等公开数据与旅游景点诗词数据、历史文化名人行迹、景点影视宣传片数据，打造了"中国文旅大数据中台"。

智媒+会展方面，新冠肺炎疫情一方面制约了线下会展活动的开展，另一方面却催化了线上会展的创新探索，推动了智媒与会展行业的融合。例如，封面传媒研发搭建了全国首个完全在云端呈现的国家级高科技展会，实际应用在第八届中国（绵阳）科技城国际科技博览会展览中，成为国内首家搭建国家级科技博览会云展馆的媒体。据媒体报道，第八届科博会云展馆上线两天观展人次就达到了 1689.6 万。通过"封面造"云博览平台的全流程实践，封面传媒形成了智慧文博解决方案，而封面新闻发布的智媒云 4.0 也已迭代成了一朵"科技+传媒+文化"云，实现了从媒体融合发展行业解决方案到科技+传媒+文化多行业解决方案的跨领域拓展。

智媒+政务方面，疫情防控凸显了新闻媒体的社会治理功能，推动了后疫情时代"新闻+政务服务"运营模式的发展。例如，齐鲁晚报·齐鲁壹点于 2020 年 11 月发布"智能中台"战略，推出"互联网+政务服务"平台，

专门针对政务技术性服务需求提供专业解决方案。为应对山东省加大市场监管执法力度与优化监管机制等挑战，齐鲁壹点团队正在为山东省市场监管局打造一个市场监管共治平台，实现知识普及、线上问答、举报受理、法律援助等功能。此外，齐鲁晚报搭建的智慧社区平台是山东省内第一个媒体主导的集智慧党建、智能安防、智慧物业、社区全媒、生活服务于一体的社区生活服务类平台，是媒体深度参与社会治理的代表平台案例。

与此同时，智媒与智慧城市、物联网等领域的融合创新也产出了不少创新成果。例如，浙江日报报业集团参与杭州城市大脑建设，并于2020年5月发布首个区县平台——城市大脑下城平台，实现了智能咨询、AI管理等多场景下的智慧应用。

（二）赋能路径：智媒中台建设和智媒上云成为发展关键部署

今年以来，领先智能媒体平台化升级提速。一方面，多家主流媒体人工智能编辑部投入运行，包含AI中台在内的智媒中台建设得到高度重视，智媒中台成为媒体业务全链条、全流程内部赋能与降本增效的关键部署。另一方面，多家主流媒体集团与商业平台发力建设智能云，推动智媒能力的云化输出与生态赋能。

1. AI中台化支撑智媒应用全链条内部赋能

现阶段媒体平台化发展态势越发凸显，简单相加的融合模式不再适应媒体融合纵深发展的时代要求。为了有效应对数据及服务共通、沉淀、复用等问题，"大中台+小前台"的智媒中台构架逐渐成为智能驱动媒体融合的新手段。智能媒体中台主要包括业务中台、数据中台、技术中台和智能中台，对上层不同业务场景提供模块化、组件化、服务化的能力支撑。中台沉淀把各个应用系统的能力、通用的服务放到一个共享平台上，为整个生产体系服务。智媒中台在保证系统后端稳定的同时，不断根据前端业务要求，提供随意组合的共享服务，以适应互联网的变化，不断进行创新迭代。

目前阿里巴巴、腾讯、百度等头部互联网公司率先建立中台体系，为自身发展提供核心动力的同时，也面向行业输出一系列基于内容、技术及平台的全媒体服务。与此同时，新华社、人民日报、中央广播电视总台等也发挥新型主流媒体优势，联合行业内顶尖的互联网公司、技术公司打造中台体系，在为上层应用提供技术支撑的前提下打造前瞻性的媒体创新应用，赋能自身内容生产触达全链条，实现数据、技术、业务、运营及组织的全面融合。在这一基础上，中央级媒体开放智能平台功能服务和技术服务接口，将阶段性创新成果向省、市、县媒体输送，促进智能技术在传媒行业的普及。

例如，央视网建设了视频中台和 AI 中台，基于两大中台推出了互联网视频技术研发基地和人工智能创新基地两大基地。央视网基于 AI 中台推出了一系列智能化产品和应用，其 AI 中台最大的特点是集成开放，通过 AI 能力服务总线支持接入各家厂商最先进的 AI 能力。又如，2020 年 9 月首度亮相中国网络媒体论坛的百度智能媒体中台以媒体云为基础，其媒体知识中台包括媒体知识图谱、跨模态检索和推荐，其媒体 AI 中台包括 AI 能力引擎、智能创作平台和智能视频平台，以此支撑智能策划、智能采编、智能审校、AI 主播等媒体行业应用，助力新闻生产的策划、采编、审校、发布等全流程。

智媒中台的产生，并非为了追逐当前 IT 建设的风口，而是媒体深度融合发展需求使然。通过智媒中台的建设，能够向前赋能业务，又快又轻进行创新；向后沉淀数据，做厚做强业务支撑。通过中台架构来实现"数据能力下沉与业务应用上浮"，打造"大中台+小前台"的技术布局，有效打通前后台的用户数据和内容数据，有利于充分调动系统内外的各种优质资源，激活平台的内容聚合和内容生产能力，提升其信息分发能力，实现平台与用户更广泛更深入的连接，形成可持续的媒体产品运营平台。未来伴随智能媒体中台的建设，人工智能技术将不断被应用到媒体融合生产的各个环节，在各类场景中辅助提升业务效能，创新智能媒体服务模式与商业模式。

2. 智媒云建设推动智媒能力对外云化输出

智媒云建设是当前智媒生态赋能的重要途径之一。一方面，头部商业平台通过云服务的形式面向传媒行业输出解决方案。另一方面，领先主流媒体平台投建智能融媒体云平台，在实现自身内容生产制播提效降本的同时，通过开放智能平台功能服务和技术服务接口，将阶段性创新成果向省、市、县媒体输送，促进智能技术在传媒行业的普及，提升传媒行业的整体智能化水平。

商业平台方面，目前阿里云、腾讯云、百度云等均推出了面向传媒行业的解决方案，提供云计算、移动开发框架平台、视频中台、AI 中台、数据中台、协同中台、用户中台、混合云、智能运维、安全体系等产品，助力媒体机构业务创新。例如，阿里云力推从媒体上云到云上媒体的升级，面向音视频、游戏、文化产业、文旅等泛媒领域推出了多种行业解决方案，腾讯云推出了智慧传媒解决方案，百度智能云推出了智能媒体解决方案等。

主流媒体方面，智能云正在内容生产制播与各级融媒体中心建设等方面发挥着重要作用。例如，江苏省广播电视总台的"荔枝云"平台是江苏省县级融媒体中心建设唯一的技术支撑平台，也是广电"媒体云平台"的优秀典型。"荔枝云"平台构建了传统媒体和新媒体深度融合的平台化技术体系，实现了融媒体新闻、电视剧、季播节目、综合制作等业务在同一平台的云化生产，具备敏捷化生产、流程可定制和资源水平扩充等云生产能力，在大幅提升业务流程效率的同时有效减少了人力物力等资源的投入。"荔枝云"平台通过对下一代技术架构的应用实践，有效解决了广电行业融合媒体生产所面对的核心问题，形成了对广电总台传统媒体业务和新媒体业务的有力支撑。再如"极光云"，目前已融合了黑龙江广播电视台融媒体生产发布平台、县级融媒体省级技术平台、省智慧媒资云平台和"极光新闻"客户端平台等多个重要系统，初步形成了立足省台、覆盖全省广电及相关行业的综合性媒体服务平台。

（三）生态协作：主流媒体与商业平台加强协作构建智媒生态

智媒生态的持续健康发展离不开基础研究方面的投入，2020 年四大国家重点实验室均取得首期建设成果，有力推进了智媒领域的基础研究与应用示范。行业方面，大型科技公司和互联网巨头持续投入建设人工智能开放平台，将智媒相关的开放能力、开发资源、行业部署方案、人才培养资源等对外输出。同时，主流媒体集团与互联网商业平台不断加强合作，通过建立战略合

作、引进先进技术与产品、共建人才教育培训体系等多元路径推进传统媒体的智能化转型升级。

1. 四大"国重"实验室推动智媒基础研究与应用示范

2019年11月，科技部批准成立了"媒体融合与传播国家重点实验室""传播内容认知国家重点实验室""媒体融合生产技术与系统国家重点实验室""超高清视音频制播呈现国家重点实验室"。经过一年多的建设期，四大"国重"实验室在智媒领域基础研究、应用示范和应用实践等方面已有阶段性成果产出，为我国智能媒体发展基础研究提供了强有力的支撑。

"媒体融合与传播国家重点实验室"依托中国传媒大学在智能传媒领域的研究成果、人才资源与学科资源等，聚焦基础研究与应用基础研究，建立"开放、流动、联合、竞争"的运行机制，注重学科融合发展，围绕建设总目标，扎实有效推进建设与运行管理工作①。该实验室当前的重点研究领域包括媒体融合服务模式、媒体融合传播与未来形态、媒体信息智能处理、基于区块链技术的媒体内容版权保护、可视媒体篡改取证与合规性审核、媒体内容安全监测与应急响应等方面。实验室调研组积极开展媒体融合行业调查、交流工作，先后实地访问了网络视频平台爱奇艺、浙江大学区块链技术研究院等机构，了解了爱奇艺在版权保护综合治理方面的成果，浙江大学区块链技术团队在校企合作、技术研发等领域的实践经验，并已达成技术交流合作意向。

"传播内容认知国家重点实验室"由人民日报社人民网承办，以人工智能研究为核心，主要围绕主流价值观精准传播理论科学与计算、内容智能审核和风控评级、基于内容传播领域的国家网络空间治理、智能计算设施在内容传播领域的应用四大方向开展传播内容认知的应用基础研究工作，计划通过前沿技术与应用场景的结合，制定有关技术框架、标准、规范，形成具有国

---

① 中国传媒大学. 我校获批建设媒体融合与传播国家重点实验室 [EB/OL].（2019-11-26）[2020-12-15]. http://www.cuc.edu.cn/2019/1126/c1382a159642/pagem.html.

际影响力的系统性原创成果①。2020年6月，人民日报社"传播内容认知国家重点实验室"第一届学术委员会第二次大会暨学术研究研讨会在京举办，征求并决议《传播内容认知国家重点实验室工作汇报》和《传播内容认知国家重点实验室第一期课题研究计划（草案）》，充分肯定了实验室第一期课题研究成果，聘请时任西安交通大学副校长郑庆华、天津大学党委副书记雷鸣、哈尔滨工业大学副校长徐晓飞、中国科学院计算技术研究所所务委员、所长助理陈云霁为实验室副主任②。

"媒体融合生产技术与系统国家重点实验室"由新华社新媒体中心承办，是深入贯彻落实习近平总书记"1·25"重要讲话精神，顺应"全程媒体、全息媒体、全员媒体、全效媒体"发展趋势，适应全媒体时代发展需要，强化先进科技支撑引领，推动媒体融合向纵深发展的重要举措③。新华社新媒体中心立足新华通讯社的基本定位，发挥新华社媒体特色优势，重点围绕人工智能在新闻生产流程中的应用，面向跨媒体信息分析与推理和人机协同复杂问题分析、响应及评估两个方向，开展媒体融合生产技术与系统应用基础理论研究，努力打造媒体融合基础理论和关键技术的科研创新平台、培养媒体交叉学科的高端科技人才基地，持续产出对媒体融合有重大影响的科技创新成果④。

"超高清视音频制播呈现国家重点实验室"是我国首个超高清视音频领域国家重点实验室。实验室由中央广播电视总台承建，与上海交通大学和广电总局广播电视规划院协作，聚焦宽带互联网环境下端到端的先进视音频技术，特别是超高清视音频、虚拟现实及人工智能技术。实验室围绕超高清视音频

---

① 人民日报社成立传播内容认知国家重点实验室［EB/OL］.（2019-11-22）［2020-12-10］. http://media.people.com.cn/n1/2019/1122/c14677-31468251.html.
② 人民日报社散播内容认知能力国家重点实验室第一届学术委员会［EB/OL］.（2020-6-16）［2020-12-15］. https://www.ncrw.com.cn/news/shehui/66387.html.
③ 新华社媒体融合国家重点实验室揭牌运行［EB/OL］.（2019-12-11）［2020-12-1］. http://media.people.com.cn/n1/2019/1212/c40606-31502227.html.
④ 新华社媒体融合国家重点实验室揭牌运行［EB/OL］.（2019-12-11）［2020-12-1］. http://media.people.com.cn/n1/2019/1212/c40606-31502227.html.

制播系统关键技术、视音频媒体传播技术和视音频服务安全关键技术三大方向开展基础研究、应用示范和应用实践。按照"复合知识、国际视野、创新能力"三位一体的人才培养新原则，实验室将联合上海交通大学为行业培养一批高水平的青年学术带头人以及技术骨干，打造基础宽厚扎实、学科交叉复合的国际一流创新人才培养平台。2020年中央广播电视总台以国家重点实验室建设为牵引，积极开展"5G + 4K/8K + AI"媒体应用实践，先后发布《4K超高清、高清同播技术规范》《5G媒体应用白皮书》等技术规范，承担"冬奥超高清8K数字转播技术与系统""4K超高清电视制播系统研制""基于广播网与5G移动网融合的超高清全媒体内容协同分发关键技术研究"等多项国家重大科研项目，取得丰硕成果①。

2. 主流媒体与商业平台加强协作引导智媒转型升级

在当前我国智能媒体生态建设进程当中，新型主流媒体集团将是智媒生态中的关键引领力量，其与商业平台的竞合将持续影响并形塑中国智能媒体生态格局的未来②。客观而言，现阶段领先互联网商业平台的智能化水平和主流媒体之间确实存在较大差距，头部互联网企业在人工智能、大数据、云计算等领域有着整体布局和显著的技术与资本优势，其在智能媒体方面的前沿探索、实际应用与商业变现等都较为领先。但不可否认的是，智能媒体业务是互联网企业人工智能技术应用的重要场景，近年来头部互联网企业在自身云平台、人工智能技术框架中针对媒体领域发展的实际需求，搭建了专属的"媒体云""智能媒体编辑系统""视频云"等多种智能产品体系，为媒体企业提供个性化智能媒体解决方案，满足不同量级的媒体智能化发展需求。与此同时，主流媒体集团也通过多种方式增强与互联网企业的协作交流，通过建立战略合作、引进先进技术与产品、共建人才教育培训体系等方式共同推进传统媒体的智能化转型升级。

---

① 超高清制播技术创新论坛聚焦超高清传输时代5G新媒体［EB/OL］.（2020-11-03）[2020-12-03］. https://new.qq.com/omn/20201103/20201103A0IM1Z00.html.

② 徐琦，赵子忠. 中国智能媒体生态结构、应用创新与关键趋势［J］.新闻与写作，2020（8）：51-58.

中央级媒体方面，2019年9月百度和人民日报宣布联合成立"人工智能媒体实验室"[①]，该实验室基于百度大脑的核心能力，支持与满足媒体工作中的关键操作性需求。首期研究方向是利用百度的语音、图像、自然语言处理、知识图谱等AI技术，为人民日报打造智能化"编辑团队"，辅助媒体的新闻生产，提升编辑的生产效率。此外，百度还与人民日报编辑团队合作共建人工智能相关课程，帮助传统媒体人才学习智能技术原理、应用，培养适应智媒发展的复合型人才。2018年，央视网与阿里巴巴签订战略合作协议，双方计划在云平台、大数据、移动客户端、信息化平台建设等方面进行合作。2019年末，央视网与百度智能云共建的"人工智能编辑部"正式上线运行，让AI技术为新闻采集、生产、分发、接收、反馈全流程各节点深度赋能，构建"五智"全链条传播流程，打造独具总台"智造"特色的产品创新基地。目前央视网已与中国信息通信研究院、百度、腾讯、阿里巴巴、科大讯飞、金山云、图普云等社会力量成立"媒体＋AI"深度融合委员会，驱动融合媒体向数据化、智能化方向的纵深发展进程。2020年末，央视网"智慧媒体研究院"挂牌成立，这是央视网依托"人工智能编辑部"核心资源，联合高校、科研机构及互联网行业内领先企业开设创办的国内第一家主流媒体建设的智慧媒体学院。

省级媒体方面，2020年9月浙报传媒控股集团有限公司与华为技术有限公司签署战略合作协议，双方将围绕全媒体智能中台、5G+VR/AR、媒体智慧化能力、音视频技术、IT基础设施升级改造等关键业务推进合作。浙报集团将借助华为数据中台成功经验提升其基于人工智能、大数据等前沿技术建立的全媒体智能中台的业务能力，以期在数据标准体系建设、精细化管理、标签管理、用户画像、算法模型、智能推荐等技术领域实现突破[②]。同时，浙报传媒控股集团与阿里云达成战略合作，双方就阿里云技术能力及阿里巴巴达摩院相关技术能力在媒体行业及媒体融合发展方向上，以及在社会治理数

---

① 人民日报智慧媒体研究院成立［EB/OL］.（2019-09-20）［2020-11-28］. https://baijiahao. baidu. com/s?id=1645148531184011218&wfr=spider&for=pc.
② 浙报传媒与华为签署战略合作协议，共谋媒体智能化发展［EB/OL］.（2020-09-24）［2020-11-25］. https://view. inews. qq. com/a/20200924A0BD9200.

字化、智慧化相关项目的探索与实践上进行合作，依托"天目云"省级技术服务平台，推动达摩院相关技术在传媒行业，尤其是媒体融合发展领域的探索与技术应用，助力媒体及泛媒体行业实现数字化和智能化的转型。

3. 多方共建开放创新平台引领智媒生态可持续发展

开源开放促进了全球人工智能相关技术及产业生态的繁荣，成为各行业智能化的重要推动力，媒体领域自然也不例外。但当前人工智能并不是像云计算一样可以随取随用的通用资源，主要的人工智能技术还掌握在大型科技公司和互联网巨头手里。在政府和大型公司的领跑下，越来越多的人工智能开放平台涌现，典型代表即依托百度、阿里云、腾讯、科大讯飞、商汤集团建设的五大国家新一代人工智能开放创新平台。

与此同时，多家国内领先互联网科技公司致力于 AI 开放平台的建设，如百度 AI 开放平台、腾讯 AI 开放平台、腾讯优图 AI 开放平台、阿里人工智能、小米 AI 开放平台、华为云 AI 开放平台 ModelArts、京东人工智能开放平台、讯飞开放平台、云从开放平台、旷视开放平台、海康威视 AI、搜狗 AI 等。上述开放平台不仅可以提供通用语音技术、图像技术、文字识别、人脸与人体识别、视频技术、AR/VR、知识图谱、自然语言处理、数据智能等开放能力，同时面向传媒行业场景和需求提供智媒部署方案，提供配套开发与教学资源。开放创新平台建设不断加强生态合作向心力，有力促进了 AI 在媒体领域的落地应用。未来，在全球人工智能开源开放的趋势下，媒体智能化生态也将从局部合作走向进一步开放，合作更加透明互信，让更多人和机构能够享受到媒体智能化升级带来的红利。

五、学术面：AI 赋能媒体融合已成为跨学科研究热点

课题组基于对知网平台上智能媒体学术成果及文献发表情况的量化研究，发现近五年来国内智能媒体研究成果数量逐年攀升，质量显著提高，新闻与传媒学科是智能媒体研究成果贡献率最高的主力学科。其中，拥有双一流学科和"媒体融合与传播国家重点实验室"的中国传媒大学在智媒研究领域综

合优势显著,智媒研究成果产出数量稳居榜首,随后依次为上海交通大学、清华大学、武汉大学、上海大学、中国人民大学等知名高校。从研究热点和重点来看,2020年国内智媒研究一方面紧跟传媒业智能化升级的创新应用,对中央及地方媒体智能化发展路径进行了解析,另一方面研究主题逐步深入本质,诠释转向和思辨转向显著,对智媒生态解析、智媒发展内在逻辑、新型人机关系、传统媒体智能化转型、智媒伦理等问题进行了深入探讨。

(一)近五年国内智能媒体研究成果数量呈现逐年攀升态势

最近五年来,知网平台共发布以"智能媒体""智能化媒体""智媒"为关键词的学术期刊论文计412篇,其中北大核心期刊来源论文53篇,CSSCI文献来源论文43篇。① 从整体走势来看,随着人工智能技术与媒体行业融合程度不断加深,学界对于智能媒体发展的研究日益深入,智能媒体论文发表数量不断增长,2016年智能媒体发文量仅为18篇,2020年底发文数达135篇。

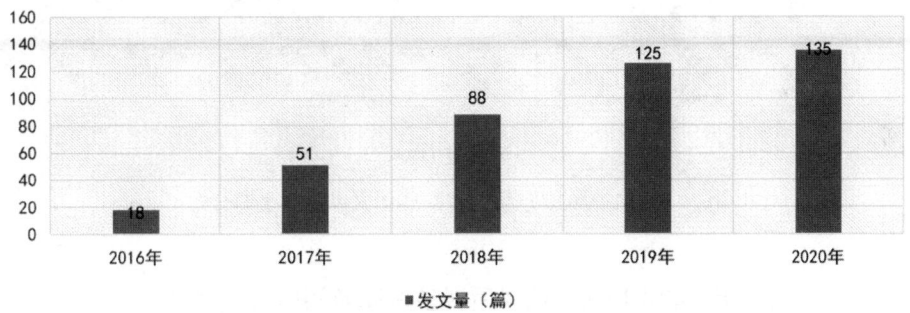

图1　2016—2020年中国智能媒体研究成果发表数量走势

---

① 注:数据来源:知网(https://www.cnki.net/)公开发表的学术成果数据,成果形态含学术期刊,不含硕博论文、会议、报纸、标准、成果、图书;搜索条件:以"智能媒体"或"智能化媒体"或"智媒"为关键词,含中英文拓展;研究覆盖时间:成果发表起止时间为2016年1月1日至2020年12月31日,数据获取时间为2021年3月6日;课题组针对搜索结果进行了可视化呈现。

（二）近五年智能媒体研究主题集中于智能应用与融合创新

最近五年来，知网智能媒体文献研究主要集中在三大主题：人工智能技术对传媒业的冲击与影响、智能媒体应用创新以及智能媒体个案研究。具体来看，一是研究人工智能、大数据、物联网等新技术推动传媒业进入智媒时代，探讨人工智能技术给传媒业带来的巨大冲击，倒逼媒介产业产品模式创新、产业生态重构等，并在此基础上探讨构想智能媒体、未来媒体的发展。二是在媒体融合的背景下，从传统媒体转型的角度出发，分析智能技术对新型主流媒体建设、新闻生产的驱动作用。三是针对一些新兴的、典型的新媒体平台进行个案分析，如对上海东方传媒集团有限公司（SMG）智能技术应用、对算法资讯平台今日头条等的案例研究。

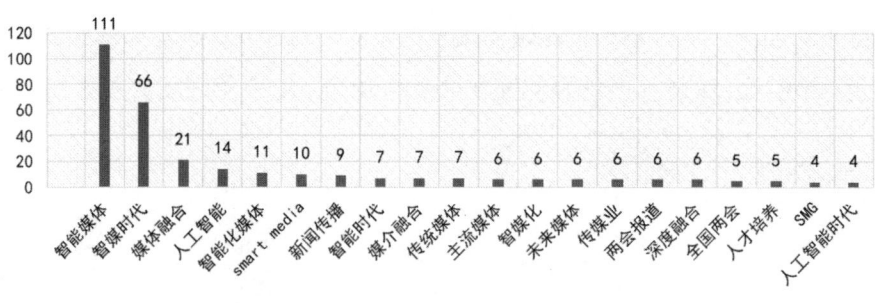

图2　2016—2020年中国智能媒体文献主要主题分布

（三）近五年智能媒体研究成果所属学科以新闻传播学为主

从学科分布情况来看，目前智能媒体研究成果主要集中于新闻与传播学科，近五年来新闻传播学科智能媒体研究成果产出占比达69.8%。与此同时，智能媒体作为一个跨学科研究主题，正在吸引着具有多元学科背景的学者们参与进来，如出版、自动化技术、高等教育、文化经济、计算机软件及计算机应用、电信技术、贸易经济等学科领域的学者都关注到了智能媒体的发展，并依托不同研究视角与专业知识体系展开了相关研究。这也表明了智能媒体为信息传播乃至整个社会带来的系统性问题已经超越了单一学科范畴，需要多个学科合力参与。

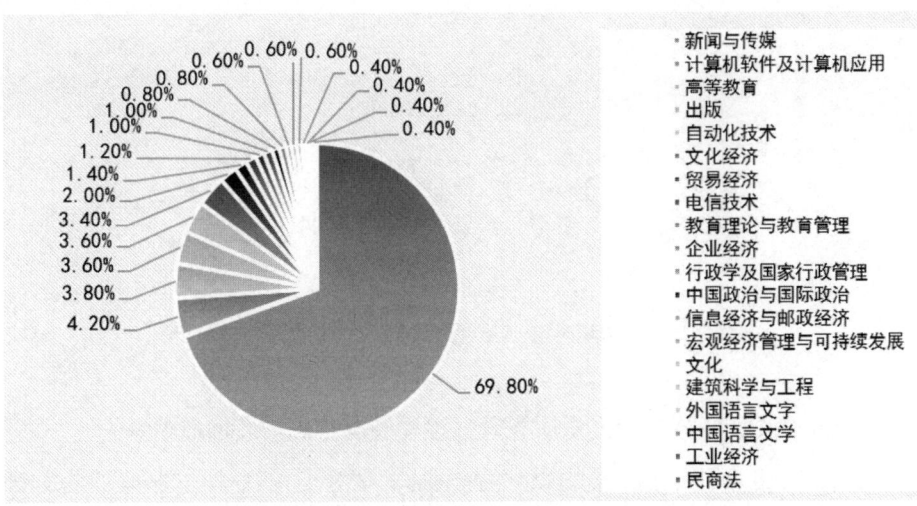

图3　2016-2020年中国智能媒体成果所属学科分布

（四）近五年智能媒体研究中国传媒大学成果产出位列榜首

从各大高校智能媒体研究领域成果产出情况来看，中国传媒大学近五年智能媒体成果数量稳居榜首，随后依次为上海交通大学、清华大学、武汉大学、上海大学、中国人民大学、北京信息科技大学、暨南大学、东北师范大学、北京大学、北京师范大学、辽宁工业大学、国家行政学院、上海理工大学、山西传媒学院、四川传媒学院等知名高校。目前，中国传媒大学"新闻传播学"学科已入选"双一流"建设学科，中国传媒大学"媒体融合与传播国家重点实验室"是媒体融合领域唯一依托教育部高校建立的实验室，中国传媒大学在智能媒体研究领域的综合优势非常显著。

从智媒研究学者来看，彭兰教授近五年发表智媒研究学术论文8篇，其中《移动化、智能化技术趋势下新闻生产的再定义》《移动化、社交化、智能化：传统媒体转型的三大路径》《智媒化：未来媒体浪潮——新媒体发展趋势报告》《智能时代的新内容革命》等位列高引文献。中国传媒大学段鹏教授在智能媒体与媒体融合领域贡献了6篇论文，同样来自中国传媒大学的沈浩、胡正荣、徐琦、曹三省、卢迪、任锦鸾、曹文等近年来都在智能媒体领域产出了高质量学术成果。

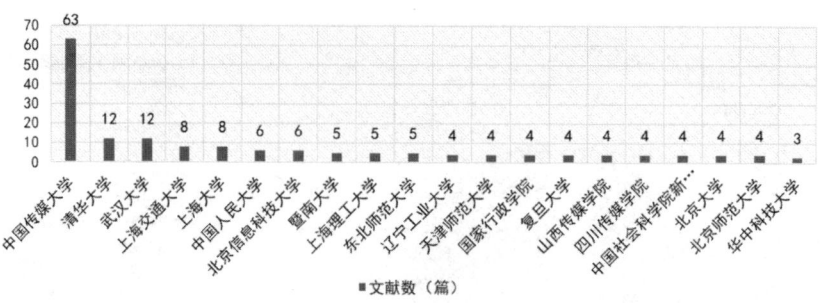

图 4 2016–2020 年中国智能媒体研究成果所属机构分布

（五）2020 年智媒研究量质齐升，诠释转向和思辨转向显著

2020 年知网平台上发布的以"智能媒体""智能化媒体""智媒"为关键词的学术期刊论文共计 135 篇，其中 CSSCI 文献来源论文 41 篇。整体来看，智能媒体研究成果无论是数量还是质量都出现了同比显著提升。

从研究主题和研究重点来看，2020 年国内智媒研究一方面紧跟传媒业智能化升级，介绍了如 5G 智媒、"云报道"等智媒的应用创新，解析了人民日报、新华社、中央广播电视总台等央媒及地方媒体在智媒时代如何做好两会融媒报道创新。另一方面，学者们开始深入解析智媒生态，从新闻传播学等角度深入探讨新闻从业者与新闻生产传播之间的关系与影响，聚焦智媒屡陷新闻伦理失范困境等问题，开始反思技术发展对人的伦理、人文关系提出的新挑战等问题。可见目前学界对智能媒体的研究逐步深入，出现了诠释转向和思辨转向，研究重点集中在智媒生态解析、智媒发展逻辑、人机关系、传统媒体智能化转型、智能媒体与新闻伦理等方面。

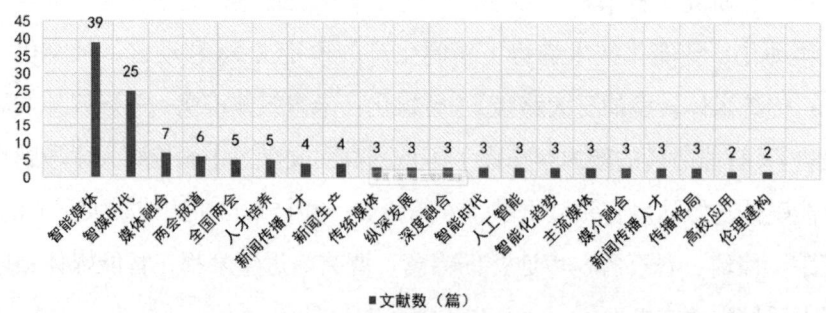

图 5 2020 年中国智能媒体文献主要主题分布

具体来看，智能媒体生态研究方面，徐琦、赵子忠在《中国智能媒体生态结构、应用创新与关键趋势》中将智媒生态划分为基础层、技术层和应用层，目前智能技术的应用场景主要包含智能采集、智能生产、智能分发、智能风控、智能反馈、版权保护、智能媒资与商业化等环节。[①]

智媒内在发展逻辑研究方面，黄荣、吕尚彬《智能时代媒体泛化机制研究》一文提出媒体泛化是当下智能传媒发展的基本态势。媒体泛化机制的核心即从有限连接到硬连接再到智能连接的连接进化机制，从有机世界信息化到无机世界信息化再到暗物质信息化的信息进化机制，从智能交互到智能增强再到超级智能的智能进化机制。[②]程明、程阳从补偿性媒介理论视角指出新媒介是对旧媒介的补偿，社会化媒体是对大众传播媒介内容与社交的"双重补偿"，而智能媒体是对社会化媒体在技术、连通以及分发等三个层面的补偿。

传统媒体智能化转型研究方面，廖祥忠提出"VR将颠覆接收端，5G将统一传输平台，AI将重组生产端"。匡野、陆地认为"新闻媒体机构将从内容驱动型向技术研发与创新驱动型变迁，传媒行业马太效应将逐渐显现，头部主流媒体平台化发展势在必行"。廖秉宜、谢雪婷也认为"平台型智能媒体建设成为媒体融合发展的关键"。与此同时，部分学者主张现阶段传统媒体媒介融合进程过于重视技术的主导作用，胡翼青、李璟就指出竞合框架的思维导致大众传媒"轻视文本质量，重视技术分发"，迷失了自身的发展方向。

人机关系与新闻价值研究方面，彭兰提出，在人机协同的内容生产中，机器虽然具有一定的拟主体性，但人的价值判断应引导机器的价值判断并需要处理好人文精神与机器效率的平衡。[③]陈薇、王中字提出建设性新闻的概念，建设性新闻可以通过消融、规约与重构的功能，实现新闻价值的深入挖掘、

---

① 徐琦，赵子忠.中国智能媒体生态结构、应用创新与关键趋势［J］.新闻与写作，2020（8）：51-58.
② 黄荣，吕尚彬.智能时代媒体泛化机制研究［J］.当代传播，2020（1）：38-42.
③ 彭兰.智媒趋势下内容生产中的人机关系［J］.上海交通大学学报（哲学社会科学版），2020，28（1）：31-40.

赋权于民与赋能于世、建构新闻的积极情感向度与共情传播、开展开放式新闻协作、提升媒介伦理价值与履行新闻的"公共善"。①

智媒伦理研究方面，学者们一方面集中探讨了智能媒体时代的传播伦理失范问题，包括公民隐私受到侵犯、信息传播业公共性被侵蚀、新闻真实性与客观性逐渐消解等现象，另一方面也在尝试构建智能媒体伦理规范，提出算法问责机制等实质性建议。薛宝琴认为智能时代新闻伦理主体在机构层面和个人层面都发生了拓展，但人工智能的新闻伦理主体地位仍不成立，因而必须建立起机构主体和个人主体的新闻伦理协同关系，并不断评估人工智能在内容生产和传播决策中的伦理向度，充分体现"人是媒介的尺度"这一新闻伦理观念。②喻国明指出智能媒体伦理追问适用的伦理架构并没有超出以人为中心的一般工程伦理，因此智能媒体的伦理调适其实是对与智能媒体相关的人类主体进行规范性约束，最后给出了"问责"和"维权"两条智能媒体伦理调适的现实路径。③徐琦指出算法透明度并非智媒治理的充要条件，它的合理定位只是算法治理的辅助性工具，智媒治理需跳出技术视角，将算法治理置于网络信息内容生态中去动态考察各行动主体间的持续博弈，着重考量算法所引发的、以权力配置为代表的社会关系变化，通过政府规制、平台自治和社会共治来协同推进智媒算法治理。④

---

① 陈薇，王中宇.智媒时代下建设性新闻的价值理性与实践路径［J］.编辑之友，2020（3）：27-34.
② 薛宝琴.人是媒介的尺度：智能时代的新闻伦理主体性研究［J］.现代传播（中国传媒大学学报），2020，42（3）：66-70.
③ 耿晓梦，喻国明.智能媒体伦理建构的基点与行动路线图：技术现实、伦理框架与价值调适［J］.现代传播（中国传媒大学学报），2020，42（1）：12-16.
④ 徐琦.辅助性治理工具：智媒算法透明度意涵阐释与合理定位［J］.新闻记者，2020（8）：57-66.

2021 年中国智能媒体发展报告(节选)*

一、我国媒体深度融合提速,迈向智媒体全新阶段

2021 年,国家"十四五"规划的发布为媒体深度融合指明方向,突出加速媒体智能化发展的重要性和紧迫性。地方层面,各省市陆续出台"十四五"规划,围绕技术融合、人才培养推进智能成果转化,推动"智慧广电"体系建设,在平台化、智能化的基础上拓展"媒体+政务服务商务"模式,使媒体在社会治理与行业协同中实现角色转变。

(一)国家层面:"十四五"规划指明媒体深度融合方向

2021 年 3 月《中华人民共和国国民经济和社会发展第十四个五年计划和 2035 年远景目标纲要》(以下简称《纲要》)发布,对媒体深度融合、全媒体传播体系建设作出重要部署。总体上,《纲要》明确提出推进媒体深度融合,做强新型主流媒体,同时指出实施以智慧广电为代表的全媒体传播工程,向县市、乡村下沉赋能,发挥媒体基层治理作用,建强用好县级融媒体中心。技术支撑层面,《纲要》提出推动新兴技术与广播电视整合和一体化发展,在人工智能等新型数字技术支撑下,为媒体的创新性、系统性融合加速。

---

* 本文原载于《2021 年中国智能媒体发展报告》,与徐琦、王巍合作,收入本书时节选报告第一部分,有改动。

在习近平总书记"实施'一国一策'精准传播策略，建设中国特色的对外传播格局"①的思想指导下，国际传播成为智能媒体应用实践的重要方向。2021年12月，《"十四五"国家信息化规划》再次点明我国正处于提升国际话语权的重要突破期，阐述了信息革命带来的新挑战和新机遇。② 这要求融媒融合发展需要满足智能化、移动化、个性化的对外传播趋势，重申了新一代智媒技术对于主流媒体提升国际传播能力的支柱作用。

（二）地方层面：技术、人才、产业交叉融合加速媒体转型

2021年，北京、上海、广州等各省市在《纲要》指导下对人工智能等新一代数字产业发展作出了重要规划。技术研发上，各地均强调在基础技术研发基础上聚焦前沿，攻克计算机图形、自然语言处理等领域的技术难题，通过完善数字基础设施，为行业深度融合提供底层支撑，推动技术成果向行业转化。人才建设上，各地持续加强对人工智能领域高水平人才的引进和培养，构建多层次的产业人才结构，鼓励其带动智能产业研究与应用实践。对媒体机构而言，各地技术研发和人才建设升级正在推动其人员素质需求发生根本性变化，"既懂业务又懂技术"将成为智媒工作者的必备素养，同时将极大推动创新应用成果的转化落地，促进媒体智能化升级。

2021年是"十四五"开局之年。在这一背景下，整个社会数字化、网络化、智能化进程明显加快。人工智能技术、人才、产业的交叉融合正驱动媒体角色迎来新的升级与转变，其在网络时代国家治理体系中发挥的重要作用也日益凸显。以"智慧广电"建设为例，2021年9月广电总局发布的《广播电视和网络视听"十四五"发展规划》明确提出要"以新一代技术持续驱动内容生产技术体系的优化重构，赋能行业数字化、智慧化转型"。北京、四川、湖南等地"智慧广电"体系成效初显，其以媒体平台化建设及媒体功能

---

① 习近平：讲好中国故事，传播好中国声音［EB/OL］.（2021-06-02）［2022-02-10］. http://www.qstheory.cn/laigao/ycjx/2021-06/02/c_1127522386.htm.

②《"十四五"国家信息化规划》［EB/OL］.（2021-12-27）［2022-02-10］. http://www.cac.gov.cn/2021-12/27/c_1642205314518676.htmiHua.pdf.

延伸为重点，打造省、市、县级融媒体互联互通、协同共享的智能化运营平台，拓展"媒体+政务服务商务"的模式，将智慧广电的技术成果转化为创新应用，进一步延伸智能媒体在社会服务、基层治理、文化旅游等领域的功能，形成新视听产业与行业聚焦协同发展的格局。代表性政策有《四川省广播电视和网络视听"十四五"发展规划》①《北京市"十四五"时期广播电视和网络视听发展规划》②等。

二、智媒体市场需求持续释放，市场规模稳定增长

2021年中国人工智能核心产业市场规模预计达到1898.1亿元，带动产业市场规模高达7442.1亿元。未来人工智能产业发展持续向好，细分行业市场的落地场景想象空间巨大，中商产业研究院预测2022年中国人工智能核心产业规模将突破2000亿元，带动产业规模将达到9200亿元。③

（一）AI投融资趋于"冷静"，智媒体市场需求持续释放

当前阶段人工智能同产业深度融合发展，而人工智能对行业的数字化、网络化、智能化改造已被提升到国家战略层面。其中，智能媒体作为人工智能的典型应用场景之一，其市场规模持续增长。IDC发布的《中国智能媒体方案市场分析2021》显示，中国智能媒体解决方案市场规模达到4.8亿元人民币，预计2020—2025年智能媒体解决方案市场的年均复合增长率将达46.3%④，发展潜力巨大。究其原因，一方面新型主流媒体加速布局人工智能，

---

① 《四川省广播电视和网络视听"十四五"发展规划》的通知［EB/OL］.（2021-11-30）［2021-01-03］. http://gdj.shanxi.gov.cn/ztzl/sswgh/202112/t20211229_4285921.html.
② 北京市"十四五"时期广播电视和网络视听发展规划［EB/OL］.（2021-11-10）［2021-01-03］. http://gdj.beijing.gov.cn/zwxx/tzgg2/202111/P020211111376563236169.pdf.
③ 2022年中国人工智能市场规模及行业发展前景分析（图）［EB/OL］.（2021-11-04）［2021-01-03］. https://www.askci.com/news/chanye/20211104/1031521646148.shtml.
④ "AI+媒体"助力内容生产、审核、分发、创新四大环节［EB/OL］.（2021-11-19）［2021-01-03］. https://mp.weixin.qq.com/s/Exbpy9h0y6VKSmjJdVk3-w.

智能化转型不断推进，逐渐具备对外输出技术、产品的能力；另一方面，互联网企业广泛采用人工智能技术驱动内容创新和平台迭代，基于强有力的技术实力，以自主研发驱动前沿应用场景创新融合。未来，AI数字人、文本到语言生成等技术门槛较高、模型成熟度较低的技术将成为智能媒体市场的技术制高点，而媒资管理、内容安全审核等重点场景以及内容生产和创新应用环节的市场空间也将继续拓展。①

（二）智媒生态走向成熟，关键厂商领跑智媒赛道

目前人工智能相关厂商所提供的产品趋向多元化、场景化，由人工智能技术厂商、行业解决方案提供商、行业用户等角色所构建的智媒生态走向成熟。

一方面，人工智能技术厂商基于自身的技术实力面向媒体具体场景打造了针对性的解决方案。例如，百度智能云依托"云智一体"为媒体提供全场景、全流程的智能化解决方案，包括多模检索功能、依托知识图谱的行业知识库、视频AI模型自动化生产、区块链版权保护等。目前百度智能云已与人民日报、新华社、中央广播电视总台等央级媒体以及江苏广电、浙江广电等地方媒体达成战略合作。IDC数据显示，百度智云目前在智能媒体解决方案市场位居首位。②

另一方面，资深行业解决方案提供商深耕媒体行业市场，在其原有产品线基础上添加智能功能，推出智能化产品。例如，在媒体云领域，索贝在2020年后以云录制、云直播形式开创媒体采、编、播全流程云上制作模式。行业解决方案提供商在提供智能化产品与解决方案时往往离不开与技术厂商的合作，如索贝基于华为云技术搭建"索贝凌云"平台，二者在直播业务、自动化内容生产等领域展开合作，并在2021年联手打造汕头融媒体指挥中

---

① 第一！百度智能云领跑2020年中国智能媒体方案市场［EB/OL］.（2021-11-19）［2021-01-03］. https://baijiahao.baidu.com/s?id=1716821060407621877&wfr=spider&for=pc.

② 第一！百度智能云领跑2020年中国智能媒体方案市场［EB/OL］.（2021-11-19）［2021-01-03］. https://baijiahao.baidu.com/s?id=1716821060407621877&wfr=spider&for=pc.

心。目前"索贝凌云"已为超过100家媒体用户提供服务,获得市场认可。[①]

值得注意的是,新华智云、人民中科等脱胎于传统媒体的方案解决商在行业中脱颖而出。2020年新华智云已跻身中国智能媒体解决方案市场TOP3[②],其所推出的"媒体大脑"已服务于上千家媒体机构,为媒体机构内容生产全流程提供智能化应用,并在文旅、会展、金融等泛内容领域不断渗透,被业界誉为"懂内容的科技公司"。智媒市场主体日趋多元化,驱动智媒生态不断完善。

三、媒体融合升级2.0,AI工具中台化提速

随着媒体融合步入深水区,人工智能技术日渐成为驱动全媒体传播体系的新引擎。2021年智能媒体的运用由单模块、专题化转向全周期、常态化发展,同时加速下沉到区、县级融媒体中心。智媒体AI中台作用日益凸显,虚拟演播厅、智能导播等创新产品崭露头角,智能审核、智能分发场景日趋成熟,逐渐适应了智能传播时代的新情况、新挑战。

(一)四级媒体加速布局和升级智媒体AI中台

当前我国正迎来以新型主流媒体建设为中心,以体制机制改革和全媒体人才培养为抓手,以服务国家 治理为主旨的全媒体传播体系2.0建设时期。从智能媒体建设趋势看,中央、省、市、县四级媒体正从原有策、采、编、发、评等单点式升级,迈向集人工智能、大数据、云技术、5G+4K等技术为一体的全周期升级,打造聚焦技术与算法能力,贴合业务流程与应用场景的AI中台架构。例如,"央视频"技术架构采用"大中台+小前台"设计,以云服务为基础打通传统媒体生产环节和物理空间,从技术上、流程上实现了

---

① 数字内容上云生产,华为云助推索贝引领媒体云创新[EB/OL].(2021-10-26)[2021-01-03].https://www.ai-club.com.cn/case/5832.html.
② "AI+媒体"助力内容生产、审核、分发、创新四大环节[EB/OL].(2021-11-19)[2021-01-03].https://mp.weixin.qq.com/s/Exbpy9h0y6VKSmjJdVk3-w.

从内容数据到用户数据的共同分享、互联互通，其 AI 中台主要在内容安全、内容理解、基础能力等场景中应用。此外，央级媒体基于自身先发优势，积极加强对地方智媒建设的赋能。例如，新华智云为江西省融媒体中心、山东省齐鲁智慧媒体云等机构提供新建融媒体中心、拓展平台功能模块的整体解决方案。

四、生态调查观点洞察

（一）智能媒体仍处于起步阶段，多层面涌现发展机遇

2021 年是国家"十四五"规划的开局之年，针对传媒行业，国家对全媒体传播、数字文化、内容生产、舆论引导等媒体生产的各个方面作出了明确的规划和指示。智能媒体借助人工智能等相关科技应用，在媒体生产的全链条中已经带来了显著的影响，改变了媒体策采编宣发的传播生态，成为传统媒体积极转型的有力支持和重要方向。在这样的背景下，无论是央视、新华社、人民日报等中央级媒体，还是湖北省、江苏省、浙江省、陕西省、四川省等地方性的广播电视媒体机构，都积极响应相关要求，纷纷出台了相应的政策规划和智能媒体应用项目。国家政策的支持成为今年（2021 年）进一步推动智能媒体的发展的重要机遇。

纵观 2021 年，国家的各项重大事件、重要时间点为智能媒体的发展带来了丰富的机遇。在这一大背景下，云直播、云访谈成为主流。VR、AR、全息投影等技术让远程的线上交流变得生动活泼，同时以人工智能技术为基础的数字虚拟人也活跃在两会、数博会、亚运会的现场，让新闻采访能够不惧时间空间的限制，在吸引观众的同时做到随时随刻报道。在建党百年的时代中，各大媒体机构作为引导社会舆论的主要阵地，通过与人工智能技术相结合，创新出了各项党建项目。这些应用让党建场景变得更加具有创新性、互动性，不仅丰富了党员的活动形式，也让人民群众尤其是青少年能够积极参与相关活动，进一步增强了宣传力度。这些重要的历史节点和事件对媒体的能力提出了更高的要求，但也推进了人工智能技术在信息采集、内容制作、新闻发

布、舆情监控等方面与传统媒体的深度融合，为智能媒体的发展带来了新的机遇。

从整体上来看，智能媒体目前仍处于起步阶段。资金、技术、人才等方面的需求巨大，成为许多传统媒体机构尤其是地方性媒体机构发展人工智能的障碍和瓶颈。人工智能编辑部/智能化编辑部起步较晚。尽管中央级媒体早在多年前就已经设立和发展了自己的人工智能编辑部/智能化编辑部，例如2017年新华社发布了媒体大脑，2019年央视中央广播电视总台央视网"人工智能编辑部"正式启用。但其他传统媒体并没有完全设立专业系统的人工智能编辑部/智能化编辑部，目前还处于规划布局阶段。无论是技术应用还是整体布局，智能媒体目前依旧有较大的发展空间。

（二）传统媒体仍需战略规划，技术、人才、理念三方面共同保障智媒发展

针对仍旧处于起步阶段的智能媒体，传统媒体除了需要对特定的智能媒体项目进行计划和推进，还需要从整体上规划布局。智能媒体化是媒体融合发展的长期目标，传统媒体也应以长期发展为目标进行战略规划，抓住技术、人才和理念三大重要方面和时代机遇，实现智能媒体的总体推进。

在技术方面，由今年的调研结果可以发现，传统媒体发展智媒项目的自研能力出现了较大的提高，尤其是潇湘晨报社、成都商报社、长沙晚报等报业机构，其智能媒体平台主要基于机构内部的技术团队和技术能力实现自主研发。同时，传统媒体与互联网企业展开的生态合作进一步稳定，央视网与百度智能云合作共建的人工智能媒体研发中心、新华社和阿里巴巴合作的新华智云"媒体大脑"、人民日报和腾讯云搭建的云端视频制作服务都在近两年的不断发展和应用中更加深入融合，并成为人工智能赋能媒体生产、媒资管理等方面的主要案例和重要场景。不仅如此，传统媒体还与在人工智能特定技术领域有突出成果的互联网企业进行定向合作，如将科大讯飞在语音识别等方面的突出技术与传统媒体中采访录音、视频字幕等需求相结合，实现一键转文稿、自动添加视频字幕等功能。

在人才方面，智能媒体的发展给传统媒体的从业人员提出了更高、更加复合的要求，将传统媒体与高新技术相结合的发展方向也必然会引起对人才培养的新需求。就目前的应用成果来看，人工智能与传统媒体融合得较为成熟的应用，如采访助手、自动生成图表、视频自动合成/拆分等技术都对媒体的制作和发布带来了非常积极的影响。但在对人工智能技术要求更高的情感分析方面，或者更加需要人工智能技术适应媒体特殊要求的媒资管理、媒体经营等方面，目前的应用成果并没有带来足够的便利性。这样的问题进一步体现了在智能媒体背景下，传统媒体行业需要技术型人才以推动人工智能技术能够更加适应媒体生产和管理的环境要求，使技术赋能更加深入、全面。因此，国家正在大力推进复合型人才培养计划，国家广播电视总局建立了智慧广电学院、央视网成立了智慧媒体学院，用以满足目前媒体行业对于人才的需求。

在理念方面，今年调研的机构中有受访机构提出理念转变也是发展智能媒体的重要机遇之一。理念的转变包含了从业人员和社会公众两方面。就传统媒体从业人员而言，人工智能赋能媒体生产的积极作用随着技术的不断发展和媒体融合的深入而越发明显：面对新闻制作中庞大的数据处理和重复机械的信息制作，人工智能的出现解放了大量的人力、物力，让新闻编辑、记者可以更加专注于需要创新性的内容生产方面，同时人工智能的词汇联想借助自然语言处理技术和大数据，能够为新闻提供更多的信息，激发新闻制作者的创造力。积极的未来趋势让越来越多的从业人员以更加开放包容的态度迎接新技术的到来，进一步推动了智能媒体的纵深发展。就社会公众而言，远程办公、学习的需求以及元宇宙概念的盛行让人们切身感受到人工智能技术所带来的便利，也使人们对虚拟数字人等概念的应用更加适应和包容。抖音、B站等平台推出的贴纸动画、创建自己的虚拟形象等活动让公众积极参与相关智能媒体项目，极大地增强了社会公众对智能媒体相关项目应用的兴趣和接受度，提高了智能媒体的传播效率。

（三）智媒项目稳步推进，项目投入增加，产出结果喜人

尽管智能媒体的整体战略规划在各个传统媒体机构内进度不一，大部分传统媒体机构都已经计划或已经实施了智能媒体的相关项目，其中包括智能媒体客户端和各方面的智能应用产品。就单个项目进展而言，相比往年，今年的智媒项目正在稳步推进，且获得了不错的成果。

就项目投入而言，在充分意识到人工智能技术对媒体转型的重要意义和推动作用之后，许多传统媒体机构都进一步加大了对相关项目的资金和人才投入，今年更是首次出现了3000万以上的资金投入和200人以上的较大项目团队。资金、技术和人才一直是传统媒体发展智能媒体的瓶颈所在，今年智能媒体相关项目投入增加，一方面体现了传统媒体对智能媒体项目的重视和期望，另一方面则借助充足的前期资源投入，保障了智能媒体项目的快速、稳定发展。未来，随着人工智能技术的深入融合和智能媒体战略规划的不断完善，媒体机构更加需要根据规划有针对性地对相关项目进行重点研究，集中资金、技术、人才等资源，大力发展智能媒体相关项目。

与此同时，在智能媒体项目投入增加的趋势下，项目产品发展表现出了积极态势。在用户数量方面，许多媒体机构的相关产品或客户端收获了较为不错的日活用户数增长，封面新闻、华声在线新闻网站和太原市融媒体中心三个机构的智能媒体应用产品或智能媒体客户端日均活跃用户数量较去年增加了近一倍。在营收方面，大多数媒体机构的智能媒体项目实现了盈利，与2020年相比，无论是实现盈利的机构数量还是盈利增幅都有了较大的飞跃。喜人的产出结果进一步肯定了智能媒体项目规划的重要意义和社会影响。未来，随着智能媒体项目的进一步推进和媒体机构对智能媒体的整体布局进一步清晰，智媒产品也将进一步凸显出其高效的社会传播力和强大的社会影响力，并帮助传统媒体机构积极转型，实现可持续发展。

2022 年中国智能媒体发展报告（节选）*

第一章 2022 年智媒体融合发展概览

《中国智媒体融合发展报告（2022）》是由中国传媒大学媒体融合与传播国家重点实验室新媒体研究院和成都传媒集团三色智库共同协作完成的智媒体领域研究成果。意在记录近一年以来智媒体在政策层面、学术层面、应用层面、生态层面的新要求和新动向，并加以深入的分析和解读，为主流媒体的智能化升级贡献力量。在报告编写过程中，课题组深入一线，对新华社、中央广播电视总台等中央主流媒体，对湖南广电、浙江广电、成都传媒集团等省市级媒体，对百度智能云、火山引擎、新浪微博、腾讯优图实验室、商汤科技、中科闻歌、数美科技、人人译等新兴技术企业开展了调研工作，掌握了大量智媒体发展过程中的事实现状，并在此基础上加以整理和分析来盘点中国智媒体融合发展情况。

一、我国媒体融合进入深水期，智能技术驱动媒体生态迭代升级

自 2014 年"媒体融合"上升为国家战略以来，我国媒体融合进程依次经

---

* 本文原载于《2022 年中国智能媒体发展报告》，与徐琦合作，收入本书时节选第一章，有改动。

历"全媒体"阶段、"融媒体"阶段,并逐渐向"智媒体"阶段演进。当前,我国媒体融合发展步入深水期,智能技术日益成为支撑和驱动主流媒体朝智媒体转型升级的关键力量。国家层面、各大部委层面及地方层面近年针对媒体融合、人工智能的发展出台了多项政策,智媒体发展政策红利被大量释放出来。

(一)国家层面:"二十大"报告指明媒体融合发展方向

具体来看,习近平总书记早在2019年中央政治局第十二次集体学习时便提出要"探索将人工智能运用在新闻采集、生产、分发、接收、反馈中,用主流价值导向驾驭算法,全面提高舆论引导能力"。[1]强调要积极探索智能技术在媒体生态发展中的应用。中共中央办公厅、国务院办公厅于2020年9月26日发布的《关于加快推进媒体深度融合发展的意见》,明确指出要以先进技术引领驱动融合发展,加强新技术在新闻传播领域的前瞻性研究和应用,推动关键核心技术自主创新。[2]运用智能技术驱动媒体融合的智能化发展,推动媒介生态进一步向"智媒体"平台生态升级,成为近年来国家与地方共同关注的重要话题。

国家"十四五"规划的发布进一步为媒体深度融合指明方向,突出了加速媒体智能化发展的重要性与紧迫性。2021年3月,《中华人民共和国国民经济和社会发展第十四个五年计划和2035年远景目标纲要》(以下简称《纲要》)发布,《纲要》对媒体深度融合、全媒体传播体系建设以及利用智能技术推动媒体发展作出了重要部署。在总体层面,《纲要》明确提出推进媒体深度融合,实施全媒体传播工程,做强新型主流媒体,同时,以智慧广电为代表的智能媒体建设工程被明确写入"十四五"规划建议。《纲要》指出,要实施以智慧广电为代表的全媒体传播工程,向县市、乡村下沉赋能,发挥媒体基层治理作用,建强用好县级融媒体中心。

---

[1] 习近平在中共中央政治局第十二次集体学习时强调 推动媒体融合向纵深发展 巩固全党全国人民共同思想基础[EB/OL].(2022-05-17)[2022-10-30]. http://www.sx-dj.gov.cn/a/zllj/20220517/67912.shtml.

[2] 国家广电总局印发《关于加快推进广播电视媒体深度融合发展的意见》[EB/OL].(2020-11-26)[2022-10-30]. https://baijiahao.baidu.com/s?id=1684401367222808036&wfr=spider&for=pc.

在技术支撑层面,《纲要》明确提出了"培育壮大人工智能、大数据、区块链、云计算、网络安全等新兴数字产业"将成为"推进媒体深度融合,做强新型主流媒体"的强有力的技术及产业支撑。《纲要》充分体现出党中央对打造智慧广电项目、推进全媒体传播体系、实现媒体深度融合的高度重视,并从侧面反映出国家对新兴技术驱动媒体发展转型的充分肯定。媒体生态的创新性、系统性融合发展亟须智能技术的有力驱动。①

中国共产党第二十次全国代表大会于 2022 年 10 月 16 日开幕,习近平代表第十九届中央委员会作了题为《高举中国特色社会主义伟大旗帜 为全面建设社会主义现代化国家而团结奋斗》的报告。报告明确了新征程的使命,科学谋划未来五年乃至更长时期党和国家事业发展的目标任务和大政方针。在媒体融合方面,"二十大"报告明确指出"要加强全媒体传播体系建设,塑造主流舆论新格局",②充分体现了党中央对推进媒体融合发展的高度重视,对加快融合转型步伐、巩固壮大主流舆论提出了更高要求,将媒体融合的深度发展纳入党和国家的长远规划当中,要求智能媒体为全面建设社会主义现代化国家提供强大舆论支持。

国际传播是智能媒体发展的重要应用实践,"二十大"报告明确提出要"加快构建中国话语和中国叙事体系,讲好中国故事、传播好中国声音,展现可信、可爱、可敬的中国形象。加强国际传播能力建设,全面提升国际传播效能,形成同我国综合国力和国际地位相匹配的国际话语权。"这也对智能媒体在国际传播方面的实践提出了更高要求,强调了智能媒体需要在提升主流媒体国际传播能力方面起到更强的支柱性作用。

智能媒体的发展更离不开智能技术的驱动。"二十大"报告明确提出要"推动战略性新兴产业融合集群发展,构建新一代信息技术、人工智能、生物技术、新能源、新材料、高端装备、绿色环保等一批新的增长引擎。"充分体

---

① 中华人民共和国国民经济和社会发展第十四个五年规划和2035年远景目标纲要[EB/OL].(2021-03-13)[2022-10-30]. http://www.gov.cn/xinwen/2021/03/13/content_5592681.htm.

② 习近平:高举中国特色社会主义伟大旗帜 为全面建设社会主义现代化国家而团结奋斗[EB/OL].(2022-10-25)[2022-10-30]. https://baijiahao.baidu.com/s?id=1747667408886218643.

现了党中央对于智能技术发展的高度重视，智能技术需要在产业发展中发挥带头驱动作用，成为一批新增长引擎。智能媒体的发展同样要求新一代信息技术与媒体深度融合，为媒体生态的迭代升级提供强有力的技术支撑。总的来说，"二十大"报告不仅将媒体融合作为党和国家传媒产业未来发展的重要规划，更是指明了新一代信息技术需要成为传媒业的驱动力量，充分体现了党和国家对于媒体融合的高度重视。

（二）部委层面：各部委多方助力智媒深度发展

2022年间，科技部、工业和信息化部、网信办等各大部委均出台了有关人工智能等新一代信息技术发展的相关政策，加快新一代信息技术发展在经济发展、城市治理方面发挥带头驱动作用。其中，科技部注重人工智能技术与实体经济的融合，而工业和信息化部、网信办则关注到中小型城市、乡村的数字化建设，为全媒体传播体系向中小城市、乡村下沉提供了切实可行的政策指导。

具体来看，科技部提出要加快人工智能技术与实体经济的融合，鼓励应用场景建设、加快场景创新，并从技术普及、人才培养、技术创新等层面提出战略方针与指导意见。科技部联合中央宣传部于2022年8月印发的《"十四五"国家科学技术普及发展规划》提出，要加快推进科普与大数据、云计算、人工智能等技术深度融合，打造一批科普数字化应用示范场景。[1]2022年8月科技部联合财政部印发的《企业技术创新能力提升行动方案（2022—2023年）》提出，要支持建设一批重大示范应用场景，鼓励创新型城市、国家自创区、国家高新区、国家农高区、国家新一代人工智能创新发展试验区等发布一批应用场景清单，向企业释放更多场景合作机会。[2]2022年7月科技部等六部门印发的《关于加快场景创新以人工智能高水平应用促进经

---

[1] 科技部 中央宣传部 中国科协关于印发《"十四五"国家科学技术普及发展规划》的通知［EB/OL］.（2022-08-04）[2022-10-30]. https://www.most.gov.cn/xxgk/xinxifenlei/fdzdgknr/fgzc/gfxwj/gfxwj2022/202208/t20220816_181896.html.

[2] 科技部 财政部关于印发《企业技术创新能力提升行动方案（2022—2023年）》的通知［EB/OL］.（2022-08-05）[2022-10-30]. http://www.gov.cn/zhengce/zhengceku/2022-08/15/content_5705464.htm.

济高质量发展的指导意见》提出要以促进人工智能与实体经济深度融合为主线，以推动场景资源开放、提升场景创新能力为方向，强化主体培育、加大应用示范、创新体制机制、完善场景生态。①

工业和信息化部则关注到中小型城市信息基础设施建设，为智媒体深入中小型城市提供政策指导。其中，工业和信息化部联合国家发展改革委于2022年1月印发的《关于促进云网融合 加快中小城市信息基础设施建设的通知》明确提到，要协同部署工业无源光网络（PON）、工业OTN、5G基站、边缘计算、行业终端等设施，推广应用网络切片、AI、物联网等新技术，建设适应数字化发展的融合基础设施体系。②

网信办则关注到数字乡村的信息建设，乡村是部署全媒体传播体系的最基层，是发挥智媒体基层治理作用的重要场景。网信办等五部门于2022年4月印发的《2022年数字乡村发展工作要点》明确提到要充分发挥信息化对乡村振兴的驱动赋能作用，加快构建引领乡村产业振兴的数字经济体系，构建适应城乡融合发展的数字治理体系。为智媒体在乡村的发展提供了切实可行的战略指导。③

总的来说，在政策红利的助推下，我国媒体融合已步入深水期，主流媒体正从全媒体、融媒体加速迈入智媒体时代。智媒体发展将重新定义未来媒体生态，基于"数据+算力+算法"等智能技术，构建智能化高效精准决策运营体系，以应对信息传播系统的复杂性和不确定性，成为驱动传媒业高质量发展的底层逻辑和全新模式。

---

① 科技部等六部门关于印发《关于加快场景创新以人工智能高水平应用促进经济高质量发展的指导意见》的通知［EB/OL］.（2022-07-29）［2022-10-30］. http://www.gov.cn/zhengce/zhengceku/2022-08/12/content_5705154.htm.

② 工业和信息化部办公厅 国家发展改革委办公厅关于促进云网融合 加快中小城市信息基础设施建设的通知［EB/OL］.（2022-01-22）［2022-10-30］. http://www.gov.cn/zhengce/zhengceku/2022-01/28/content_5670932.htm.

③ 2022年数字乡村发展工作要点［EB/OL］.（2022-04-20）［2022-10-30］. http://www.cac.gov.cn/2022-04/20/c_1652064650228287.htm.

二、智媒体融合发展成果量质齐升，跨学科理论探索日趋多元化

国家从政策层面为智媒发展指明发展方向，学界则从学术层面为智媒发展提供切实可行的发展建议。2022年上半年，学界有关智能媒体融合的研究成果丰硕，不仅在数量与质量上有了较大提升，更在理论探索方面融合了多元学科视角。此外，在研究主题方面，智媒研究成果突破了常规研究主题，进一步深入到智能媒体对于技术、社会的影响与反思层面。

（一）成果层面：数量质量齐升，学科视角多元

2022年前三季度（截至2022年9月30日）中国知网平台上以"智媒""智媒体""智能媒体""智能化媒体"为主题的学术期刊论文共计389篇。其中，中文社会科学引文索引（CSSCI）来源期刊论文91篇，占比43.33%，中文核心期刊要目来源文献119篇，占比56.67%，研究成果质量整体较高。

从学科分布来看，新闻与传媒学科是智媒体研究名副其实的主力学科，全部研究成果中共有289篇来自新闻与传媒学科，其成果产出约占成果总量的54.63%，此外，智媒体研究学科还涉及高等教育学科、计算机软件及计算机应用学科、自动化技术学科等多领域学科，呈现出多学科交叉融合研究的趋势。

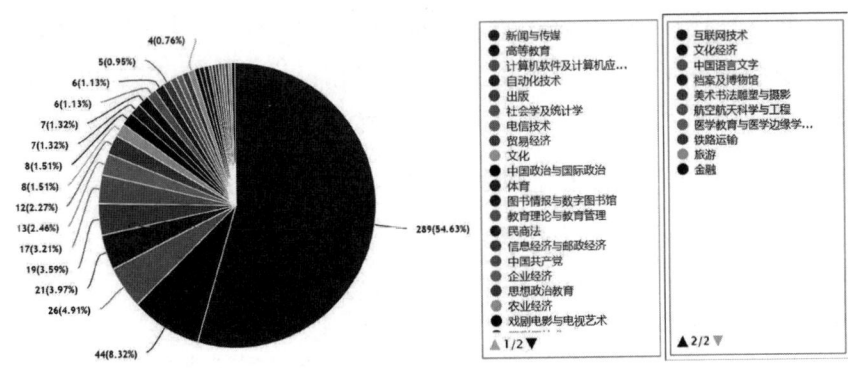

图1　2022年前三季度智媒研究学科分布

从成果贡献机构来看，中国传媒大学位列成果产出榜首，共有12篇文献出自该科研机构。此外，浙江传媒学院、南京师范大学、河北大学、清华大学等传媒强校为智媒体研究的主力研究机构。

从国内作者分布来看，南京师范大学的顾理平共发布6项研究，其主要研究领域是智能媒体时代下的个人信息隐私保护问题；江苏师范大学的高宪春共发布4项研究，主要研究领域是智媒与国际传播、智能媒体的传播特点等；中国社会科学院的黄楚新共发布3项研究，主要研究领域是智能媒体在地市级的发展。

整体而言，2022年前三季度，智能媒体研究成果在数量维度和质量维度上显著提升，虽然主力研究学科仍是新闻传播学科，但社会学、心理学、管理学等多元学科视角也被广泛运用在智媒研究上，此外，还有计算机科学、社会学等其他学科参与智媒的研究，呈现出多元学科交叉融合的特征。

（二）主题层面：突破常规研究议题，研究主题逐渐深入

从研究主题和研究重点来看，2022年前三季度，我国智媒体研究一方面持续关注智能媒体技术与应用、全国两会报道中的智能媒体创新等常规议题；另一方面，紧跟产业创新，关注数字人、虚拟主播、虚拟偶像等新兴产业变化。同时，学界对于智媒的探讨也逐渐深入学理层面，开始关注智媒应用过程中对人与技术、人与社会的影响，并提出了诸多有关智媒使用过程的反思与建议。

在智能媒体技术与应用方面，许志强指出了5G、人工智能、虚拟数字人、区块链等新兴科技在媒体融合中的新应用；[①] 柳清荣、徐莉以浙江广电为例，讨论了人工智能、大数据、云计算等先进技术在智能媒资系统中的运用；[②] 郝红霞，严三九关注到智能传播技术在出版领域的应用，传统出版格局

[①] 许志强.媒体融合发展新样式、新阶段与新挑战[J].中国出版，2022（8）：38-42.

[②] 柳清荣，徐莉.全媒体传播格局下智能媒资的管理与应用：浙江广电的实践与思考[J].中国广播电视学刊，2022（3）：122-125.

正在向全媒体出版演进;① 杨高平、王党飞则关注到 5G、区块链、AR 眼镜等技术在电影产业的运用,认为基于 LBS 场景的点对点分发观影将成为与传统影院观影共生的另一种主流观影业态。②

在全国两会报道中的智能媒体创新方面,廖媌婧就内容、技术、传播三个层面分析了两会报道中的融合传播创新,着重关注云端两会、虚拟主播等新型传播技术在两会报道中的应用;③ 曾祥敏、刘思琦关注了总台在深化"5G+4K/8K+AI"战略的基础上,探索以视频化传播为核心的深度融合模式;④ 郭小平、彭媛则关注到 AI 虚拟主播、可视化信息传播、云传播、沉浸式传播等技术在两会报道中的运用。⑤

在产业层面,学界紧跟产业实践创新,率先探讨了元宇宙、数字人、虚拟主播等热点议题。郭全中对虚拟数字人的发展现状进行了总结,认为虚拟数字人及其发展主要受技术、用户、参与企业、政策与资本等关键因素的影响;⑥ 许志强将虚拟偶像走向大众化的媒介逻辑划分为流量、内容、技术、传播、商业五个维度,并从"再政治化"、IP 化、拟人化、常态化四个层面探讨了虚拟偶像未来发展的"四化"布局;⑦ 谢新水则关注了虚拟数字人成长面临的三重技术难题:元宇宙自身成长和治理的复杂性、元宇宙和虚拟数字人共同建构的复杂性,以及元宇宙算法控制的复杂性。⑧

不仅如此,学界对于智媒体的研究逐步深入,诠释转向和思辨转向显著,

---

① 郝红霞,严三九.智能传播时代全媒体出版路径探析:基于场景的视角[J].编辑之友,2022(6):12-15,93.
② 杨高平,王党飞.后影院:智媒时代与移动观影图景[J].电影文学,2022(5):92-96.
③ 廖媌婧.全国两会媒体创意报道的融合传播策略研究[J].传媒,2022(18):32-34.
④ 曾祥敏,刘思琦.视频化传播为核心的深度融合探索:2022 年总台全国两会报道的创新实践思考[J].电视研究,2022(4):4-8.
⑤ 郭小平,彭媛.从技术可供到技术赋能:新型主流媒体两会报道的融合创新[J].电视研究,2022(4):9-13.
⑥ 郭全中.虚拟数字人发展的现状、关键与未来[J].新闻与写作,2022(7):56-64.
⑦ 许志强.元宇宙视域下的人工智能虚拟偶像[J].青年记者,2022(10):55-57.
⑧ 谢新水.虚拟数字人的进化历程及成长困境:以"双重宇宙"为场域的分析[J].南京社会科学,2022(6):77-87,95.

学者针对智媒概念辨析、智媒生态解析、智媒中的人机关系、智媒与传播伦理等方面展开了深入探讨，并提出了反思与建议。在智媒概念辨析方面，方兴东、钟祥铭对智能媒体的概念进行辨析，认为新闻传播学旧有的路径依赖误导了学术界对于智能媒体的理解，智能媒体的核心在于"数据"而非"智能"，智能媒体是指基于算法，以实时、动态的大规模数据为核心驱动的内容生产和传播的媒体形态；① 黄升民、刘珊认为目前学界对于智能媒体的定义偏向于对智能媒体"功能"的解读，无法阐释智能媒体的"智能"究竟是什么，认为智能媒体的底层逻辑是对事物的认知、理解，进而进行预测和决策，完成智能化的运营。②

在智媒生态解析方面，甄锐、袁璐从"技术内部思考者"的视角分析技术驱动媒体融合所具有的功能价值、情感价值、便利价值、社会价值，同时反观技术渗透媒体行业发展所面临的融合困境、管理困境、专业困境和人才困境，并提出情境化的媒体融合、人性化的智能传播模式和具有可解释性的技术应用体系三条路径；③ 黄家圣、陈昌凤从组织与管理视角阐释媒体的价值链、产业链和供应链，探讨如今媒体发展的整体业态与特性，认为产品思维、数据思维和平台思维可被视为构筑智能媒体全链条的三重理念；④ 吕尚彬、黄荣则从分形理论出发，认为智能媒体演进具有系统复杂化、网络复杂化、关系复杂化和环境复杂化共四重复杂性维度。⑤

在智媒与人机关系方面，王娟、汤书昆总结了目前关于算法信任的两种研究范式，并在伦理演化语境中探讨了信任概念的变革路径，依据信任扩散 /

---

① 方兴东，钟祥铭.智能媒体和智能传播概念辨析：路径依赖和技术迷思双重困境下的传播学范式转变[J].现代出版，2022（3）：42-56.

② 黄升民，刘珊.重新定义智能媒体[J].现代传播（中国传媒大学学报），2022，44（1）：126-135.

③ 甄锐，袁璐.困境与出路：技术视角下的媒体融合与智能传播[J].青年记者，2022（19）：44-46.

④ 黄家圣，陈昌凤.构筑智能媒体全链条的三重理念：产品、数据、平台[J].电视研究，2022（1）：8-12.

⑤ 吕尚彬，黄荣.论智能媒体演进的复杂性维度[J].山东社会科学，2022（2）：125-133.

默认模型，在人与智能媒体共同主导的新生传媒生态中建构默认信任区域；①师文等人采用话语研究视角，将学术界围绕算法形成的话语归为六类，并具体阐释了不同话语的逻辑、关键发现、进步性与局限性；②冯雯璐等则认为在智媒趋势下，人机协同向人机共生和人机融合演化，人机关系从"二元对立主体"向"复合型共同主体"转变，需要对科技"价值理性"和"公共利益"进行重新考察。③

在智媒运用过程中产生的传播伦理问题方面，江凌等人认为，智能媒体在打破信息知识生产与传播壁垒的同时，也带来流量分配不均、知识内涵较低与错误价值导向等问题，智能媒体编辑知识传播正义的优势与劣势并存；④杨洸关注到智能媒体对舆论极化的影响，认为在线媒体的平台技术与人们的选择性接触、动机推理、社会身份和社会认同机制高度契合，因此极化现象加剧；⑤段鹏、张倩则关注到"刷屏"作为一种智能触控媒介实践，导致了休闲的异化，并且夸大了意识的虚拟沉浸性与身体物理性之间的鸿沟，使人的身体实践与知觉运转出现分化。⑥

总的来说，2022年前三季度学界有关智媒的研究，不仅停留在对智媒技术的实践运用层面，还关注到了产业层面的新兴变化，更进一步对智媒的内涵进行重新阐释，对智媒生态的发展逻辑与演化方向进行了规律性的探索与总结，并对智媒运用过程中伴随的知识壁垒、舆论引导、信息隐私等社会问

---

① 王娟，汤书昆.智能媒体算法信任建构路径探讨［J］.自然辩证法研究，2022，38（5）：55-61.
② 师文，陈昌凤，吕宇翔.逻辑、发现与局限：近五年来智媒研究的六种算法话语［J］.编辑之友，2022（4）：82-89.
③ 冯雯璐，白紫冉，乔羽.智能传播趋势下的人机关系及其伦理审视［J］.湖南大学学报（社会科学版），2022，36（3）：154-160.
④ 江凌，皮佳萱，樊玲.智能媒体编辑：知识生产与传播正义的实现［J］.中国编辑，2022（10）：47-53.
⑤ 杨洸.智能媒体加剧了舆论极化？——基于媒介技术、信息特征和个人心理的分析［J］.青年记者，2022（18）：15-19.
⑥ 段鹏，张倩.智能触控媒介实践的生产、操演与反思［J］.现代传播（中国传媒大学学报），2022，44（2）：1-8.

题进行了反思。本报告亮点之一即针对智媒体发展指数体系进行理论探讨和初步构建应用，详细内容请参见报告第二章。

三、应用导向牵引智媒体融合提速发展，九大业务方向亮点频现

当前阶段，我国媒体融合正在加速向纵深化发展，智能化是其重要驱动力之一。人工智能被运用到新闻生产传播全流程与全链条，在策划、采集、制作、风控、分发、运营、管理、评价等各环节都涌现了大量优秀智媒体应用，如数据采集机器人、机器人写作、虚拟主播、智能采编、算法分发、智能媒资管理、智能营销、智能舆情监测、版权保护等智媒体新产品、新应用，彰显了人工智能对于传媒业的全局赋能效应。

本报告聚焦2022年智媒体融合发展重点领域与亮点特色，重点解析九大业务方向的现状和发展方向，主要包括智能云平台、智能视觉平台、大数据机器学习、虚拟数字人、智能传感器、智能标签、智能审核、智能推荐、智能译制。详细内容请参见报告第三章。

智能云：云智一体，促进智媒体经济高质量发展。在当前技术背景下，政策驱动传统媒体快速向融合、智慧、移动、高清化转型，传统媒体正向自主可控、互动、智能型媒体发展。智能云平台底层是媒体云，能力中台主要包括媒体中台、AI中台、协同中台、数据中台与研发中台，前台则针对当前需求痛点，覆盖主要工作场景，涵盖媒体内容的聚合、生产、管理、分发及媒体的智能运营等业务板块。以百度为例，百度智能云通过与央媒、省市广电等媒体机构及头部学校合作，为媒体机构定制与提供智能媒体解决方案，构建全流程、全场景智媒体业务系统架构，推动媒体产业的智能化升级。央视网、人民日报等主流媒体利用智能云的相关技术支持，通过智能策划、智能采编、智能审校等实现高效高质的媒体内容创作，以智能化驱动内容生产，提高媒体的公信力、影响力，打造新型主流媒体、融媒体的大发展格局。智能云"以云计算为基础"支撑数字化转型，以"人工智能为引擎"加速产业

智能化升级，促进智媒体经济高质量发展。

智能视觉：为"视觉互联网"时代提供"水与电"。未来二十年，人类社会将加速步入"视觉互联网"新时代，视觉数据也将随之迎来信息"大爆炸"，智能开放平台、AI 超算中心、AI 芯片将成为视觉物联网的"新商业基础设施"，加速视觉商业的发展与进化。例如，商汤科技自主研发的开放视觉计算平台通过深度学习训练框架、视觉数据辅助标注、视觉算法工具链、分布式异构计算等能力模块，赋予嵌入视觉互联网系统中的企业端到端的 AI 能力，打造中国智能视觉商业生态圈。在行业实践中，智能视觉平台主要通过视觉场景及物体识别、OCR 文字识别、自然语言处理等人工智能引擎，再结合大数据和云技术，打造高度完善的智能中台、内容中台及数据中台，高效准确地对目标媒体资源进行视音频内容的记录、传播和运营。依托深度学习算法与 AI 技术，智能视觉平台能够对媒资内容进行多模态智能解析，全面提高从媒资处理、内容生产到后期审校的全流程工作能力及效率，同时实现产品内容优质化、生产过程高效化、作业结构创新化，赋能媒资融合生产的智能化处理。

大数据机器学习：云为数智，技术融合赋能业务场景。移动互联使信息传输呈现出便捷即时化、垂直碎片化、云端化等新特点，导致信息传播效率、范围和影响力等发生了根本变化，机器对于大数据处理的需求应运而生。在训练数据海量化及多样化、AI 模型复杂化及通用化、算力高效化及规模化的总体发展趋势下，大数据机器学习分化出四个相对具体的发展方向：多模态数据融合、超大规模图计算、AI 研发哑铃模式，以及 AI 模型从专用模型走向通用模型。当前，微信、微博等各大社交平台都开始用大数据机器学习来服务海量的数据处理和用户信息处理。新浪微博利用机器学习的 AI 新技术驱动平台智能化推荐业务，采用多模态理解技术对微博内容数据进行预训练，采取超大规模图计算更好地理解用户兴趣，以多场景建模的方式为用户匹配相关的推荐内容，对其自主研发的微博推荐系统完成创新赋能。

虚拟数字人：有颜有智，人机交互新突破。在元宇宙概念的加持下，技术驱动和需求牵引助力数字人市场高速发展。根据拟人化程度及生产制作的自动化程度,数字人可被分成 L1～L5 五个等级,L4 级别以上的 AI 数字人具有多模态人机交互、深度学习和 AIGC 等显著特点,可以独立、自然地与人进行实时智能化交互,实现从"有颜无智"到"有颜有智"的跃升。现阶段 AI 数字人可应用于创建 IP 影响力,或替代真人服务、实现降本增效,帮助企业提升"人力"资源的投入产出效率。商汤科技所研发的 AI 数字人目前已应用于金融网点、手机银行、购物中心、党建展厅、政务前台、品牌营销、智慧车舱等多个场景,为客户群体提供个性化、智能化服务,创造全新的交互式体验。字节跳动旗下的云服务平台火山引擎利用角色重建系统、实时驱动的动捕系统、动画合成系统等技术,打造出数字人"卡诺橙",并以虚拟偶像人物的身份登上北京电视台春节联欢晚会。随着技术的进一步成熟,虚拟数字人的商业化进程还将不断加速,逐渐突破应用边界,满足用户与数字世界的连接和交互需求,未来更有望成为虚实融合世界的超级入口和人类的"超级助手"。

智能传感器：虚实互通,加速构建元宇宙。通过对人工智能算法等技术的应用,使光信号在图像传感器侧发挥更大的价值,在终端设备获取视觉信号时进行优化处理,提高图像和视频的质量、丰富内容细节,增强图像传感器对真实世界的感知能力,图像传感器的发展进入智能融合阶段。例如,商汤科技通过对 AI 传感器的研发,实现 AI 技术对手机智能影像系统的一体化赋能。同时,人工智能算法能够提升手机在特殊拍摄模式及不同应用场景下的拍摄体验和呈现效果,并通过算法的不断学习与优化,进一步根据实际应用场景提高手机摄影质量,为用户打造"个人智能影像工作室",激活智能手机市场。新一代 AI 传感器不仅能实现行为过程的实时检测和状态监控,还可以进行预先报警,具备自学习、自诊断、自补偿能力、复合感知能力和灵活的通信能力。未来,AI 传感器将成为机器"认知"世界的基础设施,为更多物联网终端赋予智能感知与内容增强的能力,其广泛应用将大幅降低世界的建模成本,成为连接物理世界与虚拟世界的桥梁,加速"元宇宙"的构建。

智能标签：提升媒资管理效率和运营质量。当前智能标签结合 AI 技术和大平台内容运营经验,提供视频全维度标签提取能力,输出基于音视图文的全维度标签和内容文本；标签结果丰富全面，同时具有高准确率、高有效性、高价值等特点，可供媒体、短视频、电商等行业在内容创作、内容管理、内容运营等业务场景快速使用，有效提升媒资内容管理效率和内容运营质量。腾讯优图实验室依托腾讯内部人工智能实验室自研核心技术，开发了腾讯云智能标签，建立了可精准识别并提取视频高价值内容的标签体系，结合算法能力持续迭代，优化智能标签效果，稳定、高效输出媒资内容标签。在实际应用中，腾讯云智能标签可以帮助内容运营，提高作品的曝光度；检索定位视频素材，反推内容的高效化、规模化创作生产；结合智能推荐技术实现内容与用户的精准匹配，打造用户运营系统。通过利用智能标签建立细分的内容框架结构，腾讯云智能标签还可以协助企业或平台完成媒资素材的智能归类存储，提升运营管理的效率。

智能审核：人机协同，筑起内容安全高墙。UGC 在丰富互联网内容的同时，其多样性也为平台的内容风控和审核带来极大挑战。智能审核通过对海量数据深度学习，结合算法对特定场景进行建模分析，进行文本、图片、视音频内容识别，再结合生成内容的账号行为与全球风险库，可精准识别不良内容风险，实现高效、准确、全面覆盖的内容审核与过滤。基于海量网络数据样本，数美科技的全栈式智能内容风控产品"天净"通过用户画像系统和特色智能语义分析功能，实现对文本、图片、视音频中风险内容的精准识别及过滤，所涉及的风险涵盖多种类别的违规行为，同时支持多语言识别、智能分级识别。针对不同业务场景需求，系统提供个性化模型定制，并可以通过可视化 Web 审核后台查看风险内容的趋势分析，对潜在风险进行预测与判断。智能审核能有效解决在线业务中广泛存在的业务风险与内容风险，为企业数字化转型保驾护航，提供更可靠的内容安全保障。

智能推荐：算法驱动，高效实现信息找人。基于用户行为的大数据，通过算法模型预测每个用户的兴趣，匹配相对应的个性化推荐内容，满足多元化场景的推荐需求，实现千人千面的信息分发，从而推动互联网信息分发模式从"人找信息"转变为"信息找人"。例如，新浪微博通过多模态预训练模型、超大规模图计算等技术进行内容理解、用户理解，采取多场景建模的方式，构建高效率的推荐系统，使一个推荐模型可以服务于多元场景，节省模型资源。目前智能推荐应用的行业多种多样，分发方式呈现出泛内容化、泛交易化、全行业覆盖等特点，智能推荐的应用使媒资内容实现用户端的主动式精准触达，高效提升流量活跃度与运营效率，提高销售贡献度，同时全面降低运营成本。

智能翻译：扬帆出海，高效助力国际传播。区别于传统人工听译再校对的流程，智能翻译采用"AI听译+人工校对"新模式，利用突破性ASR、OCR技术，通过云化协作工作平台来大幅提升翻译效率，目前在音视频、文档、画面字幕识别、配音等场景均有应用。例如，字节跳动旗下的云服务平台火山引擎结合NLP技术和深度学习技术演进发展出语义智能技术，技术包含语义理解、自然语言处理、机器翻译、知识图谱四个板块，为直播提供实时级、准实时级、轻延时级翻译解决方案。智能翻译借助语义智能技术对文本进行自然语言理解、对话情感分析等，支持多语种识别、跨语种互译，实时流畅输出完整字幕，翻译结果具有高可读性、高精准性、高实时性的特征，使智能翻译成为高效支撑"无国界直播""网文出海"等国际传播领域的创新举措。

四、智媒体生态竞合持续深化，主流媒体机构加速开放平台建设

从生态格局演进趋势来看，领先的新型主流媒体和头部互联网商业平台两大阵营是智媒新生态的关键引领力量。其中，以阿里巴巴、腾讯、百度、字节跳动、新浪等为代表的头部互联网商业平台凭借庞大的生态体系和资源优势抢先布局人工智能赛道并切入媒体业务，其智媒化发展优势显著。对于处于媒体融合深水区的主流媒体而言，智能化发展不仅是战略方向所指，也是其与商业平台角力竞争的必由之路。近年来，人民日报、新华社、中央广播电视总台以及多家地方媒体积极拥抱人工智能，持续探索利用AI优化自身技术架构，提升研发能力，增强价值导向，做大用户规模，做强内容体系、

运营体系与服务体系，不断推动智能化应用创新，蓄力打造开放共享的智媒新生态，新型主流媒体智媒体建设成效初显。

在智媒体建设过程中，新型主流媒体以"平台化"为发展的重要手段，从技术、生产、组织、产业、平台五大维度持续推动媒体与社会系统各要素之间的良性互动，坚持以内容建设为根本、先进技术为支撑、创新管理为保障，构建开放稳定的智媒体生态。对内，主流媒体机构以 AI 技术赋能内容生产消费流程，打造全链条智能化产销体系，有效提升媒体内容生产、触达的效能及效率；对外，依托 AI 技术底座构建开放生态，形成与用户、其他媒体机构、企业、政府等多元主体的新连接，通过共享开放的人工智能新平台打造以媒体为核心向外拓展的生态系统。

重塑智能技术底座，加速智媒体技术迭代。智能技术是支撑媒体平台化转向的重要依据，进入智媒体时期，主流媒体机构充分整合社会系统中的技术资源，实行技术合作与技术研发并行的策略，与商业媒体、技术厂商等持续竞合，不断建设自身的技术研发实力。对于非核心技术，主流媒体采用外包或与互联网公司进行战略合作的方式，快速高效补足自身技术短板。例如，人民日报借助百度提供的技术支持，成立人民日报智慧媒体研究院，结合百度智能云的"云 +AI"打造"创作大脑"一站式智能创作平台，助力智能编辑部建设。同时，主流媒体也通过引入技术人才、与研究机构和技术企业合作等方式，强化技术研发实力。新华社与阿里巴巴合作成立新华智云公司，自主研发出"媒体大脑"，为不同的媒体场景提供技术支持及智能化解决方案。通过技术合作、技术研发相结合的方式，主流媒体机构有效整合技术资源，重塑平台的底层智能技术支撑，使其不断适应媒体业务流程与应用场景的变化，加速媒体在智媒体领域的制播技术与应用的全周期升级与迭代。

推动智媒生态竞合，打造开放性生产平台。在内容生产方面，主流媒体机构通过智媒体平台建设，依托自身技术资源优势打造开放、共享的技术平台，打破各级媒体间的壁垒，营造互联互通、共享开放的平台新生态，让媒体生态内部的优势资源流动起来，深化智媒体生态的竞合关系。在主流媒体的实践中，新华社将"新华号"打造成内容生态的基础设施平台，通过其

"端网云号"实现内容互动、数据共享、整合传播,从而联动全网,有效整合各级媒体内容与传播渠道;中央广播电视总台也启动了人工智能能力开放平台的建设,整合开发媒体资源。主流媒体在开放性生产平台建设过程中积累的技术资源和经验,也为地方媒体的平台化转型提供了典范。成都传媒集团由传统报业集团向新型"智媒体集团"转型,以智能化为抓手,结合自身特色与优势打造"每经""红星""成都发布"等媒体品牌,用智能要素带动传媒与产业板块升级,构建媒体集群和产业集群"智慧融生"的新生态。更多的各级媒体可以借助开放平台的软硬件技术支撑,结合自身特色搭建平台体系,进一步深化各级媒体间的竞合关系,形成稳定开放、可持续运转的媒体生态。

加速产业融合破界,"媒体+"重构互动关系。主流媒体依托自主开放平台,与政务、服务、商务等领域深入合作,构建与其他产业的联结关系。主流媒体利用自身的智能平台,面向政府部门、民生服务领域、各商务行业提供定制化媒体服务及媒体解决方案,提供平台智能应用或帮助搭建智能应用框架。例如,央视网人工智能编辑部推出"智能政务"解决方案,打造"基层治理大数据平台",为政务工作提供数据支持,通过对政务数据的挖掘、聚合、分析为政府决策提供支撑;央视网还打造了智慧思政云平台,运用"云数智"技术创新思政教育模式,利用媒资优势促进数字化思政教育内容资源建设,以先进技术赋能教育发展。"媒体+"的模式加速产业之间的融合破界,重构媒介生态中的互动关系,使主流媒体机构在价值协同过程中创造商业价值,实现媒体生态的拓展。

本报告将深入解析人民日报、新华社、中央广播电视总台、央视网等主流媒体机构在智媒体开放平台建设方面的新经验,以及成都传媒集团智能化突围的新举措,详细内容请参见报告第四章与第五章。

2023年国内大模型发展综述与趋势研判[*]

一、行业思考：发展及风险

大模型的高速发展影响了以技术为导向的行业风向，海内外的专家学者在大模型行业飞速推进中提出思考，就大模型发展的影响进行前瞻性的预判并理性引导。面对大模型爆发式发展的现状，一方面是推动高速度高效率研发的呼声，另一方面是大模型危机论和发展不可控论的隐忧。比尔·盖茨曾预言，未来人工智能将颠覆人机交互体验和软件行业，从传媒、医疗保健、教育、生产力以及娱乐和购物等领域给我们生活的方方面面带来改变，同时引发行业冲击、技术挑战、隐私甚至是社会安定等其他问题。[①]美国科学院、美国工程院院士迈克尔·乔丹（Michael I.Jordan）教授直言"AI不会替代人"，大模型无法对不确定性进行量化，技术只是赋能人类的一个工具，"我们需要建立一个协作式、去中心化的系统来实现集体智能，并设计一个机制使之公平、稳定、可扩展"。[②]OpenAI科学家Hyung Won Chung支持大模型参数规模扩大、能力飙升，并断言：GPT-4即将超越拐点，并且性能实现显

---

[*] 本文原载于《青年记者》2024年第2期，与王喆合作，收入本书时有改动。
[①] 比尔·盖茨最新预言：AI智能体颠覆计算机交互体验甚至软件行业［EB/OL］.（2023-11-11）［2024-01-29］. https://mp.weixin.qq.com/s/JwWHlbCNA9iaL6ps1qMqkQ.
[②] 美国科学院、工程院院士迈克尔·乔丹：AI的本质是集体不是个人［EB/OL］.（2023-09-07）［2024-01-29］. https://baijiahao.baidu.com/s?id=1776360475674339468&wfr=spider&for=pc.

著跳跃。①OpenAI 的联合创始人兼首席科学家 Ilya Sutskever 则把关注点放在如何阻止超级人工智能变得不受控制上，他认为 ChatGPT 可能是有意识的，并且未来人类会与机器融合。②新技术变革的进程中出现多种观点是正常且必要的，多种认识给大模型的发展带来了多种可能，大模型行业要想行稳致远，就要坚持"以人为本"的原则，每向前一步都应深思熟虑，避免陷入"技术决定论"的误区和纯商业利益导向。

国内大模型行业针对大模型发展的理念基本是稳中求进，既要突破技术难题，实现行业升级，又要在快速发展中把控风险。中国工程院院士陈晓红提到，要抓住当前大模型发展的机遇，同时认清大模型在可解释性、可靠性方面的不足；另外，部署代价高、迁移能力差以及安全与隐私、技术风险等也是与其相伴的问题，要强化垂直行业数据基础优势，打造 AI 大模型创新应用高地。③清华大学朱军教授认为，ChatGPT 出现后安全问题越发严重，要关注"算法本身是否存在政治偏见和数字鸿沟"。④中国大模型的发展不能一味跟着西方的步调，只有自主掌控才是更高层面的安全，结合实际国情和文化背景制定的应对方案才是正确方案。在厘清当下大模型发展过程中的问题后，要积极协调各方力量，凝聚智慧，合力开发创新，掌握自主知识产权，破除知识壁垒。戴琼海院士认为，形成通用人工智能技术的中国方案已迫在眉睫，我国应从政策、机制和投入上深化人工智能的人才培养和基础研究，强化原

---

① OpenAI 科学家最新演讲：GPT-4 即将超越拐点，1000 倍性能必定涌现［EB/OL］.(2023-10-11)［2024-01-29］.https://baijiahao.baidu.com/s?id=1779441439709980380&wfr=spider&for=pc&searchword=OpenAI.

② 独家专访 OpenAI 首席科学家 Ilya Sutskever，AI 将迎来划时代时刻［EB/OL］.(2023-10-27)［2024-01-29］.https://baijiahao.baidu.com/s?id=1780919331515430287&wfr=spider&for=pc&searchword=.

③ 望访谈｜中国工程院院士 陈晓红：打造 AI 大模型创新应用高地［EB/OL］.(2023-12-02)［2024-01-29］.https://baijiahao.baidu.com/s?id=1784130157029901491&wfr=spider&for=pc&searchword=.

④ 清华大学朱军：ChatGPT 出现后安全问题越发严重 需不断提升大模型安全评测能力、构建人工智能安全靶场［EB/OL］.(2023-07-10)［2024-01-29］.https://baijiahao.baidu.com/s?id=1770494636116798360&wfr=spider&for=pc&searchword=.

始创新。① 中国科学院院士张人禾指出，AI时代要进行"有组织科研"，国内大模型发展迅猛却仍处于起步阶段，此时布局建设大平台比"单打独斗"更能适应大科学时代的科技创新。② 大模型的技术环境只会越来越复杂，只有各方合作才能最大化地实现优势互补和资源共享，提高中国大模型行业的整体效率。

人工智能业界对于大模型发展提出了很多思考，比如人工智能发展方向的新选择、人工智能大模型发展的系统论，这些观点成为大模型行业发展的重要参考。

二、政策主题：营造创新生态，重视防范风险

国内各个大模型落地应用于金融、医疗、汽车、制造、零售等领域，已经成为数字经济发展的关键部分。2023年7月10日，国家网信办联合国家发改委、教育部、科技部、工信部、公安部、广电总局公布了《生成式人工智能服务管理暂行办法》，完善了大模型的治理体系，坚持发展和安全并重、促进创新和依法治理相结合的原则，采取有效措施鼓励生成式人工智能创新发展，对生成式人工智能服务实行包容审慎和分类分级监管。③ 国家层面的规范为新一轮发展提供保障，推动我国大模型行业发展稳中有序。

地方政府政策围绕智能算力建设、公共数据流通和算法场景开放多维度支持大模型行业，从各方面为大模型创建发展所需的有利环境。2023年11月7日，上海市发布《上海市推动人工智能大模型创新发展若干措施（2023—2025年）》，在着力支持大模型创新能力、提升创新要素供给能级、推进大模

---

① 中国工程院院士戴琼海：形成通用人工智能技术的中国方案迫在眉睫［EB/OL］，（2023-10-24）［2024-01-30］. https://view.inews.qq.com/k/20231024A046HZ00?no-redirect=1&web_channel=wap&openApp=false.

② 中国科学院院士张人禾：AI时代下"单打独斗"已不适应科技创新［EB/OL］.（2023-09-07）［2024-01-30］. https://baijiahao.baidu.com/s?id=1776350484868888628&wfr=spider&for=pc&searchword=.

③ 中华人民共和国国家互联网信息办公室.生成式人工智能服务管理暂行办法［EB/OL］.（2023-07-13）［2024-01-30］. https://www.cac.gov.cn/2023-07/13/c_1690898327029107.html.

型创新应用、营造一流的创新环境等方面均制定了详细的措施。2023 年 7 月 25 日，重庆市经信委发布的《重庆市以场景驱动人工智能产业高质量发展行动计划（2023—2025 年）》强调大模型发展，提出要"鼓励科研机构、龙头企业积极争取参与大模型旗舰项目，推进 AI 大模型技术攻关"；推动大中小企业融通创新发展，"共同推进国产 AI 大模型技术研发和应用落地。建设人工智能开源社区，打造人工智能开源开放生态"。从各地出台的政策措施中足见地方政府对大模型行业发展的重视，有望形成各地资源互补、优势共享的合作局面。

三、发展主体：互联网公司、高校研究机构、人工智能创业公司

国内的大模型开发和应用背后涉及多方合作，包括互联网公司、人工智能公司和研究机构等。由于各自的资源背景不同，这些大模型在技术侧重上存在一定的差异。

（一）互联网公司：数据驱动的大模型技术创新

互联网公司凭借其庞大的用户基础和数据积累，开发出以数据驱动为核心的大模型技术。这类公司的大模型技术侧重于利用大规模的数据集进行训练，以提高语言处理和情感分析的准确性。例如，百度的文心一言大模型，不仅展现了其在理解和生成自然语言方面的能力，还通过情感分析功能加强了对用户情绪和意图的洞察。此外，多语言处理能力的加入，增强了模型在全球化应用中的竞争力以及在国际传播中的实际应用能力。

（二）高校研究机构：理论驱动的大模型技术创新

与互联网公司不同，依托于高校的研究机构和企业，如智谱 AI，通常专注于理论驱动的技术创新。这些机构利用学术前沿的理论和研究成果，结合

学术界的人才资源，开发出在理论和应用上都具有创新性的大模型。例如，智谱 AI 的大模型在语音识别、自然语言理解和生成方面的技术，表明了其在深度学习算法和自然语言处理技术应用上的专业性和创新性。这类大模型更加注重在智能客服和智能家居等特定应用场景下的性能优化和用户体验提升。

（三）人工智能创业公司：商业化的大模型技术发展

独立的人工智能公司，往往在创新和商业化之间寻求平衡。这类公司的大模型通常由经验丰富的技术团队和行业专家主导，重点在于性能优化和成本效益。百川大模型的独立开发策略使其在逻辑推理、生成与创作等领域取得显著成就。虽然独立研发可能在资源和计算能力上面临挑战，但它在提供针对性和定制化解决方案方面具有独特优势。

四、技术突破：大模型技术多元并行

据中国科学技术信息研究所发布的《中国人工智能大模型地图研究报告》，中国的大模型技术发展正在经历多元并行的技术突破，特别是在自然语言理解、机器视觉、多模态等关键领域。这一发展趋势标志着中国在全球人工智能技术领域竞争力的提升，也预示着中国的人工智能在处理复杂信息和数据的能力上的重大进步。华为云的盘古 3.0 大模型，采用了庞大的参数量，拥有超过 1 万亿个参数，展现了其在语言理解和生成方面的显著能力。这一技术突破不仅提升了机器语言处理的精确度和应用范围，也为智能客服和智能助手等实际应用场景提供了强大的技术支持。这表明了大模型在传播应用中的巨大潜力，有望显著提高服务效率和创新创作方式，如百度的 VIMER-UFO 2.0（文心 -CV 大模型）在视觉多任务处理方面进行创新，通过超网络与训练方案支持各类任务和硬件的灵活部署。这种灵活性在实现大模型的商业应用中至关重要，尤其是在硬件多样化和任务需求复杂的当下环境中。

中国科学院自动化所发布的紫东太初 2.0 大模型则在多模态技术上取得

关键进展，其全模态的理解、生成和关联能力对于提升机器认知和信息处理的复杂度至关重要。全面的多模态处理能力是未来人工智能发展的关键方向，预示着机器能够更全面、更深入地理解和处理人类的交互需求。未来人工智能的发展需要更加注重跨领域的技术融合和创新，以实现更广泛的应用。

五、发展路径：通用型大模型与专用型大模型

大模型技术领域存在两条主要发展路径：一是拓宽应用领域的通用型大模型，二是深化特定专业领域应用的专用型大模型。

（一）通用型大模型：多功能性与适应性

通用型大模型可被视为"全能助手"，其核心优势在于能够自适应多种任务和场景。这类模型能够根据数据规模和复杂性进行灵活训练和调整，从而在自然语言处理、机器翻译、文本摘要、问答系统等方面表现出色，并且能够应用于图像识别、语音识别、推荐系统等更广泛的领域。中国在通用型大模型领域的发展速度较快，如百度文心大模型、商汤日日新大模型、华为云盘古大模型和字节跳动火山引擎大模型等，都为用户提供了更加智能、全面和便捷的服务。在传媒领域，大模型应用范围广泛，涵盖新闻报道、广告营销、影视创作、文学创作等多个方面。未来媒体大模型将加快落地应用，优化技术，发挥媒体智能创作工具提高效率的作用，构建良好的传媒大模型生态。

（二）专用型大模型：专业性与针对性

专用型大模型更像"职业专家"，在特定问题的解决上具有更强的专业性和实用性。这类大模型专注于特定领域，提供高效、智能化的服务。科大讯飞的星火认知大模型被应用于医疗领域，打造了专业的"诊后康复管理平台"，腾讯混元大模型支持智能广告素材的创作，实现文本、图像和视频的自然融合，用户可以轻松生成广告素材，满足不同的广告需求，阿里云的通义

大模型专注于传媒领域，提供多样化的文本创作服务，以文本创作为主、多模态为辅的生成式创作大模型产品通义妙笔为例，对比基础模型，其新闻敏感度、专业编辑写作能力和传媒应用能力都大幅提升。

目前，各新闻媒体机构也与大模型企业联合开发自己的专业媒体大模型，促进媒体行业智能化升级。人民网联合百度发布了一款媒体行业大模型，是基于百度文心大模型 ERNIE3.0，并引入人民网在传媒行业积淀的行业知识与任务样本数据而打造的。中央广播电视总台也与上海人工智能实验室联合发布央视听媒体大模型，已经在节目编辑创作、短视频生成、数字人、AIGC 动画和 AI 换脸方面有了实际应用。

专用型大模型的精准化应用实际上建立在通用型大模型技术的基础之上，专用型大模型在特定领域的深耕，反过来又能促进通用型大模型技术的进一步升级和完善。在实际应用中，通用型大模型和专用型大模型往往交织合作，实现优势互补。

六、竞合与淘汰：发展趋势的多重视角

根据对大模型行业现状的观察和对相关研究报告的分析，可以预见，未来几年内大模型领域的发展将经历竞争、合作与淘汰的阶段，这种趋势的形成源于多方面因素。

（一）竞争：市场份额与资源争夺

随着大模型技术的不断进步和应用市场的扩张，越来越多的公司被吸引进入这一领域。这一过程中，企业之间在技术创新、人才招募、数据资源获取和市场份额占领方面的竞争日益加剧。例如，在传媒的自然语言领域，百度的文心一言、科大讯飞的星火认知、阿里的通义千问等大模型在内容创作、智能客服、教育、医疗等人机交互场景中争夺市场，就反映了这种竞争态势。市场的竞争可能导致大公司兼并小公司，加速行业的资源整合和市场格局重塑。

（二）合作：技术进步与协同创新

大模型的发展依赖于大量的数据和算力支持，特别是在行业的起步阶段，不是所有公司都能独立自主地发展。因此，各大模型开发者在数据共享、技术交流和模型优化等方面的合作成为必然趋势。例如，360 和智谱 AI 合作研发的千亿级新一代认知智能通用模型"360GLM"，以及华为云与盘古大模型打造的制造业大模型，都体现了企业与科研机构之间的协同创新。这种合作不仅有助于资源的优化配置，还能促进技术的快速发展和应用的多样化。

（三）淘汰：更新迭代与优胜劣汰

当前的大模型行业进入发展迭代和落地应用进程提速的阶段，2023 年下半年，百度、阿里巴巴、科大讯飞等国内相关企业纷纷推出 AI 大模型的升级版本。例如，阿里云发布千亿级参数大模型通义千问 2.0，其在复杂指令理解、文学创作、通用数学、知识记忆等方面的能力均有显著提升。科大讯飞升级了讯飞星火认知大模型 V3.0，并启动更大参数规模的星火大模型训练。大模型企业内部进行自我更新，外部的新产品也不断涌现，当下国内大模型产品数量接近 200 个，已远超现实需求，势必引发市场淘汰机制。中科院自动化所副所长刘成林表示，当前大模型产品数量还在爆发增长阶段，但未来达到某一数量级后或会下降。大模型产品如果不能很好地实现业务落地，就会被淘汰，最终存活下来的要有很强的技术特色和应用特色。①

---

① 中国科学院自动化研究所副所长刘成林：模式识别研究现状与趋势［EB/OL］.（2023-02-01）［2024-01-30］. https://mp.weixin.qq.com/s/H8Gj22f6ro9H4Wtbj9MrUw.

智能媒体的发展趋势与变革*

一、媒体拥抱人工智能时代

ChatGPT 给媒体领域智能化应用带来了巨大的影响，国内相关机构关注到了这个热点，积极探索智能媒体的深化发展。

2023 年 3 月 16 日，百度正式发布全新一代知识增强大语言模型"文心一言"。

澎湃新闻报道：上海报业集团全力拥抱 AI 时代。澎湃新闻成为百度"文心一言"的首批先行体验官，将应用智能对话技术，打造内容生态人工智能全系产品及服务。

广州日报客户端报道：广州日报成为"文心一言"首批生态合作伙伴。广州日报客户端、新花城客户端将全面体验并接入"文心一言"的创新功能。

湖北经视报道：湖北经视打造联合解决方案，通过技术共享、培训赋能、联合营销等方式，强化自身竞争力，为用户打造全场景内容生态人工智能解决方案及服务。

截至目前，已有数百家媒体和百度"文心一言"签订了合作协议。这会形成什么样的智能媒体生态？会有哪些智能媒体的创新？新兴媒体要发展，就需要更深地介入人工智能的生态，通过技术创新实现媒体创新。

---

* 本文原载于《新闻战线》2022 年第 7 期，与王喆、郑月西合作，收入本书时有改动。

二、智能媒体的发展趋势

（一）Web2.0 到 Web3.0 的发展趋势

和 Web2.0 比较起来，Web3.0 的最大特点是它是一个有智慧的网络。Web3.0 是互联网向智能化、分布式计算、区块链等方向演进的产物。媒体内容生产在 Web3.0 时代将产生更多的变革。

从内容生产者的角度来看，Web2.0 主要是 PGC/UGC/PUGC 的内容生产模式，随着 Web2.0 发展起来的互联网平台本身并不生产内容，只是内容的搬运工，其建构了海量的内容消费需求和海量内容供给需求之间的链接。到了 Web3.0 时代，随着深度学习、语言模型等数字技术的发展，人工智能已经取得了更大的进步。新一代互联网不仅能够组合信息，而且能像人类一样读懂信息，并以类似人类的方式进行自主学习和知识推理，从而为人类提供更加准确可靠的信息，使人与互联网的交互更加自动化、智能化和人性化。[1] 例如，AI 生成内容在电影制作、绘画领域实现突破，显示出 Web3.0 时代 AIGC 的强势劲头。[2]

Web3.0 的生产形式将更加多样化和个性化。在 Web2.0 时代，媒体内容生产者已经开始面对算法推动的多样化和个性化，但是内容创作者还是强调垂类，在一定的范围内满足大众的需求。Web3.0 时代，由于智能化和数据化的技术支持，媒体内容可以更加个性化和精准化，可以根据用户的兴趣、需求、习惯等信息来创作相关内容，满足用户的个性化需求。

Web3.0 时代媒体内容生产将更加去中心化和透明化。区块链技术使得媒体内容在版权、管理、分发等方面得到了极大的改善，媒体内容的生产者可以更加方便地保护自己的权益。区块链技术可以实现数据共享和交换，推动不同媒体社群之间的内容交换。

---

[1] 姚前. Web3.0：渐行渐近的新一代互联网 [J]. 中国金融，2022，972（6）：14-17.

[2] 李白杨，白云，詹希旎，等. 人工智能生成内容（AIGC）的技术特征与形态演进 [J]. 图书情报知识，2023，40（1）：66-74.

Web3.0 时代的媒体内容生产将更加去中心化、多样化、个性化、透明化。

（二）人机协同的发展趋势——UGC 向 UGC+AIGC 的转变

个人化的内容生产将向智能化的内容生产转变，UGC 模式将转变成 UGC+AIGC 的模式。

AIGC 将推进内容生产主体的转变。UGC（User Generated Content，用户生成内容）和 AIGC（AI Generated Content，人工智能生成内容）是两种不同的媒体内容生产形式。在 UGC 时代，媒体内容的制作主要依赖于个人的创意和经验，需要人工参与。在 AIGC 时代，媒体内容的制作主要依赖于个人创意加上人工智能技术。

AIGC 推动内容生产效率的提高。随着人工智能技术的发展，AIGC 能够以更快的速度、更高的效率生成媒体内容，大大提高了创作效率。对比之下，UGC 需要大量的人力、时间和资源，制作周期相对较长，效率较低。

AIGC 拓展内容生产的创意空间。AIGC 能够利用机器学习、大数据分析等技术，挖掘和分析海量数据，发现新的内容创新点和趋势，拓展内容创新的空间和可能性。UGC 的内容创新受限于个人的经验和创意，个人创作者较难实现大规模的内容创新。

UGC 向 UGC+AIGC 模式的转变，体现了人机协同的发展。AIGC 时代，人工智能参与了媒体内容的制作，但人类的创意和判断不可或缺。人机协同将成为媒体内容生产的新趋势。如何优化人机协同？如何建构人和人工智能的协同关系和协同模式？都是需要我们进一步探讨的课题。

（三）自然语言理解成为主角，文字媒体回归

百度公司董事长李彦宏在接受彭博社采访时表示，"至于未来，我认为自然语言理解会成为主角"。在这个以短视频为主要潮流的时代，这句话需要文字类型的媒体同事好好理解。

ChatGPT 就是自然语言理解成为主角的代表案例。我们用 ChatGPT 写一

篇关于 ChatGPT 的介绍，ChatGPT 介绍如下：

"我是 ChatGPT，是一个由 OpenAI 训练的大型语言模型。我的设计旨在模拟人类语言处理和生成的能力，并通过学习海量的文本语料库来提高自己的语言理解和生成能力。我的训练数据包括互联网上的各种文本数据，如书籍、文章、新闻、维基百科和社交媒体等，这些数据涵盖了各种语言和主题。

"我的开发旨在为各种语言处理和自然语言生成任务提供解决方案。这些任务包括文本分类、文本摘要、机器翻译、问答系统和对话生成等。我可以与人类进行自然的对话，回答各种问题并提供相关信息。我的语言生成能力可以用于写作、编写代码、生成诗歌和小说等。"

自然语言理解成为主角，意味着文字媒体的再度复兴。文字作为信息传递的基本类型，相较于其他信息模态，具备很多优势，如标准化、易操作、短时间内传递大量信息、富有逻辑等，这也是文字媒体的生命力所在。人工智能技术方面，相较于其他信息模态技术，自然语言处理智能技术发展更为成熟，能够被大规模、标准化、产品化地应用于媒体领域。

如果自然语言理解成为主角，文字媒体必将回归。

三、人工智能内容生产形态的升级

人工智能的媒体化应用场景非常丰富，具备在场景应用中寻找创新点的基础。自然语言模型应用与媒体产业深度融合，助力媒体内容生产的迭代升级，将开启一场媒体内容生产的新变革。

（一）百科式的媒体内容生产——"媒体大脑"

AIGC 大模型训练的数据量足够大，能够为媒体内容生产提供百科式的支撑。这将会提高媒体智能化内容生产的能力，让媒体真正拥有一个"大脑"。首先是内容生产线索的智能化。媒体在进行新闻报道等内容创作时，需要从各种渠道搜集大量信息，而自然语言模型可以用丰富的语言数据帮助媒体人快速、准确地检索相关信息。它们能够理解自然语言输入，识别出关键词、事件等信息,并从大量的文本数据中挖掘出相关的信息,快速提供给用户。其次是内容生成文本类型的智能化。自然语言模型能够自动生成各种类型的文本内容,包括消息、评论、说明文等。这些内容可以作为基础性的文本素材,供媒体进行二次加工、编辑和发布,从而提高生产效率和内容质量。最后是知识图谱的智能化。自然语言模型能够将大量的语言数据进行结构化分类,形成具有层次和结构的知识图谱,为媒体内容生产提供智能化支撑。知识图谱有助于厘清文章框架、逻辑和思路,提高文章写作效率。同时,也可以为媒体人提供更加细致、全面的信息,为其创作提供更多灵感和思路。

(二)"才子"型内容创作能力——"全才编辑"

AIGC 能够实现诗歌、散文、小说、新闻等多类型文体的创作,并实现内容题材多样化。传统上讲一个人才华横溢,就是"诗词歌赋"样样精通。这种能力体现在媒体中,就是能够运用多种体裁表达主题内容。自然语言模型可以丰富媒体内容表达多样性。自然语言模型可通过多种表现形式,提高内容的可读性和吸引力,增加内容的艺术性和趣味性,使媒体内容更加丰富、生动、有趣、有价值。第一,智能化多语言支持能力。自然语言模型可以支持多种语言的输入和输出,从而帮助媒体人在跨语言场景下进行内容表达。例如,在跨境报道、国际交流等方面,自然语言模型可以快速进行语言翻译,帮助媒体人更加准确地传递信息、表达观点。第二,智能化表达风格多样。自然语言模型可以根据不同语言、文体、受众等,灵活地调整表达风格。例如,自然语言模型可以根据报道对象、事件性质等情况,调整语气、情感色彩,使报道更加有特色和针对性。第三,接受专业训练的艺术创作。自然语言模型可以帮助媒体人进行艺术创作,可以帮助媒体更加快速、高效地进行内容表达,也可以增加内容的艺术性和趣味性。

(三)高情商的多语境内容处理能力——"情商主播"

AIGC 能够处理多语境对话,具备面对多种语境的处理能力,可以通过上下文理解、情感分析、实体识别等不同方式,处理不同语境下的媒体内容表达。例如，AIGC能够提供情绪价值，实现传播中非常重要的一个能力——"共情"。第一，智商传播。自然语言模型可以通过理解上下文，更好地处理不同语境下的媒体内容表达。例如，在对话场景中，可以通过上下文理解，根据前面的对话内容推测说话人的意图，并做出回应。第二，情商传播。自然语言模型可以通过情感分析的方式，对不同语境下的媒体内容表达进行处理。例如，在新闻报道中，可以通过对文本情感的分析，快速了解报道对象的情感状态和报道的情感色彩，从而调整报道的情感倾向。第三，以对象识别能力提高应对能力。自然语言模型可以通过对象实体识别的方式，对不同语境下的媒体内容表达进行处理。例如，在科技报道中，可以通过实体识别的方式，快速了解其涉及的科技产品、公司、人物等信息，从而增强内容的针对性。

（四）全能型内容处理能力——"媒体助手"

AIGC能够提供各种支撑，成为媒体内容助手；可以通过多任务学习，实现在媒体层面的多任务内容处理。第一，新闻报道智能化生产。自然语言模型可以处理新闻报道的生成和编辑任务，提高新闻报道的质量和效率。例如，在生成新闻报道时，可以考虑文章的结构、语言风格和信息呈现方式，同时根据编辑人员的反馈和指导进行优化和改进。第二，智能化编辑推荐。自然语言模型可以处理编辑和推荐任务，提高媒体内容的个性化和精准度。例如，在编辑推荐时，可以结合用户的兴趣和偏好，同时考虑文章的内容、风格和传播效果，为用户提供更加个性化的阅读体验。第三，智能化文本分类。自然语言模型处理文本分类任务，能够提高媒体内容的自动分类和归档能力。例如，在处理大规模的新闻报道时，其能够根据文章的主题、来源和重要性进行分类和归档，方便后续检索和分析。

（五）"学霸"型内容生产能力——"学习达人"

AIGC是通过用户反馈推动的模型，具备自学习和监督学习能力。随着用户的不断反馈，AIGC能够自学习，不断提升回答能力和水平。海量数据的预训练不断提升智能媒体水平。AIGC通过大规模的文本语料库进行无监督学习，让模型学习到语言的潜在规律和结构。通过预训练，模型可以学习到各种语言的语法、语义等信息，从而提升对媒体内容的理解和表达能力。自然语言模型可以通过自学习来不断优化其对媒体内容的理解和表达能力，用户反馈成为智能媒体自学习的重要支撑。另外，自学习可以让其在特定的媒体领域中发现新的语言规律和潜在结构，提高模型的创新性和适应性。随着人工智能技术的不断突破，AIGC将会赋能整个媒体行业，为媒体智能升级转型提供新动力。同时，AIGC也给内容生态带来一定风险和挑战，这是需要同步研究的课题。

智能媒体技术助力主题主线新闻传播[*]

随着人工智能技术与传媒的融合发展，我们以什么样的理念来看待人工智能在媒体中的应用，对于智能媒体技术和新闻传播融合发展是非常重要的。那么人工智能和传媒工作者在媒体中的地位及二者是一种什么样的关系？人工智能能否取代传媒工作者？二者各自在传媒中的功能是什么？

传媒工作者作为传媒业的主体，在新闻传播中利用人工智能可以更多发挥其创造力和想象力，减少大量枯燥反复的机械工作。我们可以将人工智能作为一种先进的技术工具来看待，其具备强大的信息生产传播能力、对海量信息进行有效整合的能力，以及减少人力物力的成本，把海量的素材进行分析和拆解，从而优化整体传媒行业的行动能力。

随着技术越发趋于完善，"人机协同"的重要性日益凸显，我们要更多关注智媒领域的发展，以人的智慧为统领去带动机器的配合，从而适应未来更复杂多元的传媒环境。从国内主流媒体的现状来看，大家都开始了人工智能技术的应用，采用了"人机协同"模式。特别是在近年来的新闻传播报道中，人工智能技术为新闻传播行业带来了新的业态、方向和思考。例如，中央广播电视总台央视网设立的人工智能编辑部，是总台旗下的智慧创新基地，布局"云、数、智"构建全媒体产品服务和传播生态体系。

在新闻传播工作中，人工智能技术更为广泛地应用到各个环节，带来了新形态的新闻传播模式。我们要更为清晰地认识到，海量信息的生产、处理、

---

[*] 本文原载于《电视研究》2022年第10期，与王喆合作，收入本书时有改动。

分发，是离不开人工智能技术的；新闻传播的能力，是建立在新型技术的应用水平上的。针对主题主线的内容报道，要有机融合智能媒体技术，从采集、生产到编辑的各个环节打造新时代主题主线宣传阵地，利用新技术＋人工辅助的新模式，探索符合当今时代主旋律和用户需求的创新宣传，用智媒新技术提升主题主线内容的创作质量和影响力。

一、新闻采集智能化

在新闻传播中，新闻信息采集能力是新闻工作的起点，是实现新闻传播真实性、及时性的重要能力。在智能化的背景下，新闻信息采集如何合理运用人工智能技术，实现"人机协同"，从而有效帮助传媒工作者获取更优质的内容资源，是人工智能技术发展的一个方向。例如，2022年北京冬奥会短道速滑比赛直播所使用的超高速4K摄像机系统"猎豹"，由中央广播电视总台历时五年研发，专门用于速度滑冰赛事的转播。为应对短道速滑高时速的转播需求，"猎豹"的技术设计可达25米/秒，可以密切追踪运动员的运动轨迹，同时实现加速、减速和超越等动作。这一套特种摄影设备代表了新科技对于传统摄影师固定机位的收集画面能力的提升，摄影师通过端口的控制就可以捕捉原本无法追踪到的画面。在重大的国际比赛转播报道中，利用新技术的新闻采集会提高整体的画面质量，更多优秀素材会在"人机协同"的配合下呈现给观众。

新闻热点的资讯把握，正在从大数据采集向智能化发展，海量的数据给新闻传播工作者寻找新闻热点带来了挑战。新闻素材的海量化，必然会要求新闻素材的智能化采集和处理。人工智能的图像识别技术，可以帮助媒体工作者从海量的图片或者冗长的视频素材中找到新闻所需求的图片与特定片段，大大节省了素材采集时间。人工智能可从素材中寻找到最为合适的媒体资料，看似简单的"人机协同"工作，可以让媒体工作者将更多的时间与精力投入创作之中，进而提升媒体内容的质量。

二、新闻内容生产智能化

智能媒体技术推动了新闻内容生产的智能化。通过不断优化的训练平台和数据模型，人工智能已经在创作生产领域，特别是大规模的内容生产领域，发展成为新的生产主体，实现智能媒体的内容创作工具化、平台化和智能化，推动了新形态的新闻生产模式。

在创作生产智能化中，需要融合传媒工作者和人工智能技术专家两类人群的优势与智慧。人工智能技术专家作为人工智能生产平台和生产工具的设计者，通过计算构架形成一套流畅运营的创作模式，基于不同的素材，通过数据模型的训练，生产出对应内容。同时，传媒工作者通过本身对于传媒行业与新闻的专业把控，提高机器生产的内容价值，包括核心思维、风向把控等。前者可以提高内容的生产效率，减少枯燥繁杂的固定创作整理；后者可以提高机器生产的整体质量，去除掉机器写作所带有的虚假感与拼凑感，通过"人机协同"达到有机的融合，这也是智媒创作生产的未来前景。例如，新华社推出的写稿智能程序"快笔小新"，就是基于大平台的数据采集，并将数据进行整理转换为可供阅读的新闻报道。"快笔小新"以"搭积木"的逻辑思维，从海量网站筛选有价值的内容，拼凑再整合，最后形成新闻稿。针对主题主线内容，数据平台可以快速通过后台资料库，形成严谨文案和报道。在2019年全国两会期间，总台与百度公司合作推出的定制版AI记者小度，提前储备了丰富的两会知识，针对热点问题和网友关注点，回答问题并整理报道。在主题主线报道的内容生产中，尤为重要的是内容的规范性和报道的统一性。通过模型训练，机器相较于人工实现了更高的准确性和实时性，从而形成了先由丰富的"数字大脑"提供内容和报道的实时解决方案，提高整体生产效率，再由人工审核，完成"智媒生产—人工把控"的新时代主题主线报道架构。

三、新闻编辑智能化

《智能编辑部发展报告》指出，以智能化技术为基石、以"人机协作"为特征、以提升生产传播效率为目标的智能编辑部形态，成为媒体面向未来前瞻而务实的思维方式和发展方式[①]。智能编辑将会升级原有的传统编辑模式，它不仅是工具的升级换代，还是配合相关人员建设和创作未来新型编辑模式的核心引擎，这也是未来媒体发展的方向。语音识别技术可以实现视频转文字、语音转文字、多语种跨转等功能。在当今的媒体实践中，新闻编辑已经和智能技术越来越紧密地融合，媒体拥有了更加丰富的工具选择，包括智能内容管理系统、通用的智能编辑平台。例如，总台的开放式人工智能编辑平台，其自动语音识别（ASR）和文字识别（OCR）技术可以支持实时转写、拆条输出，毫秒级实时返回转写结果。可以自动训练提升识别率，帮助创作人员进行编辑。平台智能视频编辑技术，利用技术工具可以增强画质，通过补色与补帧增强画面细节度，提高画面的平滑度，提高色彩的对比度与整体画质。平台中的超分技术对低质量、低分辨率的图像进行提升，生成高分辨率的超清图视频，用于老片翻新、修复画面。这些智能技术被用于对编辑画面的支持，减少了过去按帧修改的人力物力浪费，通过技术创新提高了内容生产力。

智能媒体编辑技术不是直接代替传媒工作者的工作，而是进一步扩大资源释放规模，借助智能化技术支持编辑工作，改善原本烦琐复杂的工作模式并且释放多余劳动力，将从业人员的活力与创造力投入内容价值的提升中去。

四、新闻主播智能化

新闻传播工作中，主持人或者出镜记者是重要的传播要素。虚拟（数

---

① 何慧媛，贺俊浩. 人工智能时代，媒体如何创新转型："人工智能与媒体未来"研讨会综述［J］. 中国记者，2017（2）：47–48.

字）主播，成为当前一个重要的应用方向。这个虚拟新闻主播的发展背景就是"数字人"的快速发展，其本质是通过数字技术带给用户真人般的感受与互动。随着人工智能、虚拟现实、高精度渲染等技术的交叉融合，数字人的拟人化程度越来越高，从形象、表情、姿态、动作，再到语音、语义、语态等方方面面正在逐步逼近真人水平。数字人将成为我们在数字世界的人工智能代理人。在智能媒体技术条件下，在虚拟新闻主播的应用过程中，用户使用的反馈将不断充盈其训练数据库，使其针对场景的"新闻专业"属性不断提升。基于"后台—数字人—用户使用"的交互能力，"人—机—人"的协同运用会进一步推动虚拟新闻主播的智能化和"人性化"。在2022年北京冬季奥运会、冬季残疾人奥运会的报道中，通过虚拟现实的技术突破，主办方启用了大量的数字人进行宣传报道，辅助传统媒体，提升了工作效率和宣传质量。例如，通过配合主持人报道的 AI 手语主播，听障群体也可以感受到奥运的魅力；由首位虚拟航天员记者小诤在火星表演的冬季奥运会手势舞引发全民模仿，宣传效果立竿见影。

现阶段数字人对于主题主线的报道仍然以宣传推广的作用为主，随着技术迭新，数字人从基础的"有颜无智"向"有颜有智"方向跨进，将成为未来主题主线内容报道的前哨，通过后台的算法训练和知识图谱的补充，做到"有问必答"，同时突破时空的限制，服务于宣传内容，提升整体内容的影响力，开启全新的智媒版图。

五、新闻审核智能化

智能媒体技术在新闻内容审核中发挥着越来越重要的作用。媒体在创作加工的过程中，不可避免地会产生偏误或错漏，因此，媒体需要进一步审核矫正才可进行内容分发。相对于人工审核，智能媒体技术通过其庞大的数据库储备，可对新闻内容进行迅速准确的校对。随着短视频和直播内容的兴起，在海量的视频内容审核中，人工智能技术应用越来越广泛。

用户生产内容是推动智能审核技术发展的一个重要原因。伴随着互联网行业的发展，需要审核把控的不再仅仅是媒体创作的内容，用户生产内容作为一个重要组成部分，更需要进行审核与把控。多元的用户评论产生了各种复杂的传播形态，传媒平台不得不耗费大量的人力与资源对用户生产的信息进行审核把控。面对越发庞大的平台流量与复杂多变的待审核信息，现有的人工审核方式面临巨大的挑战，并且这一矛盾在互联网与传媒的不断协同发展之中越发突出。因此，在这种背景下，采用人工智能初步审核、人工复审的方法，使人机协同工作，不仅可以大大降低审核成本，更会极大提升审核效率与精准度。以文本审核为例，目前互联网平台上各类文本变体识别的滞后性、变体识别难度高、文本语义识别不准等难点，极大地增加了人工审核的负担。智能媒体技术可通过将有限状态自动机（FSA）应用于变体识别，通过建立复杂模型体系、扩充训练集以及完善预处理方案等方法，可以有针对性地解决上述问题，大大降低审核难度，从而解放劳动力，使其投入语义复杂的人工复审环节。

智能媒体技术审核不可能完全取代传统的人工审核方式，有学者在其《人工智能时代传媒业的"人工"与"智能"》一文中提到，智能 AI 的分辨能力是基于其机器学习而生成的，其训练样本的偏误或数量的不足也会致使机器犯错[①]。美联社曾有一例关于石油开采与森林消失相关性的报道，他们先通过智能媒体技术对卫星照片进行判断，并报道了卫星照片中四个位置的森林消失是由于石油开采导致。但在后续报道中发现，这四处森林消失的原因是火灾及商业砍伐，并非原先研究的石油开采。因此，这种智能媒体技术导致的错误需要人工审核进行矫正。只有运用"人机协同"对媒体进行审核，才能准确而真实地传达内容。针对主题主线内容的智能审核须更为重视人工与智能的相辅相成。在相关画面、文字等素材中，通过智能审核可以快速检索审查，筛选可疑内容交由人工再次校对，确保主题主线内容报道的准确性和完整性。

---

① 汪萱.人工智能时代传媒业的"人工"与"智能"[J].传媒，2019（8）：63-66.

六、新闻内容分发智能化

内容分发的智能化,是解决海量新闻资讯和海量用户信息接收的关键技术。有学者提到未来媒体将会以用户数据为核心,用户数据将成为重要的资源,而未来媒体也将不再是单调的创作—生产—分发模式,而是转化为"一次创意、多类生产、多次分发"。这将改变传统的以内容生产为核心的媒体模式,转变为人机协同、多渠道多岗位的跨界合作模式[①]。例如,个性化推荐算法是新闻传播中应用较多的一项技术,算法技术推动了人工智能在信息分发领域的发展,个性化推荐算法成为智能分发的一个重点应用。个性化推荐算法在人工智能技术的帮助之下,通过对媒体内容标签的选择,确定用户个人的媒体接受倾向,针对性地对用户投放相关新闻。智能媒体技术基于用户对相关新闻的反馈完成对用户群体的画像,建立智能化的用户分析能力,根据不同需求分发新闻信息。字节跳动就是智能化算法推荐的代表性平台,依托其大数据平台智能化、内容管理智能化、个性化推荐算法智能化、用户数据管理智能化等,形成了优势明显的智能化分发体系,吸引了一大批黏性用户。借由拥有大量用户使用数据的平台企业,分发主题主线内容也将会更为精准地覆盖用户群体。例如,利用微博、抖音等平台,整合主线主题内容报道,按照智能标签的标记规则,去推发核心用户群体,使得主题主线内容流传更为广泛,达成既定宣传目标。社交媒体时代,媒体资讯的分发也不再是固定渠道、固定时间。事实上,现如今的媒体受众是被多渠道、多平台、全天候、全地域地覆盖。传统媒体通过智能媒体技术与用户行为的协同交互,突破了固定、连续的节目编排,灵活地、针对性地对媒体受众进行不同渠道不同时段的资讯分发,实现媒体资讯的高效传递,满足用户群体的讯息个性需求。

---

① 胡正荣.智能化:未来媒体的发展方向[J].现代传播(中国传媒大学学报),2017,39(6):1-4.

七、结语

人工智能技术对媒体行业的影响逐步扩大，无论是传统媒体还是各类新闻社交 App，智媒技术已经融入了各个环节。在新闻传播中，智媒技术将会成为重要的新闻技术辅佐工具。同时，智能化新闻也更需要人工的持续关注和把控，智媒领域不是单一的数据或者公式可以去象征或者代表的，"人机协同"的概念也不可简单理解为"机器工作—人机监督"的模式，而是一个多系统分场景的多元化动态建设过程。

ChatGPT：语言文字的智媒体时代*

文字带着人工智能回来了。语言文字媒体的王者归来。

2021年4月，百度的创始人李彦宏在接受彭博社采访时讲了一句话，"至于未来，自然语言理解会成为主角"，这句话让我开始思考，"自然语言"这个概念，就是语言文字，对于人工智能趋势有什么样的意义呢？我思考后的一个判断就是：智能媒体应用的早期突破点，大概率是在语言文字层面的大规模应用，也就是自然语言处理方面。

为什么会在文字智能上突破呢？AIGC的技术能力有很多方向，基本的内容业态有文字、图片、音频、视频等方向，人工智能的AIGC技术能力有些聚焦在单一媒体形态上，有些则致力于多模态应用，人工智能技术的研发给我们带来了很多想象力。ChatGPT的发展，可以理解成人工智能应用在文字方向的突破。究其原因，主要是自然语言处理的技术研发沉淀时间很长，数据规模够大，各种自然语言模型和算法积累多，自然语言处理起来的算力要求较小。可以说语言文字智能化技术相对成熟、成本便宜，人工智能应用在这一方向取得突破的可能性也最大。

ChatGPT就是语言文字王者归来的案例，是智能化语言和文本处理的代表。ChatGPT是一个由OpenAI训练的大型语言模型，能够模拟人类语言处理和生成的能力，可以帮助人们更高效地处理和生成各种语言任务。

ChatGPT通过学习海量的文本语料库，来提高自己的语言理解和生成能

---

* 本文原载于《南方传媒研究》2023年第1期，与赵一然合作，收入本书时有改动。

力。ChatGPT训练数据包括互联网上的各种文本数据，如书籍、文章、新闻、维基百科和社交媒体等，这些数据涵盖了各种语言和主题。

ChatGPT主要处理文字和语言任务。各种语言处理和自然语言生成任务，包括文本分类、文本摘要、机器翻译、问答系统和对话生成等。它既可以与人类进行自然的对话，回答各种问题并提供相关信息，也可以用于写作、编写代码、生成诗歌和小说等。

"内容为王"，AIGC推动的内容生产变革，是智能媒体创新的核心动力，ChatGPT可以说是AIGC的自然语言平台的一个典型，将会再一次改变内容生产方式，进而推动新型媒体出现。

AIGC是智能生产内容。智能生产内容模式带来新媒体内容生产方式，这种方式目前还有很多需要探讨的话题。比较显性的例子是机器人写新闻，特别是在财经、体育新闻方向，已经有了很多的应用；又如虚拟主播依托数字人来进行新闻播报，这个很多媒体都在应用。但是，如果一个科研人员用AIGC来完成论文，这个创作形态我们就很不熟悉，也缺少处理经验。

AIGC是用户定制内容。用户定制内容，能够带来全新的用户内容体验。用户定制模式是用户信息需求的一种基本模式，用户主动寻找内容，这些内容是以用户需求为导向的。我们可能需要一篇论文，也可能需要一个营销文案，也可能需要一个说明书，这些需求是用户的个性化需求，AIGC满足不同时间、不同场景、不同个人的内容需求，为用户带来了全新的体验，能够推动AIGC和用户的关系逐步密切。

AIGC是"跨界"内容生态。从ChatGPT可以看出来，这个内容生态的模式以文字为主，但是，新语言文字生态却打破了原有的语言文字应用的壁垒。我们原先的文学、诗歌、论文、研究报告等基于文字的应用体系之间是存在壁垒的，AIGC能够打破原有的文字表述模式的壁垒，表达各种类型的内容，这个生态就跨越了原有的文字基础的内容生态，带来了广泛的文字内容。

智能媒体的发展，就是AIGC各种大模型的发展，ChatGPT则宣告，语言文字的智能媒体时代已经到来了。

5G 媒体研究

5G 传媒的空间在哪里[*]

2019 年被称为 5G 商业化的元年，5G 是一个新赛道，传媒选手们开始准备报名参赛，业界比较关注的问题是传媒业"凭这张旧船票，能否登上 5G 的客船"？

第一个视角，5G 是全面服务社会信息的。5G 是信息社会的第五代信息高速公路，高速公路从第三代（3G），到第四代（4G），再到这次第五代（5G）的全面升级，是为整个社会提供信息传输服务的。

在前不久的西班牙电信展上，以中国移动、华为公司为代表的企业，推出的应用场景，包括车联网、物联网、智慧家庭、5G 折叠屏手机、远程医疗、金融服务、虚拟现实和增强现实（VR/AR）等多项应用方向，基本覆盖了社会信息服务的主要领域。

第二个视角，5G 不是给传媒专用的。过去传媒业有一个基石，都是端到端传媒专用，都是要发牌照的。5G 时代，传媒业高高兴兴来参赛，首先要认识到，5G 前期的技术研发和架构设计，不是专门为传媒服务的，而是一个广义的信息服务，传媒业需要重新定位 5G 空间。传媒从原来的专用跑道，转型到一个开放公共跑道来比赛，需要有一个新的理念认识，特别是新竞争理念认识。

第三个视角，在 5G 技术应用中，哪些是传媒的地盘。5G 厂商推出的应用展示，跟传媒有直接关联的有三个，一个是高清（4K/8K）视频的传输，这

---

[*] 本文原载于《新闻论坛》2019 年第 2 期，与崔卓宇合作，收入本书时有改动。

个应用对于传统广电媒体而言很有价值,即如何利用 5G 传播高清节目。一个是虚拟现实(VR),这基本上是"5G 秀"的一个标配,传媒机构觉得这个虚拟现实能让传媒内容更有表现力。一个是实时视频,5G 带宽为实时视频提供了更好的保障。4G 的带宽发展,已经打造了短视频这样一个风口。大家都很期待,5G 是不是会推动视频应用再有一个"现象级"的突破。

第四个视角,传媒如何争取 5G 空间。要思考这个问题,我们还是回到 5G 的起点。5G 建设的时候,提出了三个目标,一个是广连接,一个是高速率,一个是低延时。传媒机构需要从这三个思考出发,来建构自己的 5G 版图。

首先是广连接,5G 的思路是连接到手机上,连接到家里,家庭连接到电视、冰箱、音箱上,连接到汽车上,连接到物联网上。例如,车联网主要是为了解决自动驾驶的问题,但是会对车载收音机有所冲击,随着 5G 的发展,车载多媒体终端会快速发展,相当于每辆汽车上装了一个大手机,广播电台和手机电台喜马拉雅就面对面竞争了,喜马拉雅和抖音也面对面竞争了。传媒平台将这种"跨界连接""全媒体"概念应用于 5G,就有了新的含义。传媒内容的定位,是综合还是垂直,就是一个迫切要做出选择的问题。

其次是高速率。高速率就意味着更大的信息传输能力,以及其带来的更大规模的信息处理能力。我们看到人工智能、大数据、云计算是解决大规模信息处理的前沿技术。在传媒机构中,商业传媒机构一直把新技术大规模应用于新闻资讯传播,传统媒体机构把它当成了一个营销的概念。随着 5G 高速率的发展,用云技术手段依托大数据大规模处理传媒内容,就是传媒的本业。

第三个是低延时。5G 的低延时是要解决用户体验的问题,会带来很多新的应用。例如,有一家音乐公司,推出了低延时线上 KTV 头像合成技术,可以让用户在线合唱。网络游戏公司多人在线游戏,对于低延时的需求就更大。在传媒领域,低延时会得到更多的应用,传媒内容的用户体验,传媒产品的用户交互,将会达到一个新的水平。

5G 是信息高速公路,不是传媒的专用公路。要空间、要发展,还要重新上路。

5G 对传播的影响[*]

我们需要面对一个重要的判断,那就是"神话 5G"或者"小看 5G"的判断。这种判断的影响,就如同十年前你对北京房价的判断一样,影响深远。

神话 5G 指的是 5G 将是一场革命,这种思想的鼓吹者,包括华为、中兴、中国移动和中国联通,5G 产业链上的每一个企业或者组织都认为 5G 将带来一场革命,革命不是简单的变革,这场革命意味着有很多企业出局,移动互联的结构将发生根本的变化,"万物互联"就是一个神一样的概念,将改变"万人互联"的大格局。

小看 5G 指的是 5G 将带来变化,但是没有那么大,过多的市场估计都是泡沫,都是 5G 企业进行营销的结果。从 3G 到 4G,没看出来有什么实质性变化,国内移动互联网的格局还是 BAT(百度公司 Baidu,阿里巴巴集团 Alibaba,腾讯公司 Tencent),海外还是苹果加谷歌,5G 可能会给移动互联网网络与硬件厂商带来很大影响,但是,对于产业链以外的用户,有没有 5G 影响不大。

作为一个新媒体的研究者,面对一个新兴的移动互联网技术变革,到底是冷眼旁观,还是投身参与,无非就是看涨还是看疯涨的一个判断而已。

5G 技术的先进性使其比 4G 具有更高的用户体验速率和峰值速率、更大的连接数密度和流量密度,以及更低的端到端时延和更好的移动性。完全不

---

[*] 本文原载于《新闻论坛》2018 年第 4 期,收入本书时有改动。

同于第四代移动通信技术，5G 并非在 4G 基础上的演进，而是彻底的革新和换代。5G 采用了新的技术和新的标准，因此信息传播的网络、终端、信息组织形式、内容形态都将适应这些新技术和新标准。

5G 对传播的影响，是由技术的变革和创新引发的，5G 将对传播带来五大影响。

第一，"无所不传"。5G 网络传输能力大幅度提升，超高速、大容量、低时延、大流量密度、移动性更强的 5G 网络使传播不再受时间空间的场景限制，"无时无刻"且"无所不传"。

第二，5G 将传播体系"改朝换代"。从芯片到操作系统，从传感器到智能手机，一个庞大的、海量的、全新的 5G 设备"帝国"将形成替代之势。终端的变化还将进一步带来信息组织形式和内容形态的变革，会带来用户使用行为的变化。

第三，5G 将建设新的"超级入口"。4G 移动互联网时代，智能终端芯片和开放操作系统"创造"了 App 媒体形态，创造了"超级入口"和超级平台，5G 也会形成符合其终端特性和网络特征的独特的信息组织形式，如不间断的、实时在线的视频流，会出现新的巨无霸"超级入口"。

第四，5G 将推动"视频化"和"超视频化"。4G 时代移动互联网短视频和直播应用的发展已经导致 UGC 内容获得了前所未有的大规模增长。5G 将会影响所有的移动互联网应用业务都朝着"视频流"化的趋势发展，以及包括虚拟现实等类型的"超视频化"方向发展。

第五，"数据"将成为传播的基础。信息传播的核心资源将从内容、渠道转变为数据。增强型移动宽带和大规模机器通信这两大 5G 最主要的应用场景就是网络传播的核心资源从信息内容本身转变为数据的原因。移动互联网在 4G 时代积累了大量的数据资源，有了数据，算法才有用武之地，才有可能实现传播的人工智能。5G 时代，物联网将使这个"数据"的体量呈几何级增长。广覆盖的物联网、多样化的传感器共同为数据的采集、传输提供了更为便捷的实现途径。

在互联网时代，面对新的传播模式，大众传播学有些无能为力。随着 5G

的到来，更多的传播理论会受到更大的挑战。以前在互联网上，我们不知道对面是"一个人还是一条狗"，5G 时代，我们不知道对面是"一个人还是一棵树"。"万物互联"的 5G 时代会成为传播理论的一个新起点。

5G 环境下广电的融合创新*

一、广电业与 5G 标准

移动通信不断为用户提供更快速、更大容量、更可靠的服务。3G 时代，伴随着智能手机的普及，手机电视开始出现；4G 时代则引发了网络视频用户从 PC 端向移动端的迁移，直播、短视频等新应用迅速成势，丰富了用户的视频体验。

4G 的普及，使人们对移动连接的依赖逐渐加深，人工智能、大数据、云计算初步应用所产生的价值，强化了人们对移动通信带宽和稳定性进一步提升的迫切需求。根据国际电信联盟（ITU）为 IMT-2020（5G）描绘的"画像"，5G 将在增强移动宽带（eMBB）、高可靠低时延连接（uRLLC）和海量机器连接（mMTC）三大应用场景中施展拳脚。人们普遍预期，文化娱乐、智能制造、智能农业、交通运输、医疗环保、安全监控等众多行业领域将在 5G 支撑下实现爆发式发展，一个智能化、万物互联的时代指日可待。

广电业是 5G 的参与者。欧盟、美国等地的广播业者参与制定 5G 标准，主要是推动广播与移动通信技术的融合。以欧盟为例，2017 年 6 月，欧盟 5G-PPP（The 5G Infrastructure Public Private Partnership，5G 公私合资合作研发机构）启动"面向 5G 的广播与组播通信"研究项目，计划 2019 年 10 月完

---

* 本文原载于《电视研究》2019 年第 4 期，与李明毫合作，收入本书时有改动。

成。项目的总体目标是，研发通过 5G 网络、固网、广播网络三者的融合型网络分发点到多点内容的技术。

我国广电行业也十分关注并积极参与 5G 发展。2018 年 12 月 28 日，中央广播电视总台与三大电信运营商、华为公司共同签署合作建设 5G 新媒体平台框架协议，协议各方将通过联合建设 5G 媒体应用实验室，积极开展 5G 环境下的视频应用和产品创新，研究制定基于 5G 技术进行 4K 超高清视频直播信号与文件传输、接收、制作技术规范等 5G 新媒体行业标准。2019 年 2 月 28 日这一实验宣告测试成功，并在 3 月份的两会报道中运用。我国广电业针对 5G 开展的工作主要包括三个方面：一是 5G 标准跟踪研究。国家广电总局广播科学研究院 2018 年成功加入国际移动通信标准化组织 3GPP（The 3rd Generation Partnership Project，第三代合作伙伴计划），还牵头开展了国家科技重大专项"新一代宽带无线移动通信网"课题"5G 移动通信网与广播电视网融合架构方案研究"。二是参与 5G 标准的制定。国家广电总局 2018 年 4 月成立了无线交互广播电视工作组，促进无线交互广播电视技术研究，开展国际交流与合作，制定与 5G 融合的新一代无线广播标准，开展验证试验，推进产业化。目前已完成 5G 标准现阶段增强广播电视（EnTV）的立项工作，计划 2019 年 6 月进入 5G 广播方案第二阶段，2020 年进入工程实施阶段。2022 年北京冬季奥运会将提供基于 5G 无线交互广播电视技术的超高清电视广播服务。三是与电信运营商、技术公司合作，提前进行 5G 应用研究。除了中央广播电视总台外，2018 年 12 月，湖南电广传媒与华为公司签署战略合作协议，双方将在 5G 端到端系统建设、5G 行业应用示范、4K 等 5G 网络视频业务孵化、全媒体云及 5G 人才培养等领域进行深入合作。

二、5G 给视频应用带来的新变化

5G 给视频应用带来了新的可能，这是 5G 环境下广电业融合创新的技术基础。从 5G 具备的技术能力来看，5G 环境下的移动多媒体应用会出现以下三方面显著变化。

（一）超高清视频的普及

超高清视频的普及，是 5G 高带宽、高连接密度、低时延技术优势的直接体现。更高的分辨率和更有效率的传输、实现即摄即传是视频技术演进的主要路径。4G 网络能力已能够基本满足高清视频的传输和一般网络直播的需求，5G 则能够实现超高清视频的传输和更高质量的视频直播。按照国际电信联盟发布的超高清视频标准（UHD、UHD2），5G 可有效满足 4K/8K 超高清视频传输的上下行带宽需求，让超高清视频的普及成为可能。根据思科公司的预测，2022 年全球联网的 4K 电视机总数将接近 8 亿台，占全球电视机的 62%；全球 4K VOD（视频点播）流量将占全部网络视频流量的 22%[1]。VR 和高清直播也将获得发展机遇，基于大带宽的 VR 应用数据量未来会以较大幅度增长。在视频直播方面，5G 上行带宽能够保障更高清直播视频的上传，直播信号采集因此能够扩展到 4K 高清摄像机、虚拟现实全景视频采集设备等，无人机等的使用则使极端天气或不利地理条件下的视频直播得以实现。同时，5G 给用户带来了更好的直播观看体验，可以让更多人同时流畅观看同一直播节目，也可以随时随地观看直播节目。由此可见，5G 环境下，带宽等视频产品开发的技术障碍已经基本被破除，视频内容创作生产者和产品开发者有了更充分的创新和发展空间。

（二）视频应用场景的多元

物联网拓展了视频的应用场景。业界预计到 2021 年将有 280 亿部移动设备实现互联，其中就包括 160 亿部物联网设备。5G 时代的视频应用，将不再局限于传统的电视、电脑、平板电脑、手机等，无人机航拍、车载娱乐系统、视频监控素材采集、智能家电媒体及户外公共视听载体，都是未来视频应用的新领域。一些新场景今天已初见端倪。2018 年 4 月，中国电信与华为公司合作在深圳完成了 5G 无人机首飞试验，这是国内首次基于端到端 5G 网

---

[1] Cisco. Cisco visual networking index：forecast and trends，2017–2022［R/OL］.（2018–11–26）［2019–01–28］. https://www.cisco.com/c/en/us/solutions/collateral/service-provider/visual-networking-index-vni/white-paper-c11-741490.html.

络的专业无人机测试飞行，试验中通过 5G 网络成功实现了无人机 360° 全景 4K 高清视频的即时传输。我国三大电信运营商目前都已在车辆远程信息处理、车联网等方面进行了布局，通过与自动驾驶领域的伙伴合作，发布了基于 LTE（Long Term Evolution，长期演进）和 5G 的自动驾驶实验系统。随着 5G 落地，更多场景将会在 5G 与社会各行业领域的互动中被发现、被开发。人们与视频应用更便捷、更频繁地接触，必定为全新内容形态视频产品的出现注入催化剂。

（三）视频制作播出的云端化

5G 环境下，网络视频的内容量和用户量将大幅增长，视频采集的多来源与视频分发的多终端都增加了视频处理的复杂性，云技术为解决复杂问题提供了可行的方案。未来，视频内容的上传、转码、加速、存储和分发都将在云端完成。视频采集设备，如手机、摄像机等，将在 5G 的支持下具备云存储和云编辑功能，既为专业内容生产者提供高效的生产工具，也为更多其他机构和个人参与视频内容制作传播提供坚实的技术支撑。视频制作传播的灵活性进一步提高，未来集中式和分布式的视频内容生产边界将日益模糊。

三、5G 带给广电的新机会

传统广电业近年来遭遇了发展瓶颈，整体广告收入出现负增长，渠道价值严重弱化，传播力、影响力也越来越受到来自网络媒体的挑战。这样的局面，让不少广电从业者对 5G 抱有很大期待。但 5G 提供的仅仅是一个全新的技术环境，一条比以往更宽的赛道，并不必然为广电业的发展带来红利。那么，在这条赛道上，广电业该如何抓住 5G 带来的新机会，与 5G 融合，探索新路径、开发新业务、创造新价值呢？

视频是对网络带宽有强烈需求的一种内容形态。2018 年 8 月，邬贺铨院士在 BIRTV2018 主题报告会上提出了 5G 时代广播型移动多媒体的三大应用场景：一是媒体与娱乐服务，包括混合（直播、点播、移动社交媒体和用户自制内容等）电视广播，高清、3D 和多视角视频，AR/VR/MR 广播，广播电视节目实时制作；二是应急广播服务；三是车联网与物联网服务，包括道路安全与交通导航、自动驾驶服务、车联网中的信息娱乐服务，面向物联网终端的大规模文件传输、物联网软硬件批量升级、通用控制指令下发[①]。一直以来，在整体网络流量中，视频流量都是占比最大的部分。思科公司预测，到 2021 年，网络视频流量占全网流量的比例将超过 80%。5G 释放了充足的流量空间，视频在 5G 生态中将扮演十分重要的角色，越来越多的网络信息将以视频的方式呈现。

---

① 邬贺铨.5G 时代的移动多媒体：在 BIRTV2018 主题报告会上的演讲［J］.现代电视技术，2018（9）：22–23，56.

5G时代传媒业态展望[*]

2019年，随着媒体融合的进一步发展，我们遇到了一个更大的技术变化的潮流，代表性的新兴信息技术包括5G、人工智能、物联网、区块链等，将会进一步推动媒体融合改革的深化和发展。今天我们主要思考5G技术对媒体融合发展会带来哪些影响。

我们可以将5G理解成一个信息高速公路，5G网络峰值理论传输速度可达每秒数十Gb，这比4G网络的传输效能快数百倍。因为传输速率的极大提升，5G技术打开了一条更宽的移动通信之路。5G分为三类应用实例：增强型移动宽带（eMBB）主要提升以"人"为中心的娱乐、社交等个人消费业务的通信体验，适用于高速率、大带宽的移动宽带业务；大规模机器通信（mMTC）主要满足海量物联的通信需求，面向以传感和数据采集为目标的应用场景；超可靠、低时延通信（uRLLC）基于其低时延和高可靠的特点，主要面向垂直行业的特殊应用需求。5G生态的十大应用场景分别为超高清视频、VR/AR、车联网、联网无人机、远程医疗、智慧电力、智能工厂、智能安防、AI助理、智慧小镇。能源、制造、交通、公共安全、医疗、媒体娱乐等行业则是5G商业潜力最大的行业。

5G对传媒产生的影响主要表现在三个方面。第一个是信息采集。信息采集实现自动化，提高了采集活动的效率。海量链接扩大了信息采集的空间范

---

[*] 本文原载于《甘肃日报》2019年甘肃融媒体论坛暨县融媒入驻"新甘肃云"特刊，与彭雯、万吉彦合作，收入本书时有改动。

围，提高了信息采集和精细度、准确度。人工智能也大大促进了采集的智能化。第二个是内容集成。比如实时视频，采用专有的视频处理、视频传输技术，可以实现高清晰、高流畅的视频传输，把现场视频以最快捷、最安全的方式传向终端；比如虚拟现实（VR/AR）业务，将近眼现实、感知交互、渲染处理、网络传输和内容制作等新一代信息技术相互融合，速率从 25Mbps 逐步提高到 3.5Gbps，时延从 30ms 降低到 5ms 以下；比如云视频，基于云驱动的视频存储和处理平台，可以支持媒体间的技术转换，同时满足媒介内容快速扩展的需求，且无须构建昂贵的储存空间，为实时视频流媒体编辑、生产和传输过程复杂、成本高、耗时多的问题提供了解决方案；比如人工智能集成，智能协作平台以及智能视频生产平台能够实现自动摘要、自动筛稿、自动专题、智能写作、自动视频生成等。第三个是信息分发。比如家庭场景，电视媒体能够通过智能网关搭载更多形式的服务——家庭影院、全景视频、VR 体验、实时直播、超高清视频、电话会议等；比如个人移动媒体，"瘦终端、宽管道、云应用"是 5G 时代的典型业务模式，用户向运营商和内容提供商购买云资源、云服务、管道宽带及时延保障的新模式；比如车载媒体，车载媒体终端在高速信息处理速度和云平台大数据的能力下全面苏醒，车载媒体会成为一个庞大的信息处理和传输平台。

　　展望未来传媒业态，首先可以概括为海量链接，万物皆媒。万物皆媒，即我们将进入"全媒体"的信息传播环境，全链接、深融合、高智能，物理空间、数字空间、人类群体、各种设备组成一个大的链接，万物互联。海量连接依赖于 5G 每平方千米数 10Tbps 的流量密度与 1Gbps 的用户体验速率，任何物体都可植入芯片和传感器，成为"海量链接"中的一环，采集、分析并向外传输数字信号。所有终端都具有"信息传播能力"，都可以被称为"媒体"，媒体的定义被广泛延伸，媒体采集信息的结构和能力发生变化，由传统的互联变为了物联。其次是即插即慧，人机共生。万物从即插即用走向即插即慧，基于云端、网络和终端芯片的无缝协同，终端将被重新定义，实现实时在线、自然交互、懂你所需、服务直达。云平台应用更加广泛：5G 推进后，由于终端上软件、硬件的支持变少，云平台应用预计会爆发，更加依赖于通过 5G 连接到云服务。云计算与大数据处理能力提升：由于采样信息数据非常多，云计算和大数据的处理能力会进一步放大。人工智能能力放大：人工智能具备机器学习能力，可以对数据进行过滤、整理以及深度分析，并从中汲取知识经验来提升自己。最后是原生应用，释放想象。5G 网络具有大带宽、低时延、高可靠、广覆盖等"天然"特性，结合人工智能、移动边缘计算、端到端网络切片、无人机等技术，在 VR/AR、超高清视频、车联网、无人机及智能制造、电力、医疗、智慧城市等领域有着广阔的应用前景，5G 与垂直行业的"无缝"融合应用必将带来个人用户及行业客户体验的巨大变革。

5G 赋能下，传媒并非在 4G 应用的基础上产生优化，而是在 5G 生态下产生全新的应用形态和商业模式。

5G 哲学与创新方向*

6月6日，工信部选了一个富有中国文化意味的日子，发放了5G商用牌照。5G是信息高速公路的升级。5G具有高带宽、低时延、广连接的特征，这次信息高速公路升级，将带来一次信息传播的迭代。从4G到5G，会发生一系列的变化，为战略性创新带来广阔的空间。

5G生态有两大哲学："万物互联""人机共生"，这两大哲学将带来六个创新方向。这两大哲学为信息采集、编辑、输出带来了新形态，信息处理能力的变化会反映到信息业态上来。

一、"万物互联"

"万物互联"哲学会推动5G网络连接更多的信息采集和传输设备，传感器的地位会更加凸显，摄像头、无人机等信息采集装备会提供越来越多的信息内容。

5G战略创新的第一个方向是信息采集平台。信息采集是5G时代一个重要的环节，其中一个新兴的类别就是传感器信息。未来传感器信息在总体信息中的比重会是多少？人采集的信息和传感器采集的信息会各占多少比例？从目前来看，传感器采集的信息所占比例会越来越大。我们在处理传感器信息和用户接受方面的经验是非常少的，这个领域的各种大型信息处理平台会

---

* 本文原载于《青年记者》2019年第19期，收入本书时有改动。

是一个创新机会，而且会占据一个重要的行业位置。

5G战略创新的第二个方向是信息接收。我们给予了手机终端大量的赞誉，因为其信息接收具有移动性、便携性、即时性，归根结底是因为手机能够满足我们在众多场景中的信息使用问题。但手机在一些场景中会被过度使用，我们已经深深体会到驾驶汽车时使用手机所带来的严重社会问题。

举一个明显的例子：车联网是5G信息传播的一个方向。上次我看到一个数据，我国的汽车保有量有2亿台，因而在大量的汽车使用场景中实现信息传播，一定有新机会。汽车导航已经是广泛应用的业务，如何提供基于汽车驾驶和乘坐场景的信息传播平台，如何处理信息平台和智能驾驶平台之间的关系，将是重要的创新点。

举一个跨界的例子：基础材料终端平台。前两年有一个玻璃厂商做广告，只要有玻璃的地方就会有信息传输，片子拍得很好，我也很爱看。科幻小说中梦想的终端之一就是空间投影，"万物互联"的技术思维，必然会为信息传播带来更基础便宜的终端。类似玻璃的终端领域一定会进行创新尝试，面向这类终端的信息传播平台，也是重要的创新点。

二、"人机共生"

"人机共生"哲学推动的5G战略创新，分别是"识数""写字""听话"和"认脸"。

5G战略创新的第一个方向是"识数"。这个方向主要是大数据技术。5G技术和应用将数据量推到一个新的高度，特别是物联网数据的采集和传递，将会带来数据的大爆发。数据的爆发式增长，对于计算能力有了新要求，对于数据处理能力也有了新要求。我这里说"识数"不是个笑谈，而是真可能"不识数"。从数据采集格式和规则的设定，到数据清洗、算法公式与数据模型的研发，再到数据可视化开发，大家对数据平台的创新极为关注。

5G战略创新的第二个方向是"写字"。这个方向主要是自然语言处理技术。无论是基础研究还是商业应用，"识字"都进行了很长时间。谷歌和百度等搜索引擎，就是"识字"平台，我们使用的舆情监测和应对，底层技术就是"识字"。近两年新闻技术创新者给我介绍机器人写作，机器人不仅会"识字"，居然还会写文章了。从"识字"到"写字"，这个转变是文字信息处理的一个重要方向，也是5G战略创新的方向之一。

5G战略创新的第三个方向是"听话"。这个方向主要是语音识别技术。小孩子特别喜欢的一种设备是智能音箱。智能音箱在海外市场已经开始进入成熟期，应用非常普及，是个热点话题。国内市场也已开始发展，前景良好，但是不知道为什么现在还没有形成热点。语音识别开始争夺流量入口，在特定应用场景具备强有力的竞争优势，并且是一个重要的创新方向。

5G战略创新的第四个方向是"认脸"。这个方向主要是图形图像识别技术。5G具有强大的数据采集能力，会形成海量的数据，其中视频数据会占据很大的比重。举一个例子，人脸识别技术帮助我们从大量摄像头资料里找到特定的人，已经是比较成熟的应用。但是，如果想从海量的野生动物视频中找出大熊猫，我们就需要开发一套"熊猫脸识别系统"。这些技术开发需求，会随着5G应用的不断扩大和深入进一步爆发，形成新的前沿热点，从而推动新一轮的创新。

"万物互联""人机共生"，5G会带来巨大的机遇，也会带来前所未有的挑战！

传媒变革：5G 对媒体的基本影响[*]

一、5G 是信息高速公路

5G 是信息高速公路，为整个社会提供信息传输服务。从 2019 年西班牙电信展上看，以中国移动等为代表的企业推出的应用场景，包括车联网、物联网、智慧家庭、5G 折叠屏手机、远程医疗、金融服务、虚拟现实和增强现实等，基本覆盖了社会信息服务的主要领域。

5G 技术的四大技术指标具体为：1~20 Gbit/s 的峰值速率、10~100 Mbit/s 的用户体验、1~10 ms 的端到端时延和 1~100 倍的网络能耗效率提升。技术的大变革使得 5G 技术完全不同于 4G，有了质的飞跃：5G 网络 1~20 Gbit/s 的峰值速率比 4G 网络最高 1 Gbit/s 的峰值速率高出近 20 倍，1~10 ms 的延时也较 4G 网络 70 ms 的延时缩减 7 倍以上。这种吉比特每秒级接入速率和近 1 ms 的端到端延时完全超越了过去互联网应用及移动通信的基本速率和时间，终端处用户能够拥有完全不同的网络连接体验，并对其产生更高的依赖度。

信息化范围的扩大为 5G 网络提供了万物连接、万物皆媒的可能性。从人与人的相连到物与物的连接，各类型的数据都将信息化，如个人所携带的智能手机、智能手表、眼镜及 VR 等可穿戴设备的数据。这些可移动设备与家具设备、个人移动交通工具、公共交通工具、办公室设备、社区设施之间的

---

[*] 本文原载于《中兴通讯技术》2019 年第 6 期，与张坤合作，收入本书时有改动。

互动联系数据，以及每个人所接受和传播的网络信息等，都有望实现数据连接，形成万物互联、人机共生的信息化网络。

信息网络覆盖面积加大、信息量爆炸对云平台承载能力及信息计算力提出了要求，一定程度上提高了信息化速度。信息化程度的加深在于各类信息从采集到传播再到利用的过程将极大缩短，信息流通更加便利，数据之间可以通过云平台、大数据管理以及机器学习在不同终端实现即时的共享和传播，达到各场景下的即插即慧。由此可见，5G是万物连接的原生平台，是智慧生活的数据通路，是加速信息化建设的高速通道。

二、5G商用正式启动，不是媒体专用赛道

2019年可谓5G商业元年。时任工业和信息化部部长苗圩表示，2019年若干个城市发放5G临时牌照，运营商已经拥有5G牌照能力。这意味着5G正式进入商用，运营商、通信厂商、手机厂商都已拿到开启5G商业的钥匙。4G已不能满足互联网用户在众多场景下对网络能力的需求，5G则备受人们的期待。自2013年中国成立IMT-2020推进组至今，5G研发经过漫长的3个阶段及多次测试，已是第7个年头。在2019年1月在北京召开的5G技术研发试验第3阶段总结大会上，IMT-2020（5G）推进组发布了5G技术研发试验第3阶段测试结果，表明5G基站与核心网设备主要功能符合预期，达到预商用水平[①]。至此，5G走向大规模商业化的发展道路。

嵌入式客户识别模块（eSIM）卡将与5G更好地结合，带来网络线路的随意接通和任意转换。作为安全芯片，eSIM卡不再是"插拔"的、可移除部件的形式，而是可直接嵌入终端设备并应用于无人机、智能手表、智能家居、无人驾驶等多种场景。5G时代下，使用者的同一个eSIM卡号可以同时在多个终端登录，共享流量，集中操控，不再受使用场景的限制。此外，eSIM的

---

① 国家自然科学基金委员会［EB/OL］.（2019-01-30）［2019-06-30］. https://www.safea.gov.cn/kjbgz/201901/t20190130_144964.html.

最终形态包括网络线路的随意接通和任意转换。不同于之前 SIM 卡需要区分不同的运营商，现在使用 eSIM 卡的每个终端都可以无缝切换运营商网络，网络渠道将变成公用网络，网络属性发生极大改变。eSIM 仍处于商用初期，其跨运营商转换网络还并未实现，它对于运营商、终端商等产业链环节影响较大，并且跨运营商切换网络是不是消费者的刚性需求也不能盖棺定论，一切还须等待其继续发展。

可以理解，5G 前期技术研发和架构设计不是专门为传媒服务的，而是一个广义的信息服务，其目的是加速全社会各行业的信息化进程。传媒业从原来的专用跑道转型到一个开放公共跑道，需要有一个新的理念，特别是新竞争理念。我们需要思考 5G 网络中传媒空间在哪里，怎样在 5G 网络环境下联合产业链的上下游积极探索新的传媒形式，探索 4K/VR 的传播手段及万物互联的新终端信息触达。

三、5G 三大应用场景赋能，媒体信息触达方式升级

4G 网络在提高移动设备访问网络的速率上较 3G 已经迈出了一大步，长期演进（LTE-Advanced）带宽达到 100 MHz，峰值速率为下行 1Gbit/s、上行 500Mbit/s。峰值速率的大幅提高，能有效支持新频段和大带宽应用。但用户使用过程中终端速度会受到通信系统容量的限制且基站带宽有限，在人员密集处、4G 信号连接设备过多时，同一基站的网络将超负荷，用户网络不稳定；因此，4G 网络很难达到其理论速度。由于宽带传输速度不够，对于移动用户来说，云服务的功能性、可靠性和便利性都将大幅度降低，大多数用户仅通过网络交互休闲、娱乐、资讯信息；海量信息的即时上传和下载并不现实，用户不能真正通过云平台实现终端操控和互联。此外，4G 套餐资费普遍较贵、网络传输时延较长等一系列问题注定了 4G 网络下各终端实时接触海量信息存在较高的门槛，4G 网络很难真正走入用户线下的生活场景。

在国际电信联盟无线电通信部门（ITU-R）WP5D 第 22 次会议上，ITU 正式命名 5G 为 IMT-2020，并确定了 5G 的名称、愿景和时间表。目前，ITU

将 5G 通信网络业务的应用场景划分为 3 种：增强移动宽带（eMBB）、海量机器类通信（eMTC）及高可靠低时延通信（uRLLC）。其中，eMBB 代表着网络容量的提升，包括移动状态下网络传输速率的提升以及同一区域内大量设备接入后网络传输量和传输速率的稳定性，其主要应用场景为人员密集区域网络连接、高铁车厢等高速移动区域网络连接、实现虚拟现实、实现增强现实、超高清视频传输等，eMBB 场景对网络的要求不仅限于大的带宽，对时延也有所要求，如交互类操作应用虚拟现实沉浸体验时要求时延在 10 ms 量级[①]；eMTC 应用在网络连接密度较高的场景下，如智慧城市、智慧工业、智能交通、智能电网、智能家居等，要求网络传输成本低，终端形态多样，可以在大量物联网的场景中帮助人们实现工业信息化；uRLLC 则追求毫秒级端到端时延，聚焦智慧医疗、无人驾驶等业务，安全性、高可靠性是其基本要求。

与 4G 并未走入线下生活不同，5G 这 3 种应用场景带来了信息触达方式的改变，深刻地影响了人们生活生产的方方面面。

（一）海量链接使媒体含义激变，"全媒体"环境下传媒生存需要空间，要融合进新的信息技术生态

海量链接依赖于 5G 每平方千米 10 Tbit/s 的流量密度与 1 Gbit/s 的用户体验速率，任何物体都可植入芯片和传感器，成为"海量链接"中的一环，采集、分析并向外传输数字信号。彼时所有能够传输信息的终端都具有"信息传播能力"，都可以被称为"媒体"；媒体的定义被广泛延伸，媒体采集信息的结构和能力发生变化，由传统的互联变为了物联。这意味着万物皆媒，我们也将进入全媒体的信息传播环境。

过去，人们把信息附着在媒体或介质上，通过媒体传播信息。人们在媒体上完成了信息的相互传递，媒体作为承载信息的工具、交流互动的中介而

---

① 中国电信. 中国电信 5G 技术白皮书［EB/OL］.（2018-06-26）［2019-06-15］. http://www.chinatelecom.com.cn/2018/ct5g/201806/P020180626325489312555.pdf.

存在，承载了人类"互联"的愿望。在万物皆媒的时代里，很难再去定义媒体的存在形态究竟是什么。任何搭载着芯片的实体物都在承担着传递信息的任务，它们不再是人们利用的工具，而成为自主地接收信息并向外发送信息的传播者。世界也由万物互联转变成万物相连、万物皆媒。

在生活场景中，用户的手机可以不受区域终端数量限制而拥有与往常一样的网络连接速率，随时随地与他人交互信息，看演唱会也不必担心网络信号崩溃，乘地铁也可随心播放视频。高流量密度足以保障连接终端数量极大的情况下用户接触信息也能够稳定；用户的手机还可以连接大部分的实体物或终端，如智慧家庭结合了自动控制技术，通过5G网络的信息采集、大数据计算与信息传输，依靠家居场景下的物联网随心控制家中灯具、电视、热水器、窗帘，在海量链接的场景下获得更好的智慧体验。工业场景中的海量链接更多出现在eMTC和uRLLC应用场景中，大面积的物联网能够随时自动地采集海量数据，工业场景下所有机器都可以在数据和算法的指挥下自行工作。信息的采集和触达变得更加开放、便捷、流程化，大量释放了人类生产力成本和时间成本。

需要注意的是，全媒体的功能会发生相应变化，由传统媒体式的新闻、娱乐信息传播平台，变成了整个社会流通信息的整合平台，生产、交通、家庭、医疗、教育的信息传播是全媒体的主要功能。在这样的全媒体环境中，传媒行业非常需要思考如何争取5G下的生存空间，以及怎样在万物互联的现实环境里增强传媒内容吸引力。借助于5G的"广链接"能力，移动场景下用户数据可以连接到手机或汽车，家庭场景下用户数据可以连接到电视、冰箱、音箱。虽说车联网主要是为了解决自动驾驶的问题，但毫无疑问对车载收音机也有很强的冲击。随着5G的发展，车载多媒体终端快速发展，像是每辆汽车上都装了一个大手机，广播电台和手机电台喜马拉雅面对面竞争，喜马拉雅和抖音也面对面竞争。面对这种"跨界连接"的概念，传媒平台迫切需要选择媒体内容是综合还是垂直，那么新的传播媒体形态或许将要出现。

另外，5G的低延时、高速率意味着更智能的信息传输能力，并带来更大规模的信息处理能力。人工智能、大数据、云计算是解决大规模信息处理的前沿技术。在传媒机构中，商业传媒机构一直把新技术大规模应用于新闻资讯传播，而传统媒体机构把它当成一个营销的概念。随着5G的发展，用云技术手段依托大数据大规模处理传媒内容，就是传媒的本业。传统媒体在借助前沿技术手段、通过场景定制内容、精准触达用户的信息传播道路上依旧任重道远。未来面对海量的数据和信息，传媒必须要深度介入前沿技术的体系，立足不同的场景和消费者需求，全面调用和分析用户的画像和行为数据，并通过不同的平台和终端传输媒体信息，以最适配用户终端的呈现形式和与用户关联性最强的媒体内容去吸引用户关注，在获得用户好感的同时逐步培养用户的媒体使用习惯和黏性。

可以想象未来人们在驾驶时，车载媒体会自主调用车主电子手表中的身体数据，在车主感到饥饿时智能地寻找附近街区的超市和餐厅，并通过智能语音识别系统与车主进行交互，在超高强度的云端信息处理能力的赋能下提供精准、智能、人性化、个性化的信息服务。除了智慧交通，这种车载媒体的信息服务还包括新闻、娱乐、电商等全面的服务系统。同理，除了行车场景，还会有更多的工作场景和家居场景，媒体需要针对不同场景下的用户状态和心理去思考传播方式。

（二）云计算算力提升，大数据价值进一步放大，云平台及应用增多，信息触达更加智能

爱立信在2018年11月发布的《移动市场报告》显示，到2024年，联网设备的数量预计将超过220亿台，5G全覆盖下预计千亿量级的设备将接入网络。此时采样信息数据过于庞大和复杂，信息的分类和处理面临着更大的挑战，云计算需要更智能的网络架构和业务服务模式去解决海量信息的处理问题。具体来看，云计算的算力在大数据与人工智能的赋值下大幅提升，借助海量的底层大数据与人工智能（AI）的深入学习，更快更智能地对终端产生的新数据进行分析和处理，并通过更优化的调度能力对信息进行合理储存、检索和挖掘。云计算将会解决更大规模的储存和计算能力，且这种基于AI辅助的、更加智能的云计算模式将不同于早期的服务器集群计算。

"即插即慧"是终端的跨越式进步,其突出贡献在于"慧"字。"慧"意味着自动调节、自行适配、自我更新,是更加智能的表现。所有终端都在接入网络的一瞬间联通云平台,并且通过 500 Mbit/s（最高）的速率上传使用者的个人信息,并以 20 Gbit/s（最高）的速率下载云平台中储存管理的各参数数据及信息。机器从启动到"慧"的状态只需要一瞬间,其信息数据的建设可以在任何地理位置以极快的速度完成,并能根据网络或现实情况的不同调节自身状态,使得信息的触达更智能。童文博士提出:到 2024 年,联网设备的数量预计将超过 220 亿台,人们已经无法手动管理数量如此庞大的连接设备,因此网络自动化是必由之路[1]。正是基于 5G 万物互联的基本现实及数据加载的便利性条件,5G 时代的即插即慧成为智慧信息触达的最好证明。

此外,云平台应用会更加广泛。5G 推进后,极致的下载速率和用户体验使得网络信息传输成为终端运载数据的便捷途径,增强型移动带宽服务以及低时延的特点解放了终端硬件,终端用户可以实时下载网络数据,不再需要过大的硬盘内存。包括游戏、视频播放都可在吉比特级的网络速率下实现在线接入,玩家不再需要下载巨大的游戏数据包,更没有必要把一部电影下载到手机中占据内存,"云应用""云游戏"在毫秒级延时的保障下变成现实。近几年,中国运营商大力布局云计算市场,包括阿里、腾讯等大型互联网企业也都积极布置云服务,云服务市场地位逐渐稳固。此时的云平台成为整个信息流通中重要的一块版图,终端智能化的实现更加依赖于通过 5G 连接到云服务。随着 5G 程度的加深,云平台服务的争夺可能会加剧,云平台应用预计会进一步爆发。

在 5G 可以代替本地储存功能的情况下,应用程序（App）作为帮助用户连接更多场景的入口,必然面临着大的调整与转型,更多类似于云应用的轻量级入口将会出现。例如,微信小程序就是一种轻量级的云应用,用户无须下载应用实体,使用更高效。不仅腾讯把小程序作为拳头产品,阿里的支付宝也在推进小程序的用户规模,未来会有更多这样的便捷入口出现。在 2019

---

[1] 童文 . 2019 年 5G 展望 谁无暴风劲雨时 守得云开见日出 [J]. 通信世界,2019（3）:25–26.

年的世界移动通信大会（MWC）中，腾讯推出"腾讯即玩"云游戏平台，用户无须下载便可在任意平台直接享受大型游戏作品，时延不到 40 ms，不再受以往"游戏装备"的硬件制约。在未来大量设备物联网的智能化信息网络中，云平台应用联合 5G 网络为更多终端赋能，不仅是手机、汽车、家电，更多的设备都能搭载云应用。云应用为不同的终端提供了多样的拓展功能，为人们的生活创造了更多的便捷性和可能性。

（三）信息接收的终端生态进一步扩大，媒体内容需要相应调整

5G 增强了各终端联网能力，极大缩短了终端获取信息的链路，能够提供更智能化的信息服务。这也意味着用户接收和传播信息会有更多元的场景。除了使用智能手机和平板等移动媒体的场景，未来的传播场景还包括家庭用户的全新信息传播体系和车载媒体的开放平台，这三大应用场景共同构建起信息接收的终端生态。基于新场景形成的全新信息平台，未来媒体在内容传播上需要考虑到场景及终端形态等复杂因素，以更优化的传媒内容与形式去打动消费者。

5G 带来的车联网能力为汽车提供了更强大的信息处理方式，车载媒体终端在高速信息处理速度和云平台大数据的能力下获得全面苏醒。由此可见，车载媒体会成为一个庞大的信息处理和传输的平台，兼容不同应用，为用户提供更全面的行车场景中的信息服务。车载终端以语音识别为主要的交互方式，借助 5G 网络在云平台中随时上传和下载实时信息，低时延和高速率能够保障用户获得良好的体验。因此，车载媒体会成为未来出行场景中的一大重要媒体。

家庭网关改变了传统电视媒体的生态，它是家庭中流量集约的平台，是智能家居大数据的入口。电视媒体能够通过智能网关搭载更多形式的服务——家庭影院、全景视频、VR 体验、实时直播、超高清视频、电话会议等。其内容来源也更加开放，除运营商提供的高清交互式网络电视（IPTV）业务外，还可以接入更多的手机、平板和 PC 端，成为未来家庭娱乐体验的媒体平台支撑，为用户提供更流畅和随心的视频体验。三大运营商及电子消费市

场都在积极布置智能家庭网关，智能网关类产品市场已经兴起。中国电信智能家庭网关"天翼 3.0"是电信推出的"智慧家庭"业务中的一部分，它将光猫与智能路由器合二为一，可实现除网络连接业务外的多种功能，如智能感知、远程操控和本地下载等；中国移动智能家庭网关基于中国移动数字家庭 Andlink 业务，通过 Andlink 家庭开放平台——"和家亲" App 体系帮助家居智能设备快速联网、智能化；中国联通"沃家总管"采用 ZigBee 通信协议，通过沃家生态的云服务＋智能硬件＋增值服务的模式实现家庭物联网无死角覆盖。除三大运营商外，海尔、小米等企业也在布局着智能家庭网关。由于超高清和 VR 视频的大屏端体验相比于手机端更具优势，因此家庭场景下 5G 可能会为电视大屏带来新的生机，成为智慧家庭的信息屏幕。媒体内容的设置需要考虑大屏的媒介特性，结合家庭场景下休闲娱乐、生活起居、工作学习等一系列的需求，制作更适应大屏媒介的传播内容。

四、媒体信息形态升维，5G 为传媒预留空间

（一）视频成为社会信息的强有力载体，"视频＋"趋势明显

5G 高接入速度和低时延是视频流覆盖的基础保障，高清智能终端设备的更新又为视频流增加一道保险。5G 的万物互联能力让视频成为社会信息传播的有力载体。不仅是媒体拥有视频传播的能力，社会各行各业信息都将在不同场景下与视频融合，如工业生产、电子商务、娱乐休闲、新闻传播等。视频＋其他产业链将成为主流。

4G 催生了短视频和直播的爆发成长，5G 时代中全平台高品质实时视频通话、实时视频传播将成为必不可少的生活和工作助手，应用于在线教育授课、企业办公会议、远程医护治疗、前线新闻报道等场景。实时视频基于"无线网络容量"的 eMBB 业务，投放载体由单一的手机、PC 终端等传统电子设备向外延伸，扩展到一切可联网的电子屏幕或玻璃屏幕等终端上，用户体验感大大增强。我们可以想象在视频＋的实时视频环境下，每个人都随时可以在面前的电子屏幕上查看新闻或消息。例如，司机在车载终端的屏幕可

以预览路况和堵车情况；医生在家中的电视大屏中可以指导病患的远程手术；在运动会现场，每个运动员身上都佩戴着体温、心跳等监测控制设备，甚至其运动过程中肌肉隆起的幅度都可被监测，运动员胸前可能别着微粒摄像头，观众可以从所喜爱的运动员的第一视角体验整场比赛；还有运动场上各家媒体都布置了高清摄像头，各个角度的运动场实况都直接通过超高清摄像头传向5G基站，再由基站将视频直播传向云平台，任何受众都可以在无数的高清实时视频流中选择自己喜欢的视频观看。媒体的信息传播能力将更加强大，受众可选择的接触信息的方式变得更多，接触信息的难度变得更小。

除了实时视频，短视频、长视频和直播同样会在各行业的信息传播中成为主要载体。视频的移动化场景突出，一个人、一台设备，再加上5G网络便构成了视频传输的基本条件。在2018年世界杯期间，优酷与中央电视台签约合作，这一年正式成为"手机看世界杯"的元年，用户可以直接在优酷手机端观看比赛的实时直播及短视频，进一步扩大了小屏的影响力。移动端视频趋势已经非常明显，毫无疑问5G会加强视频+的移动化趋势。此外，5G为视频带来了VR、AR应用以及人脸识别等技术，在为视频增强视觉特效和趣味性、真实性的同时带来了多维的互动形式。这种技术的趋势在未来传媒、营销和工作的各个方面都可能成为热门，将大幅拓展视频行业的发展空间。

（二）高清视频不再是奢侈的小众服务，利用5G传播高清节目成标配

4G网络时代，带宽速率低、网络资费高等一系列问题使得高清视频依然只是小部分人的选择，并不能让受众随时随地享受到高清视频的细腻图像画质和饱和逼真色彩，播放时卡顿也是很多人观看节目时面临的问题。与4G相比，5G网络传输速度峰值可达10 Gbit/s，网络延时1 ms，能够充分保证信号传输的稳定性，实现4K超高清信号的多路直播回传，全面提升新闻和娱乐媒体4K超高清内容的生产能力与效率。

中国现已在4K高清视频新闻直播中进行多次尝试。中央广播电视总台在5G环境下积极创新传播手段，走在5G+4K+AI传播的第一线：2018年年底，中央广播电视总台联合中国移动、中国联通、中国电信3大运营商及华为公

司，合作建设了 5G 新媒体传播平台、5G 媒体应用实验室，全面测试 5G 环境下超高清视频的传输与应用。2019 年，中央广播电视总台的春节联欢晚会的直播首次进行了 4K 传输，将深圳分会场的节目情况通过中国移动 5G 网络直接传回北京总台。2019 年的两会期间，中央电视台提供了 5G+VR、5G+ 高清视频直播等一些创新的新闻报道，用户可以通过歌华有线直接观看超高清的新闻直播。

（三）虚拟现实增强内容表现力，VR、AR 风口起飞

5G 更低时延和更快速度的特征可以大幅改善 VR 所面临的瓶颈，如 4G 网络传输时延带来的眩晕感及 VR 原生态内容不足等问题，能够传输数据量更大的沉浸式 VR、AR 影像，很大程度上可以突破数据线缆的限制，优化用户体验，5G 成为用户日常线下接受信息的途径指日可待。

兰亭数字 CEO 孙文博在 2018 年举办的"中国首届 5G 云 VR 及云游戏产业论坛"中表示：VR 本质上是一种重度应用行为，只有给用户带来相比传统应用更有价值的场景体验，才能吸引和说服用户使用 VR。[①] 5G 为 VR 创作公司带来了精细化制作的可能性，承载精美的 8K 高清画面，加速 VR 云游戏发展。爱奇艺智能副总裁王西颖认为，在 5G 加持下的 Cloud VR 前景可期，大有可为。目前，爱奇艺推出的奇遇 VR 一体机和"IQUT 未来影院"，AI+VR 搭载 8K 全景视频，多角度图像无缝衔接，嵌入众多爱奇艺平台视频与 VR 内容。此外，不少的传媒巨头也早已开始布局 VR 内容创作，立足 4K 和 8K 高清视频制作 VR、AR 及 3D 的视频节目，如光线传媒、华策影视均在此领域有多家控股公司。除了游戏及巨幕影院，VR 云生态还包括教育、现场视频等多种场景。可以预见的是，5G 将带动整个 VR 产业链从运营商、芯片终端商到内容供应商的良性循环。

以新闻为例，VR、AR 在新闻报道中的应用能够有效加强新闻现场感

---

① 中国首届 5G 云 VR 及云游戏产业论坛圆满召开 众咖热议：5G 加持，云 VR、云游戏大有可为［J］.通信世界，2019（1）：34-36.

和实时性，给大众带来更真实、真切、及时的感受，信息接收的体验感及效果发生质的改变。配合实时视频流，新闻信息多角度数据采集能力进一步强化，更大程度上增强了新闻现场的表现能力。例如，2019年两会现场采用5G+VR、5G+高清视频直播进行新闻报道；中国国际电视台（CGTN）在"一带一路"高峰论坛期间运用AR技术进行虚拟植入，打造沉浸式新闻现场体验；而其他国家的媒体，如谷歌、美国有线电视新闻网（CNN）、纽约时报都在自己的网站上打造了VR平台，记者可以借助VR平台编辑和制作VR全景视频，用户可以佩戴VR眼镜获得360°的全景新闻体验。

媒体融合研究

媒体融合的几点思考*

一、媒体融合是媒体创新

媒体融合是一个媒体创新的过程。新兴媒体的特点在于创新,以新兴技术为核心的创新,推动了新兴媒体发展。新兴媒体创新有两个特征,一个是重大创新,一个是不断创新。随着网络技术和计算机技术不断创新发展,新兴媒体每经过一段时间,就会有重大的创新发展;另一方面,迭代思维推动了新媒体产品和应用不断更新,新媒体创新呈现出连续性的特点。

在这几年的媒体融合实践中,有两种认识值得思索:

一个是"成功模式"认识。很多同仁都在到处寻找经验,想要找到一个成功模式进行复制。在以往的认识中,传统媒体的发展按照"四级办"模式,形成行政区域性划分,由于地域市场的分割特点,从别人那里找到一个成熟模式,然后拿回自己的"一亩三分地"应用,就可以低风险、高收益地解决问题。但是,在新兴媒体模式下,创新成功模式很多,基本上不可模仿、不可复制,媒体融合环境下,别人的"成功模式"很难模仿。

另一个是"一劳永逸"的认识。面对不断创新的巨大压力,传统媒体想找到一个模式,然后进入"一劳永逸"状态,这种认识在新媒体环境下很难实现。传统媒体都经历了一个相对长期的发展过程,建立一个成熟的模式,

---

* 本文原载于《新闻战线》2017年第17期,与陈雪合作,收入本书时有改动。

能够有几十年的生命周期,有一个比较稳定的环境。但是在新兴媒体的环境中,技术创新日新月异,竞争环境变化很快,产品创新天天出现,"一劳永逸"是不现实的,传统媒体要适应一个快速变化、竞争激烈的媒体融合状态。媒体融合,唯一不变的就是变化。媒体融合是一个复合型问题,没有一种模式可以立竿见影、一劳永逸地完成媒体融合。

二、人在哪里,"融合"就在哪里

媒体融合的目标是确立媒体对于社会人群的影响范围和影响力度。无论是新兴媒体还是传统媒体,其基本功能都是传播。

今天,传统媒体面临的问题是人们的关注少了、对人们的影响力小了。影响力的降低导致一系列的显性问题,比如广告收入的下滑、订报量和收视率的下滑、人才的流失等。对此,人们提出了很多解决方案:针对传统媒体受众的减少,大家开始纷纷建立新媒体发布渠道,建网、建"两微一端";针对收入减少,大家想到节约内部生产成本,建立"中央厨房",升级内容生产流程。但这些办法并不能改变传统媒体对受众影响力减弱的问题。同样,在新兴媒体建设过程中,传统媒体在理解"融合"这个命题上有偏差,很多工作是以"融合"为目的,而忽视了"人"这个基本问题。在媒体融合过程中,出现了为融合"两微一端"而建"两微一端",为了融合"中央厨房"而建立"中央厨房"的现象。"中央厨房"、台网联动、报网联动都是非常好的方法,但不是目的,最终目的是重新对人产生巨大影响。传统媒体搞媒体融合,融合大厦的根基在于受众人群。

真正做到人在哪里,传播就到哪里,这是媒体融合的核心问题。进一步思考,媒体需要明确定位,想要去影响哪些人?中国有约 8 亿网民,不同群体之间的差异巨大,比如 70 后和 90 后的年龄特点、成长背景皆存在差异,造成媒体内容从选题到表达差别巨大。同样地,商业精英和广大农民工的工作内容和教育背景不同,面向二者的媒体传播也差异巨大。媒体融合创新,确切地讲,就是为媒体想影响的人群提供媒体服务。

三、创新边界是成本与效益边界

媒体融合的创新发展,有一个基本经济面的问题,即成本与收益的问题要妥善处理好。

媒体融合有着成本的边界。第一,在信息化、网络化过程中,所有媒体都要面对资金投入的问题。例如,每家媒体都有建立一个大型信息平台的需要,需要大的投入,投资几亿、几十亿去建设平台的事例屡见不鲜,但这个投资规模却是传统媒体难以支付的。第二,建设大的信息平台对技术团队的要求比较高,涉及一些引领性的技术,需要的人力成本和技术成本都较为昂贵。第三,建设新的信息平台,媒体需要调整组织架构,完成生产流程再造,也就是说媒体需要按照信息化的模式重新搭建生产流程,这对于传统媒体来说是一个很大的挑战。第四,媒体融合的创新有一个收益边界。媒体融合要考虑收益从哪里来,也就是确定自己的收益模式。在传媒经营中,第一种是广告经营,从商业化的角度来看,百度、新浪和网易的广告运营就是例子。第二种是订阅模式,这种模式海外媒体多有尝试,如纽约时报、Facebook 等。所谓"新闻订阅",其实可以看作传统报业的订报模式在新媒体环境下的延伸。这两种模式可以说各有所长,广告模式是由提供大众传播来完成的,故而力求受众覆盖面广。新闻收费模式则重在提供专业性的、有特色的、垂直化的优质内容,往往具有不可替代性,如国家地理杂志。

四、媒体融合要从"小生态"跨到"大生态"

传统媒体融合,要解决如何从"小生态"到"大生态"的问题。新兴媒体生态就是一个大生态,互联网企业、媒体乃至电信行业的业务互相融合。传统媒体一枝独秀的媒体生态格局已成过往,新兴媒体生态乃大势之争,到处需要面对避无可避的市场竞争。新的生态环境下,传统媒体从前的优势与独有的资源面临分崩离析之势,从前的绝对话语权,现在显得有些力不从心。

对于传统媒体而言，媒体融合要解决"大生态"问题。在新型的媒体生态下，传统媒体的优势发生了改变，在小生态环境中具有的内容优势、品牌优势、人才优势等，如何在大生态中保持，是传统媒体共同的课题。新媒体时代催生了一大批新兴媒体，这些媒体依托其互动式、个性化、碎片化和即时便捷的传播方式，在新闻生活和社会话语权领域中表现出逐渐强大的力量，这种趋势由技术创新牵引，从根本上是以市场力量为基础的。传统媒体要重建优势，必须得适应"大生态"市场，要多研究互联网思维，特别是用户思维、产品思维、迭代思维与数据思维。以用户思维为变革起点，传播的核心意义在于影响人，媒体融合的核心在于人。一方面发展终端与渠道，发展移动互联网的用户；另一方面推出新闻产品，强化内容优势，以内容影响人。以产品思维为运营核心，要有"爆款"产品的理念，媒体编采只相当于产品生产部门的人员，除此之外还应有人负责落实产品的研发、测试、推广、维护等工作，这样才能生产出内容产品。在产品上线之前，要明确独特的产品定位，圈定目标用户，分析同类竞品，打出差异化优势。

媒体融合发展，已经开始以加速度的方式进行，范围越来越广，程度越来越深，不断梳理和认知基本理念，是推动媒体融合理论建设的基础。

构建全媒体传播体系的路径和关键[*]

一、构建全媒体传播体系的机遇与挑战

2019年1月25日，中共中央政治局在人民日报社就全媒体时代和媒体融合发展举行第十二次集体学习。习近平总书记指出："全媒体不断发展，出现了全程媒体、全息媒体、全员媒体、全效媒体，信息无处不在、无所不及、无人不用，导致舆论生态、媒体格局、传播方式发生深刻变化，新闻舆论工作面临新的挑战。要深刻分析全媒体时代的挑战和机遇，科学把握媒体融合发展的趋势和规律，推动媒体融合向纵深发展。"

2014年至今，从央级媒体到县级媒体，"媒体融合"从硬件建设、机制体制改革到策采编播的流程再造都取得了显著的成绩。但是，在互联网和信息化的浪潮中，主流媒体的"四力"还未充分地发挥，在与商业平台的竞争中，技术研发和数据运用依旧处于追赶的状态。2019年，媒体融合向纵深发展，信息生产呈现出来的多种新形态、新样式、新应用和新的传播环境都会有新变化。5G、人工智能等新技术迅捷发展，其技术赋能更显张力，新技术群必将在技术生态上为全媒体生态带来更深层次融合的可能，为全媒体传播体系构建创新带来新的机遇。

5G通信技术的高速度、泛在网、低功耗、低时延特性，可以为跨终端传

---

* 本文原载于《新闻与写作》2019年第8期，与郭好合作，收入本书时有改动。

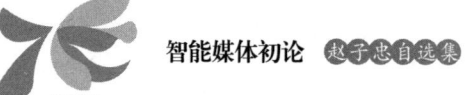

播创设可行性，在各个终端收看高保真节目和无卡顿直播；为自媒体表达提供更流畅的网络空间，所有的信息都能以最佳的表现形式来呈现；使网络交互更生动，将会出现视频评论、视频参与话题讨论等新的互动方式；促进媒体业务体验多样化，如超高保真媒体、现场实时体验、用户自制内容与机器自动生成内容上传、沉浸式与集成型媒体、协作式媒体内容生产、协作式的网络游戏等；5G推动万物皆媒人机共生，使得每一个物体都可以成为信息的收集端和输出端，每一个智能机器都可能被媒体化。

人工智能的智能化、人性化等技术促发了智能传播的启航。首先可以推动内容分发智能化，如个性推荐、精准匹配，从而提升内容分发效率；其次可以促使内容生产方式多样化，如智能识别结构数据和非结构数据，深度学习内容生产方式，实现模块化、自动化内容生成，进而提高内容生产效率，降低内容生产成本。

上述的新技术为全媒体建设带来了许多新的创想。主流媒体必须把握历史机遇，依据新技术发展逻辑，进行前瞻性的预判和研究，探索新技术赋能下媒体将会产生怎样的变化，在理念、内容、形式、方法、手段等方面推进创新，用主流价值观驾驭新的传播技术和手段，才能够有效提升信息传播水平和舆论引导能力，也将会获得更大更多的发展机会。

二、构建全媒体传播体系的路径与方法

（一）探索科学发展路径

笔者认为，在媒体融合已经大刀阔斧前进五年且正向未来深水区迈进的时候，客观的态度、理性的思维和科学发展观是前行的基础。"以史为鉴，可以知兴替"，我们应该从媒体融合发展的进阶图谱中找到其科学发展路径。

关于中国媒体融合的历程，学者从不同的视角将其划分为不同的阶段。胡正荣等将媒体融合的历史沿袭根据2014年8月18日和2019年1月25日这两个关键时间节点划分为三个阶段：2014年之前的自主探索阶段；2014—

2019年的全面推进阶段；2019年开启的加速建设阶段。①张金桐等将媒体融合分为两个阶段：2014—2016年为整体布局阶段；2017年之后为深度拓展阶段。②中国媒体融合发展报告课题组（2019）将2014年定为媒体融合元年，按此将媒体融合划分为三个阶段：台网互动的融合1.0阶段；2017—2018年完成的移动优先融合2.0阶段；以及2019年即将进入的融合3.0阶段。

笔者认为，2014年之前，中国的媒体已经大踏步地开始了新旧媒体之间的对接和转型探索。2014年媒体融合被提升到国家战略层面，在理论体系的指导下，迅速地向着科学化的方向迈进。从媒介发展史的一般研究范式出发，从中央政策研究及媒体机构改革的角度和沿袭技术的逻辑，根据传统媒体和互联网在融合中相互作用的关系，可以将媒体融合的进程分为四个阶段：2014年之前的原生相加阶段；2014—2016年的理论指导融合试水阶段；2017—2018年的融合深水区阶段；2019年开始的全媒体传播体系建构阶段。

1. 原生相加阶段：摸着石头过河

中国几乎与美国在同时间段开始了媒体形态层面的融合尝试。1995年《神州学人》电子版的发行和1997年人民日报与新华社网站的建立，标志着中国传统媒体的数字化和网络化转型开始。在媒体所有权层面，1996年，广州日报报业集团的成立，标志着作为所有权层面媒体融合的媒体集团化开始兴起。

这一时代的主要特征是，互联网的影响力初显，刚刚开始对传统媒体造成影响。"媒体融合"的理论没有正式形成，媒体自主探索"上网"通路，通过建立网站、内容数字化等方式，将网络运用于媒体渠道的延伸和内容的平行载体。这一时期的探索，并未给传统媒体打开新的天地。相反，随着互联网影响力的迅速增加，传统媒体的困境不减反增。广告作为媒体产业的晴雨表，迅速地反映了这个阶段的变化。

---

① 胡正荣，李荃.走向智慧全媒体生态：媒体融合的历史沿革和未来展望[J].新闻与写作，2019（5）：5-11.

② 张金桐，屈秀飞.媒体融合的演进逻辑、实践指向与展望[J].当代传播，2019（3）：65-69.

2. 理论指导融合试水阶段：高热度低效度

在 ICT（Information and Communication Technology，信息和通信技术）的助力加持下，互联网产业迅速成熟，并深入触及个人生活的每一个场景。互联网公司的内容运营能力和媒介属性集中爆发。传统媒体简单意义上的内容"上网"，不能适应受众内容消费习惯的迅速更迭。传统媒体的入口价值快速下降，舆论引导能力受到挑战。

2014年8月18日，中央全面深化改革领导小组第四次会议通过了《关于推动传统媒体和新兴媒体融合发展的指导意见》。"媒体融合"在中国有了理论的指导，上升为国家战略，并且正式在全国范围内全面铺展开来。2014年也因此被称为"媒体融合元年"。这一阶段的融合从中央主流媒体开始，省级媒体迅速响应。

这一时期的主要特点是，受众从"观看"到"互动"到"社交"到"生产"的属性演变，从需求侧倒逼了媒体在技术战略和策略上的双转型。互联网不再是媒体渠道的简单延伸，而是媒体外延扩展和内涵增长的主线。

在实践方面，传统媒体独立的融媒体中心建立，"两微一端"建设成为基础工作，新闻采编的业务流程得以重构，多样化的全媒体生产力工具得以大规模运用，创新融媒体工作室机制逐渐试行，中央厨房建设成为其中一个重要的后台节点。2014年开始，人民日报社全媒体平台（中央厨房）、新华社、中央电视台融媒体等项目均投入建设。省级新媒体集团组建，融媒体中心建设在地方迅速展开。这一阶段，以中央媒体为引领、省市媒体为骨干的媒体融合基础格局形成。

这一阶段的探索可谓是在资源、技术、人力、财力上的大规模投入，传统媒体对于新媒体技术大力吸纳和融合，机制体制的改革也在各大媒体里迅速启动。但是从效果上看，传统媒体在内容和受众上的阵地流失问题并未得到根本性改善，而且2014—2016年移动互联网产业蓬勃发展，传统媒体的生存环境较之前更为严峻，其传播量、传播力、与商业平台抗衡的能力依旧在减退，发展的紧迫性加重。

3. 融合深水区阶段：县级融媒体中心建设

2018 年 8 月 21 日，习近平总书记在全国宣传思想工作会议上发表讲话："要扎实抓好县级融媒体中心建设，更好引导群众、服务群众"。2018 年先行启动 600 个县级融媒体中心建设。该阶段呈现两个重要的特点：

其一是中央级新闻媒体的技术化。推动媒体融合发展，要将技术建设和内容建设摆在同等重要的位置。以新技术引领媒体融合发展、驱动媒体转型升级。

其二是省级融媒体的模式化。在省级媒体中，长江云建设、湖南日报报业集团建设的"中央厨房"，都实现了全媒体采编流程的再造，并实现了全报社全集团的融合。

4. 全媒体传播体系建构阶段

"从媒介史的发展历程看，媒介形态的变化，通常是由于可感知的需要、竞争和政治的压力，以及社会和技术革新的复杂作用引起的，通常会呈现出'肇始于技术创新，加速于制度创新，深化于市场创新，最终表现为产品创新'的逻辑特征。"[①] 媒体融合如此，全媒体建构更是如此。

从媒体融合的进阶图谱可以看出，经过前三个阶段的融合发展，从中央到地方、从组织到机制、从内容到技术等方面已经有了一定的基础，探索了在设施、技术、组织、流程、团队等分项维度的融合路径。但尚未达成"从相加迈向相融"。因此，从"着重外部形态的融合"向"一体化地回归媒体本质内涵的融合"转向当是有效路径。"通过流程优化、平台再造，实现各种媒介资源、生产要素有效整合，实现信息内容、技术应用、平台终端、管理手段共融互通，催化融合质变，放大一体效能，打造一批具有强大影响力、竞争力的新型主流媒体。形成资源集约、结构合理、差异发展、协同高效的全媒体传播体系。"[②]

---

① 朱天，彭泌溢. 试论媒介融合中的"加减之道"：时代华纳与美国在线"世纪婚姻"终结对我国"三网融合"的启示［J］. 新闻记者，2011（7）：61-65.

② 习近平. 加快推动媒体融合发展 构建全媒体传播格局［J］. 当代党员，2019（7）：4-5.

（二）技术赋能创新发展路径

把握 ICT 飞速发展带来的技术红利，以新技术赋能全媒体传播创新融合发展正当其时。未来五年，5G、人工智能、物联网将会成为技术发展的三大引擎，形成三大产业生态。三大生态既相对独立，又有交叉领域。自 2008 年以来，智能手机、大数据和云计算的传统三大生态，逐步融合进入 5G、人工智能、物联网三大新生态。以 5G 为代表的新技术生态群将会驱动媒体新形态的产生，从而赋能全媒体传播体系的建构。

第一是 5G 生态。5G 是大数据传输的高速公路。基于 5G 的三大特征和三大核心场景，这个生态将包括从信息采集的物联网终端，到以人工智能、云计算和大数据为核心的数据处理平台及应用。从运营商 5G 的高速网络，到多业态的 5G 终端体系，形成以 5G 技术核心能力为依托的 5G 生态。

第二是人工智能生态。人工智能是信息处理的大脑。人工智能生态构成包括三个层次：基础层、感知层和认知层。人工智能生态的基本业态是我们熟悉的大数据算法生态。感知层生态更偏向于模拟人类感知觉的技术，包括图像识别、语音识别、音视频识别以及体感技术手段，包括 AR、VR 技术。认知生态则上升到人类大脑的思考以及人类的学习能力，如现在的语义理解、知识图谱等。

第三是物联网生态。物联网是信息社会的新框架。物联网具有三个层面的技术特性：全面感知、可靠传送、智能处理。随着物联网生态的建设，网络将连接 500M—1000M 的物体，比现在多 1000 倍。这个生态包括传感器体系和电子标签采集体系、智能化的信息处理体系、高速的无处不在的网络体系和多种传输的能力体系。

从媒介进化的角度而言，技术潮既是大背景也是引爆剂。[①] 基于 5G、人工智能、物联网的大生态群，将从底层逻辑上改变传播的生态与格局。

1. 内容数字化

过去十年，在数字化浪潮中，传统媒体大船难掉头的劣势和数字新媒体

---

① 黄升民，刘晓．技术、数据、智能潮驱动下的媒介进化［J］．新闻与写作，2018（7）：41–45.

汹涌澎湃的崛起似乎成了时代的注脚。数字化的基础是信息的储存、传输、处理能力。5G生态对媒体影响的核心，是以5G为代表的新通信模式、以云为代表的新存储和计算模式，以及宽信息通道和高处理能力共同作用下的新人工智能模式，并将完全重新定义出新的媒介环境。数字化将深度渗透到内容生产、消费和媒体运营管理的每一个环节与场景。数字媒体的价值边缘充分得到拓展，所谓新旧媒体讨论将在数字化融合中失去价值，达到"你就是我，我就是你"的深度融合。

2. 流程云化

5G生态下信息通道的拓展带来的直接效果是媒体内容力的释放。5G上行带宽能够保障更高清直播视频的上传，直播信号的采集因而能够扩展到4K高清摄像机、虚拟现实全景视频采集设备。5G+VR、5G+高清视频直播、5G+4K+AI传播等创新内容形式会不断涌现。

新形态的数字化内容形成了数据指数级的增长。数据向上堆积的空间，数据储存、运算和处理的能力使得彻底的云化成为媒体产业发展的必然。云化带来的是时间概念的进一步叠加、空间概念的进一步扁平和流程上更深层次的融合。

通过流程云化，信息的采集将会实现人和机器的分工协同，从而实现信息采集的海量化、自动化、实时化、智能化。在信息编辑上，云平台不仅能提供上传、存储、转码、点播、直播、发布等共性基础能力，还能提供统计、评估、编辑、智能识别等视频能力，并且增强了3D视频、360°全景视频、VR/AR视频的在线编辑制作能力。

3. 终端物联化

互联网的核心在于连接。无论是PC端还是移动端，实现的都是人的连接。物联网生态的建设，实现的是物的连接。当终端连入网络，在云计算和5G信息通道的保障下，每一个终端都会成为一个媒介。

当抖音将横屏变成竖屏，当屏幕尺寸从4∶3变成16∶9的时候，内容的生产者就意识到终端的形态变化对于内容生产的巨大影响。人们今天还在谈论不同媒介载体对于内容的影响，未来，终端形态将完全开放，可能是任意形状，甚至可能是可变化的形状，内容形态的边界将因为终端的开放而被彻底打破。

4. 模式智能化

2018年12月27日，新华社正式向媒体开放中国第一个短视频智能生产平台"媒体大脑·MAGIC"。在2018年世界杯期间，此平台生产短视频37581条，平均一条视频新闻耗时50.7秒，最快的一条仅耗时6秒。MGC新闻实现了"智能+大数据+图文画"自动匹配传播的创新报道形式，是传统新闻生产模式的优化升级，是人工智能与新闻内容的深度融合，提高了新闻生产与传播的效率。

人工智能的真正意义在于重新定义了内容生产的模式。这并非取代人工的方式，相反，是用分工协作的新模型将人放在更高的级别上去释放更大的创造力和生产力，并且在人的层面上实现与其他力量的融合。人工智能深度参与内容创作将从简单的数据处理转变为提供创作灵感的智能型参与。智能型参与需要更大的数据"喂养"和实时"训练"机制，是大数据、云和勘误算法的综合性应用。

（三）全媒体建设持续发展的路径

前文已述，构建全媒体传播体系应该从着重外部形态的融合向一体化的回归媒体本质内涵融合转向，全媒体传播体系建构应着重关注以下两方面的深度内涵融合，方能持续良性发展。

1. 内容与技术的融合

信息化为全球的媒介生态和媒体产业带来了巨大的生机。但是，全球的传统媒体在过去的一个历史阶段是落后的。媒体融合的初期和中期之所以艰难，是因为核心的技术和数据能力不在主流媒体手里。网络、算法、数据，这些新兴阵地的规则是别人制定的。甚至内容写多少字、图片用什么格式、视频拍几秒钟、都要跟着别人的规则走。

所以，在新的技术群带来新媒介生态的时候，要主动构建内容与云技术的融合，让数字环境下的用户从被动地、无意识地获取和接受信息内容，转向主动获取、分享甚至生产内容，加之大数据技术的广泛应用持续挖掘内容产业的生命力与活力，实现内容生产力的革命性解放，生产关系的基础性变革。加速媒体云的建设，让云计算成为这项变革的核心力量。传统的固定时间、固定地点、预约式的生产方式已经被移动诉求彻底颠覆。内容生产者在全球范围内，通过不限量的终端快速访问、编辑和交付内容。内容生产向碎片化、移动化、智能化、多点同步协作模式发展。

2. 内容与场景的融合

从传统媒体时代的策采编播流程化中所暗含的视角空间，到互联网场景化消费中所划定的时间空间，再到移动互联带来的时间碎片化，在技术的限制条件中，时空只是以不同形态在不同的场景中出现。场景产生了信息和数据的大量孤岛。

在万物互联、可穿戴设备等新技术支撑的新媒介环境中，信息生产与接收的时间和空间被重塑，信息可以自动化地被不间断采集、传输、计算、编辑、播出。基于虚拟技术的多场景实时消费成为可能，深度数字化技术使得数据能够贯穿所有的场景，达到全时全程覆盖。打破了经典的场景理论，也释放了信息孤岛。打造全程媒体、全息媒体、全员媒体、全效媒体将成为可能，这将为媒体内容的生产和消费带来新的机遇与挑战。

三、构建全媒体传播体系的关键点

（一）媒体受众是关键

习近平总书记指出："我多次说过，人在哪儿，宣传思想工作的重点就在哪儿，网络空间已经成为人们生产生活的新空间，那就也应该成为我们党凝聚共识的新空间。"[1]

无论是传统媒体时代的人看信息，互联网时代的人找信息，还是算法时代的信息找人，传播的核心始终是人。人在哪里，内容就在哪里，全媒体的工作就在哪里。互联网受众既是接收者，也是传播者。在全媒体建设过程中，

---

[1] 习近平. 加快推动媒体融合发展　构建全媒体传播格局 [J]. 当代党员，2019（7）：4-5.

内容与人的互动与融合，是最为重要的过程，一方面是如何找到受众，把信息传递给受众；另一方面是如何让受众参与到全媒体建设中来，发布信息，参与活动。

从传播思维上讲，传统的传播模式下的传播效能是线性函数增长模式，而互联网传播的速度、广度和引爆舆论的强度都是指数级函数的增长模式。传播效能和舆情控制是双刃剑的两面，也是体系建构路径上的机遇与挑战。以受众为核心不是一句空话，而是要充分利用各类传播平台，打通"报、网、端、维、屏"等终端资源，融合PGC、UGC、OGC等内容资源，突破传统单一的表现形式，用"客户端"的思维将宣传内容做成兼具正能量和传播力的产品，这是全媒体建设的核心机遇。既要用好技术、用好数据，又不能唯技术论、唯流量论、唯数据论，这是全媒体建设的核心挑战。

从技术思维上讲，互联网是基础设施，信息化是实践路径。业界和学界对互联网思维有多重解读，如流量思维、平台思维、数据思维、产品思维、用户思维等。ICT的核心是让信息的流动从单向度、中心化的结构性传播模式转变为以"点"为基础的网状多方向去中心化的传播模式，传统媒体时代以"接受"为主要行为特征的受众转变为以"参与"为主要行为特征的群体，这是ICT带来的媒介底层逻辑的转变。

（二）宣传与舆论引导是关键业务

当前，舆论引导是全媒体体系建设的核心要务之一。从媒体融合项目实施到全媒体体系建设，要求各级领导干部和做新闻舆论工作的从业人员，应当具备适应全媒体体系建设的新理念、新思维、新技术应用能力。

要从思想和认知的角度，深刻理解新闻舆论引导作为传播体系核心的作用。我们必须坚持正确的政治方向、舆论导向、价值取向。主流价值与传播的效果不应该是二元对立的关系，"用主流价值导向驾驭'算法'，全面提高舆论引导力"。① 净化网络空间，让主流意识形态和正能量得以更好地传播，让宣传思想工作向更清晰、更清澈、更健康的方向发展。习近平总书记多次强调，"各级领导干部特别是高级干部要主动适应信息化要求、强化互联网思维，善于学习和运用互联网"。互联网思维既是技术思维，更是传播思维。

（三）内容生产实现媒体价值

建构全媒体传播体系，内容生产是体现媒体价值的核心业务环节。一方面，要继续立足传统媒体的内容优势，在内容的引导力、影响力、传播力上发力；另一方面，全媒体体系是内容与技术在深度融合后的并行发力。在媒体融合的过程中，内容与技术的融合经历了信息化、网络化、移动化三个阶段，其技术建设表现在报纸、电视、网站和移动端。

5G时代，媒体的内容生产是深层次、自我革新式的进程。2G允许基本的图文数据传输，3G推动了播客的繁荣，4G让视频消费成为趋势，也让AR和VR出现在受众视野中。5G时代，全球的媒体首先关注技术对内容力的释放。例如，技术为记者提供更好、更可靠的数据连接，高清照片、视频、音频，甚至3D模型等信息能够被实时传回新闻编辑室；技术为内容提供更多更好的AR和VR沉浸式体验、更多元的内容形态、更实时的交互体验以及让读者探索用3D模式建构的现场。2019年5月5日，中央广播电视总台5G+4K+AI媒体应用实验室揭牌成立，并宣布4K纪录片《而立浦东》开机拍摄。《人民日报》作为主流媒体，正在致力于做一个属于主流媒体的算法，它既有主流价值的算法特点，又能提高智能分发的效率。

传播主体的变化、自媒体的传播和交互模式，使得内容不再是媒体的专属。媒体融合的方向是OGC与UGC的融合，在内容的采集、生产、传播、反馈全链条上融合，从而产生更大的辐射和影响力。《人民日报》推出"人民号"，现在有18万账号申请入驻，在OGC与UGC的融合生态中，媒体不仅仅是平台，更要通过人工智能技术的支撑，以及数据化的深入，形成品牌化

---

① 习近平.加快推动媒体融合发展　构建全媒体传播格局[J].当代党员，2019（7）：4-5.

内容，形成有传播力有思想力的内容。

从媒体融合到深度融合，再到全媒体传播体系的建构，很重要的一点就是在以内容为价值核心的道路上重塑传播力和影响力。全媒体建设要学习技术、利用技术、发展技术，但不能依附于技术逻辑，牢记内容建设是媒体的核心和灵魂，积极地运用新技术和手段，进行供给侧结构性改革，通过理念、内容、形式、方法、手段等进行创新，使正面宣传质量和水平有明显提高。

（四）机制创新是内在驱动力

全媒体传播体系建构是一场全方位的革新，也是一次涅槃重生的征程。这场系统革新成功的关键应是改变观念、破除桎梏、理顺机制、持续创新。如何实现理念、技术、资本、人才、模式等各种要素优化整合，提高全环节、全流程优化效率，实现宣传效果的最大化、最优化，体制机制是关键，也是要害。

近年来，从中央到地方，传统媒体主动融入新媒体战场，秉持"用户意识"、优化"移动为先"、重构"策采编发"、打通"报网端微屏"，在探索适合自身的媒体融合发展路径方面取得了局部成效。但长期以来形成的传统媒体的行政管理机制，制约了媒体融合能量的有效发挥，如考核机制、薪酬分配等瓶颈因素，极大地限制着组织机构和人力资源的统一调配，从而降低了媒体融合的整体效能；再如，在媒体融合发展过程中存在重技术创新和资金投入、轻体制机制创新的"唯技术论、唯概念论"偏向等。要解决此类痛点，必须遵循系统方法的整体性、有序性、动态性和最优化四大原则，建立适应性体制机制。

从系统的观点出发，全媒体传播体系是一个由相互联系、相互作用、相互依赖和相互制约的人财物管多要素构成的、共同实现提高"四力"最优化目标的有机整体。我们应该始终着重从全媒体传播体系整体与部分（要素）之间，以及整体与外部环境的相互联系、相互作用、相互依赖、相互制约的关系中综合地、精确地考察对象，揭示全媒体传播体系的性质和运动规律，从而达到最佳地处理问题的目的。基于此，笔者认为，在建立全媒体传播适应性机制时，应协调整体要素的显性与隐性关系，通过合理规范资源共享、流程优化、质量评估、绩效考核等隐性要素的管理机制，促进技术、人才、资本、平台、用户等显性要素的良好运转和效能激发。我们必须高度认知媒介融合各要素的有机关联，创新管理机制，配套落实政策措施，推动全媒体体系构建朝着正确的方向发展。

（五）依托社会力量实现持续发展

习近平总书记指出："媒体融合发展不仅仅是新闻单位的事，要把我们掌握的社会思想文化公共资源、社会治理大数据、政策制定权的制度优势转化为巩固壮大主流思想舆论的综合优势。"①

随着社会化内容大生产时代到来，内容的生产力、渗透力、传播力在新的传播语境下得到释放。全媒体体系建设就是要实现全媒介资源以及内容链条各点生产要素的整合。聚合社会的内容生产力；利用大数据云技术实现传播的多元化；利用资源整合实现媒介组织的资本化运作；利用AI技术群实现媒介内容生成智能化。

全媒体传播体系的建构是基于全社会的整合性工程。国家顶层设计宏观层面的媒体融合和全媒体传播体系，应包含新技术驱动、新模式转型、新理论创新和新理念导向四个维度。

四、结语

全媒体传播体系建设已在更广的范围、更深的层面加速进行，透视其发展轨迹、梳理其基本理念、探究其融通路径，是推动全媒体传播体系建构的理论建设基础。形成资源集约、结构合理、差异发展、协同高效的全媒体传播体系，既是国家的战略部署，也是媒体融合发展的历史使命，更是实现社会治理现代化、保障意识形态安全的应有之义。媒体人必须统一

---

① 习近平. 加快推动媒体融合发展 构建全媒体传播格局［J］. 当代党员，2019（7）：4-5.

认识、凝心聚力,发挥新兴技术赋能外驱力、挖掘传媒转型发展内动力;遵循事物发展的自然规律,统筹传播要素整体性,着力体系建构关键点,重塑传播生态格局,创新打造新型主流媒体,这是构建全媒体传播体系的实现路径。

媒体融合和全媒体传播体系[*]

一、媒体融合与全媒体传播的研究

推动全媒体时代媒体深度融合，事关广播电视高质量创新性发展，事关壮大主流舆论，事关国家长治久安。党的十八大以来，以习近平同志为核心的党中央作出推动媒体融合发展的重大决策部署，各级广播电视机构积极落实，媒体融合取得重要进展。

2014年8月，习近平总书记就推动媒体融合发展作出重要指示，中央全面深化改革领导小组会议讨论通过关于推动媒体融合发展的指导意见，媒体融合发展上升为国家战略。构建全媒体传播格局，是2018年6月15日习近平总书记在致人民日报创刊70周年的贺信中提出，2019年1月25日中共中央政治局第十二次集体学习的重要讲话进一步明确的一个重要概念，强调传统媒体要与新兴媒体"融为一体、合而为一"。全媒体传播体系的概念，在"1·25"重要讲话中被首次提出，其最初内涵是"资源集约、结构合理、差异发展、协同高效"。因此，全媒体传播体系，是将各类媒体作为整个媒体融合发展战略部署的一部分，具有宏观性和方向性，是一个目标明确的顶层规划。中共中央办公厅、国务院办公厅印发的《关于推动传统媒体和新兴媒体融合发展的指导意见》对其内涵做了进一步丰富，对不同媒体在全媒

---

[*] 本文原载于《视听界》2023年第5期，收入本书时有改动。

体传播体系中的定位与融合发展方向进行了深入阐释，对完善媒体融合发展布局，指导不同类型媒体的深度融合发展，有重要的实践指导意义。2020年9月，中共中央办公厅、国务院办公厅印发《关于加快推进媒体深度融合发展的意见》（以下简称《意见》），标志着主流媒体探索深度融合实践的路径与方向得到了进一步明确。在这个《意见》里，有非常多值得我们思考和学习的地方，其中有一句话，是媒体融合和全媒体传播体系建构的一个重要指导思想，就是如何使互联网这个最大变量变成事业发展的最大增量。

2023年，媒体融合已经步入第十年。我对这十年媒体融合的发展和全媒体传播体系的研究，都是以如何使互联网这个最大变量变成事业发展的最大增量为基本的出发点来思考的。如何使互联网这个最大变量变成事业发展的最大增量，《意见》里提出了非常多的思考方向，比如主力军挺进主战场。主力军是谁？就是主流媒体。主战场在哪儿？就是现在的互联网阵地。我认为，客户端也是一个主战场。2015年，我们陪着各个省市县媒体建设客户端，遇到了非常多的困难，大家不知道这个客户端怎么做，顾虑重重，压力巨大。随着新兴媒体的发展，这个趋势是不可避免的。实际上主流媒体在2015年开始建客户端的时候，已经比2010年客户端兴起的时候晚了五年。

在过去的几年，媒体融合有三个非常重要的发展阶段——移动化、社交化、视频化。媒体首先做的是移动化，把很多业务往手机媒体上转型，广电媒体提出了大屏和小屏互动、联动的发展方向。然后做的是社交化。很多媒体开始融合转型的新媒体行动，大多是借助社交媒体平台，如微博、微信等。后来，随着抖音、快手的兴起，主流媒体做了大约有六七年的短视频的尝试，探索视频化的发展方向。所以在过去的十年，主流媒体一直致力于媒体融合移动化、社交化和视频化三个方向。

为了推动媒体融合的深度发展和全媒体传播体系的建构，我们在过去十年，看过各种研究报告，从央媒到省级媒体到市级媒体再到县级媒体，一方面是形成了很多的思路、理论和认识，对媒体融合和全媒体传播，从理念上、认识上到思维上，已经发生了很大的转变，应该讲有着长足的认识；另一方面，主流媒体在媒体融合和全媒体传播体系建构上，也进行了大量的实践，特别是在技术体系方面做了很多的工作。

2021年起,我们开始全国75家客户端的研究,在央媒、省级媒体、市级媒体、县级融媒体中,我们挑了75个样本,每天早晨看它们发什么,观察它们的变化。

前些年的媒体融合,大量的项目投入都是在技术平台。目前看,这些客户端都有一个完整的技术体系,这些技术体系有第三方公司做的,有自己研发的,也有大厂做的。技术体系非常丰富,大大小小,大的有四五百个技术模块,小的也有七八十个技术模块,技术体系已经非常完善。

从内容来看,这些客户端存在着内容搬家现象,就是把传统媒体的内容直接搬到新媒体来,这种情况还是比较严重的。从社交属性看,在社交Web2.0时代,我们需要建立社会网络关系,形成社交体系,但这75家客户端几乎没有社交属性。

我们还研究了大量的"媒体+政务"案例,从长江云开始,一路看过来,省级平台是做得最多的,多的有五百七十几个政务服务的模块,小的也有六七十个政务服务的模块。

在商业体系上,这75个客户端,每家都有一个商城,商城的情况参差不齐,也各有特色,但看到的广告不多。媒体一个非常重要的经营活动就是广告,广告效果不好的媒体就得反思自己的水平。

二、媒体融合和全媒体传播体系的关键点

(一)"新闻+"的进展

CNNIC历年的数据显示,在有移动媒体之前,网络新闻在互联网的应用生态中,大约排第二、第三位。移动互联网发展以后,前三位依次是微信、短视频、支付宝,网络新闻和百度一起排第四,在整个互联网中的应用率超过70%。这个数据说明,新闻在互联网中就是一个应用,在社会生活中一直发挥着巨大的作用。主流媒体在互联网生态中、在新闻体系里,是十分重要的。发挥市场现有的存量优势,"新闻+"是主要路径。

1. 重大主题宣传

过去几年，主流媒体参与了改革开放40周年、建党百年、党的二十大等重大主题宣传，主流媒体的声音在互联网上传播甚广。新华社、人民日报、中央广电总台在重大主题宣传中发挥了巨大的作用，在媒体融合的矩阵中发挥着重要的影响。央视新闻不仅在自己的客户端，而且在各个社交平台上效果、影响力都很大。央视党的二十大相关报道覆盖全球233个国家和地区，68种语言破纪录全球传播，触达252亿人次。江苏广电总台荔枝新闻《跨越时空的对话丨"00后"大学生党员对话老党员》邀请全国知名高校的10位00后大学生党员与10位近百岁老党员进行"走心"对话，创新党史宣传，在青年群体中取得了热烈的反响，总点击量1亿+。

2. 全国热点新闻

敏锐地捕捉选题：对社会上比较关心的一些重大事件进行报道，如中国航天报道、俄乌冲突报道，这些热点是自媒体做不了的，这些新闻在社会上发挥着巨大的影响作用。我每年参加中国新闻奖评选工作，会看到很多让我感动的新闻记者、新闻报道和新闻故事，从中看到非常深厚的新闻精神。

社会正能量话题：江苏广电总台《非遗有新人》将镜头对准90后、95后新生代非遗传承人，以年轻人视角、互联网语态和沉浸式表达，讲好中国故事，创新对外传播，两季全网阅读量18亿+，在人民日报客户端、新华网、江苏卫视YouTube、紫金国际台等海内外平台推发，获得海内外网友广泛好评。

3. 新闻+政务

"新闻+政务"核心的模式是有一个主链接、一个硬链接，并把这个硬链接向其他方向转化。例如，我们离不开微信，因为微信支付就是硬链接，离开它我们很不方便。所以这个体系的建构，还是要依靠主流媒体的硬链接能力，实现相关链接的转化。

驻扎各地，传回一线消息。2020年起，荔枝新闻开始布局，搭建北京、上海、西安等驻外工作部，拓展国家部委资源，参加全国重大活动报道。

联合政府打造问政栏目。江苏广电总台推出问政栏目《政风热线·我来帮你问厅长（市长）》，用户在荔枝新闻直播间，可实时向政府机关单位负责人提问，相关人员现场解答。

上线问政板块，建立沟通桥梁。"问政山东"网络问政平台已回应群众留言 11.2 万条，其制作的短视频《李莎八问》获中国新闻奖一等奖。

（二）对全媒体传播体系的三个思考

全媒体传播体系，实际上是要解决我们在过去十年碰到的 Web2.0 的问题——社交化、移动化、视频化，主流媒体要思考以下三个问题。

1. 流量从哪里来？

习近平总书记强调，人在哪儿，宣传思想工作的重点就在哪儿。我们要建立用户的认知，读者、观众、用户在互联网上统称流量。流量从哪里来？我们的定位在哪儿？我们想影响哪些用户？这是构建全媒体传播体系非常重要的基石。现在的用户，发展的颗粒度、细分度，变化非常快。在 Web2.0 时代，用户的时间和空间的碎片化就非常明显了，在不同的空间、不同的时间对媒体内容的切割非常细。其实算法也好，计算机后台也好，大数据平台也好，都是帮媒体解决怎么把内容送达用户这样一个问题。全媒体传播要看全网传播数据，要有一个扎实的流量用户的基础，在此之上判断我们媒体融合的实力，这是媒体进一步深度融合发展的要素。"北京时间"建立新媒体矩阵，旗下官方端外账号达 70 余个，全网粉丝总量超 4750 万。"我的长沙"稳定提升用户数量，App 用户倍增，从 2019 年底的 150 万、2020 年底的 303 万、2021 年底的 580 万发展到 2022 年底的 1026 万。

2. 内容能否持续？

在全媒体体系里，我们要构建什么样的平台？如何打造媒体融合下的内容体系？现在有一个非常有意思的现象，微博有热搜，抖音有热榜，每天的热点新闻多则持续几天，少则两三个小时，原来的精品内容持续一两个月的时代早就过去了。主流媒体每天、每个星期、每个月、每年有多少热点？用户关注的内容里有多少是我们的热点？电影排期一年差不多 100 个，电影院就饱和了；电视排期是 365 天，日均活跃人数也算是不错了；但互联网的排期大约是 2 小时，同时的热点有几十个，这是主流媒体内容建构需要思考的问题。我们要在这个体系上打造新的 IP 体系。在媒体融合的几年，主流媒体做了不少新的业态的 IP 品类。例如，扩大账号体系、丰富端内内容的百视TV "蜂巢计划"，引入内外部创作者 1000+ 账号，流量贡献从少于 10% 提升到了 48%。

3. 商业化能否实现？

我们现在碰到的新融合生态，相较于原来的媒体广告的营销生态，有着非常大的改变。在新的营销生态下，融媒体如何和新的生态建构融合非常重要。江苏各个市，包括一些主要的县，在媒体融合的商业化方面做得比较好，特别是市县，虽然规模还不够大，但是主要的趋势都正确，跟当前 Web2.0 营销生态的吻合度比较高。更快地实现商业模型和营销生态的进一步融合，需要把握用户数据，探索平台商业化；创新内容形式，线上联动线下，提供优质产品。

三、人工智能对媒体的影响

关于媒体融合和全媒体传播体系，我们现在面对的一个形势是 Web3.0，包括人工智能、元宇宙、区块链等。过去的媒体融合，主要是在 Web2.0 下追赶，现在又遇到 Web3.0 新的机遇和挑战。Web3.0 的体系比较大，所以媒体融合有很多可选的方向。

（一）ChatGPT 爆火带来的行业升级

伴随计算机技术与人工智能技术的研发突破，新一轮的发展热点也逐渐显现，ChatGPT 的爆火带来的是整体行业大规模的齐头并进，从自然语言模型到深度机器学习，大模型技术推动着新一轮的 AI 技术的发展。通用 AI 能力的广泛应用也使得大模型技术日趋成熟，掌握尖端大模型技术的水平高低成为国力竞争的衡量指标之一。

我对 ChatGPT 的媒体化倾向和属性一直很关注。GPT 是个复杂的理工科概念，Chat 是一个文本，就是聊天。聊天的应用在 GPT 大模型里占多少比例？我查了数据，97%，就是说技术 97% 是给聊天用的。那么，聊天算不算媒体？新的人机互动模式，新的人人互动模式，新的机器与机器的互动模式，这几个模式在后台都产生了巨大的影响。所以我们看到今年（2023 年）的 ChatGPT 把人工智能从行业推向了社会，形成社会热点。反过来，社会又给予人工智能行业高度的关注。

（二）AIGC 嵌入流程

AIGC 将嵌入策划与指挥、采集与汇聚、编辑与制作、审核与管理、分发与运营、评估与评价等内容生产全流程。

（三）自然语言大模型带动文字媒体回归

自然语言大模型发展对纯文字媒体产生了显著的影响，并有潜力扭转之前文字媒体相对视频媒体的传播劣势，促进文字媒体的回归。其关键影响主要体现在以下方面：内容自动生成、提高内容质量、个性化内容推荐、自动化报道、解决多语言问题、增强互动体验。与此同时，可信度和质量控制、多样化的内容需求、多模态媒体的吸引力也是其需要积极应对的挑战。纯文字类媒体仍需不断创新和改进，以适应用户需求并保持在不断发展的媒体行业中的地位。

（四）多模态大模型驱动全媒体创新发展

多模态大模型的快速发展为全媒体带来了许多机会，包括丰富内容呈现、精准个性化推荐、语义理解和推理、全媒体场景拓展、提升用户体验、跨平台扩展等。但全媒体也需要应对数据处理和存储的挑战，保护数据隐私和安全，提高模型解释性，同时投入足够的资源和人才来支持技术的研发和应用。

（五）AIGC 工具行业应用垂直化发展提速

回顾历史，内容生产范式经历了由 PGC、UGC 到 AIGC 的巨大演变，通过不断提高生产效率、扩大生产规模，生产关系由少数人掌握制作工具和渠道，转变为更多的人获得低成本的工具、平台，内容消费者也从被动接收变成了主动参与和创造，实现了生产和消费的双重革命。目前 AIGC 效率工具的快速渗透也加剧了行业应用垂直化发展的趋势。

（六）AI 数字人或成智能媒体超级入口

媒体融合的核心，主力军挺进主战场的核心，就是要站到超级入口，大家在入口的争夺上从来都是竞争激烈。AI 数字人或成智能媒体超级入口。

一般将数字人分成 L1～L5 五个等级。在前三个阶段，数字人还处于"有颜无智"的状态，L4 级别以上的数字人，实现了从"有颜无智"到"有颜有智"的跃升。这类数字人可以独立于人进行实时的智能化交互，生产效率也有了大幅的提升。只有此级别以上的数字人才能真正帮助产业解决经济发展中普遍会面临的"人效"问题，并基于生产效率跃升而实现规模化落地和推广。

数字人的核心是"人"，虚拟形象将带来真人般的感受和互动。一方面，随着人工智能等技术的发展和融合，数字人的拟人化程度越来越高；另一方面，人工智能技术在数字人形象生成、动作驱动和语言交互等环节的深入应用将提升数字人制作的自动化水平。

（七）智能人机交互提升用户智媒体体验

人机交互是人工智能最具挑战性、综合性的技术，涵盖了语义理解、知识表示、语言生成、逻辑与推理等各个方面。随着模型规模的不断扩大和性能的不断提升，大模型已经成为推动人机交互革命的重要力量。

大模型驱动的人机交互革命正在改变着我们的生活和工作方式，使得人类与计算机之间的交互更加自然、智能和高效。随着大模型技术的不断发展和应用，我们可以期待各种智能媒体之上更加智能化和普及化的人机交互体验，从而推动人类社会的数字化转型和进步。

（八）内容风控筑起智媒体内容安全高墙

随着大众内容消费和自我表达的需求不断升级，聚焦 UGC 建立的平台也在不断涌现，催生了"人人都是创作者"的时代。大众参与的 UGC 在极大丰富互联网内容的同时给平台带来了巨大的审核挑战，包括来自监管要求的色情、违禁、暴恐等内容和损害平台自身利益的广告导流、黑产等。

多种多样的用户内容尤其是非结构化数据的内容识别难度很高，这就需要 AI 智能审核的帮助。其能够通过对海量数据深度学习，结合算法对特定场景建立相应的分析模型，进行文本、图片、视音频内容识别，结合产生内容账号以及全球风险库，从而精准识别不良内容风险，实现高效、准确、全面覆盖的内容审核过滤。

（九）智能视觉重塑视觉互联网基础设施

科技是媒介革命的起因。随着移动通信网络的升级换代，以及从服务器、云计算到超算中心的计算变革，5G 宽带进一步提升，媒介终端进一步向 IoT、XR 设备拓展。越来越多的终端将会具备"智能视力"，视频数据将会迎来下一轮爆发性增长，且呈现多模态、全景化发展，未来二十年，人类社会将加速步入"视觉互联网"时代。

智能视觉平台主要通过视觉场景及物体识别、OCR 文字识别、自然语言处理等人工智能引擎，结合大数据和云技术，高效精准地对目标媒体资源进行视音频内容的记录、传播和运营，打造高度完善的智能中台、内容中台及数据中台。

技术生态视域下的全媒体传播体系建设*

2020年9月，中共中央办公厅、国务院办公厅印发了《关于加快推进媒体深度融合发展的意见》（以下简称《意见》），明确了媒体深度融合发展的总体要求、目标任务，指出要尽快建成一批具有强大影响力和竞争力的新型主流媒体，同时逐步构建网上网下一体、内宣外宣联动的主流舆论格局，建立以内容建设为根本、先进技术为支撑、创新管理为保障的全媒体传播体系。《意见》为加快推动媒体深度融合发展，构建全媒体传播体系，提供了新阶段的政策依据，也为下一阶段的全媒体体系建设提出了更高更具体的要求。

自2014年开始，过去6年，全国媒体融合在软硬件设施建设、平台搭建、技术革新、流程再造、人才培养、机制体制改革等方面都取得了显著的成绩。中央媒体智能化转型成果突出，省级媒体云和大数据平台建设成绩显著，市级媒体自主创新取得成效。截至2020年4月，全国1800多个县级融媒体中心挂牌成立，主要省市已实现县级融媒体中心建设全覆盖。

在这样的基础上，如何推动媒体深度融合、思考未来全媒体体系建设的格局与路径，往往伴随着复杂的认知和对于趋势发展的预判。本文重点是研究媒体融合的技术源点、技术创新，梳理技术创新与演变在媒体融合中的作用与张力，面对"使互联网这个最大变量变成事业发展的最大增量"的时代课题，我们从技术创新入手，思考和研究技术生态对于媒体融合发展的推动作用。

---

* 本文原载于《新闻与写作》2021年第1期，与郭好合作，收入本书时有改动。

一、从新技术创新到新媒体生态

媒介融合是一个系统而复杂的体系，我们需要借鉴"生态"研究的理论来进行分析。"生态（Ecology）"是自然科学的概念，原指在自然界的一定空间内，生物与环境构成统一整体，并在一定时期内处于动态平衡的状态。所以，生态的构成要以主体的多样性和主体与环境的同构为基础，形成具有系统性的结构。

我们现在研究的媒体融合，就是源于信息技术的创新和发展而来的。信息技术从核心技术创新，发展到技术群，进而从技术应用发展到媒体生态。技术的驱动逻辑从"点"发力，形成"聚变"效应，并在时间和空间两个维度持续动态地影响产业和社会的结构环境，在解构与重构中形成"全媒体生态"效应。

中央经济工作会议重新定义了基础设施建设，把5G、人工智能、工业互联网、物联网定义为"新型基础设施建设"。随后"加强新一代信息基础设施建设"被列入2019年政府工作报告。综合来说，"新基建"主要包括5G基站建设、特高压、城际高速铁路和城市轨道交通、新能源汽车充电桩、大数据中心、人工智能、工业互联网七大领域。上述"新基建"中信息技术的创新，在今后五年这一阶段内，会形成几个相互独立又相互融合的"技术生态"。第一个是网络通信技术的发展，以5G技术为代表的网络技术，创新了高带宽、广连接、低时延的技术能力，"网络切片"技术、边缘计算技术的发展，将会进一步推动5G网络技术能力的应用创新，5G技术将会在传媒领域得到广泛的应用，媒体内容采集技术、内容集成分发技术、终端设备接收技术，都会出现基于5G网络技术的创新技术。第二个是人工智能技术，将会出现"人机共生"的生态，人工智能技术基于算力技术、算法技术、数据技术，依托于自然语言处理技术、人脸识别技术、声音识别技术、图像识别技术、推荐算法为代表的人工智能技术，在媒体领域，媒体与用户的连接也从过去单纯的渠道关联升级为利用智能洞察形成的数据关联，从而进一步强化媒体与用

户的连接能力。第三个是物联网技术，将会出现"万物互联"的生态，指通过射频识别（RFID）、红外感应器、全球定位系统（GPS）、激光扫描器、环境传感器、图像感知器等信息传感设备，按约定的协议，把任一物品与互联网连接起来，进行信息交换和通讯，以实现智能化识别、定位、跟踪、监控和管理的技术体系，物联网技术应用于传媒领域，将会利用感知层技术、传输层技术、数据处理层技术和应用服务层技术，形成万物互联的特质，万物信息交互功能与媒介传播的属性，将极大地扩展媒体信息采集能力、数据交互能力和传播分发能力。除了这三种主要的技术生态之外，大数据、云计算、区块链等技术，也都会有独立的技术创新方向，也会相互融合，你中有我，我中有你，形成一个相互推动、共荣共生的混合技术生态。

从"技术生态"视角看过去十几年技术的演进以及传媒业界结构的变化，能清晰地看到，传统媒体原有的"技术生态"优势在 3G 和 4G 时代被大幅度削弱，到了 5G 时代已经面临着生存的困境。新的技术生态通过不断创新，在未来五年会推动传媒在更高的维度和更广的空间产生更大的聚合效应，并建构更高融合度的传媒生态。

二、全媒体用户的特征和趋势

习近平总书记指出："人在哪儿，宣传思想工作的重点就在哪儿，网络空间已经成为人们生产生活的新空间，那就也应该成为我们党凝聚共识的新空间。"

全媒体传播体系，就是要强化媒体与受众的连接，让全媒体建设成为党和人民群众的桥梁与纽带。无论是传统媒体、新兴媒体，还是融合媒体，都是要做用户这个工作的，是以有没有人看、有多少人看、什么时间看为判断依据的。我们确实需要实事求是地分析，传统媒体的报纸用户、电视用户、广播用户都有多少？到底谁在看？到底什么时间在看？

新兴媒体互联网用户规模巨大，使用频率极高。中国互联网络信息中心（CNNIC）发布第 45 次中国互联网络发展状况统计报告显示，截至 2020 年 3

月，我国网民规模为 9.04 亿人，互联网普及率达 64.5%。《中国互联网发展报告 2020》显示，截至 2019 年底，我国移动互联网用户规模达 13.19 亿，占全球网民总规模的 32.17%。推动媒体深度融合，加快全媒体体系的建设，需要紧紧把握信息社会的用户新特征和新趋势。

（一）全媒体传播体系要聚合更多传播者

计算机技术、互联网技术给人民群众的技术赋权，使每个人都具备了传播的能力和渠道，且传播者数量众多，类型丰富，"人人传播"成为现有媒体业态。传统媒体以及媒体人原有的特有传播权受到了巨大的冲击和挑战。一方面是平台的用户竞争，各种类型的平台如搜索、短视频、直播、社交等，提供了不同业态的传播模式，平台聚合了大量的传播者，进而拥有了数量巨大的用户流量，这对传统媒体的用户基础造成了冲击。另一方面，各类平台的传播出现了新的"大 V"、网红、MCN 这些单独传播者也吸引了巨大的用户群体，传播者进入了一个新的媒体生态，竞争加剧，传统媒体人的用户也面临着巨大的竞争和挑战。本次《意见》提出，"转变宣传理念、手段和组织方式，调动一切积极因素，整合更多的可用资源，以开放的平台吸引广大用户参与新闻信息生产传播"。这一论述，能够有效推动全媒体体系建设符合互联网用户的需求。

（二）全媒体传播体系要符合"传受一体"用户模式

受众就是传播者，"传受一体"是新兴媒体的用户特征。互联网的发展，能够让每一个个体或者机构既是受众，也是传播者，这个传播力量就是"二次传播""人际传播"，全媒体传播体系建设需要借助这个力量。例如，微信从严格意义上讲不是一个媒体，但是我们很多微信用户都是通过私信收到的新闻、都是在微信群中收到了新闻、都是在朋友圈中看到了新闻，当每天上亿用户转发了几十亿条次的新闻，影响到几亿人后，这就是一个巨大的传播力量了，这个就是典型的"传受一体"模式。

(三)全媒体传播体系要符合用户移动化行为模式

传播学有个概念叫"受众行为模式",我们推动媒体深度融合,"移动优先",就需要优先深入研究用户移动媒体行为模式。用户的移动化信息模式,带来了伴随媒体,用户随时随地使用媒体,移动媒体连接了人们生活的时间和空间,形成了"场景化"传播模式,全媒体传播体系的内容、流程、分发,需要形成碎片化、场景化的传播能力。

下一阶段:全媒体领域的"四化"。互联网的升级换代,数据处理能力的升级,都会带来颠覆性的传播渠道变化。2015年以来,新兴媒体发展主要是"三化":移动化(体现在智能手机终端的各种应用)、社交化(社交媒体的快速发展)、视频化(直播和短视频的兴起)。未来五年,5G、人工智能、物联网等将会成为信息技术发展的引擎,这些技术应用到全媒体领域,将会形成以下"四化"的特点。

1. 全媒体内容继续"海量化"

深化媒体融合,基础能力就是内容信息处理能力的提升。5G将会给我们带来的一个变化就是移动宽带能力提高100倍。这就意味着我们的信息采集能力、信息传输能力、信息存储能力、信息处理能力都会有大幅提高。同样,全媒体传播体系中,传播者、信息内容、受众、终端表现都会有更大的数据传输,也会有更加丰富的内容信息形态。例如,5G上行带宽能够保障更高清直播视频的上传,直播信号的采集能够扩展到4K高清摄像机、虚拟现实全景视频采集设备,会进一步推动5G+VR、5G+高清视频直播、5G+4K+AI传播等内容形式不断涌现。

2. 全媒体流程云化

在全媒体传播体系建设中,数据储存、运算和处理的云化成为媒体发展的趋势。云化带来的是时间概念上的进一步叠加、空间概念的进一步扁平和流程上更深层次的融合。全媒体传播流程云化,信息的采集上将会实现人和机器的分工协同,从而实现信息采集的海量化、自动化、实时化、智能化,在信息编辑上,云平台提供如上传、存储、转码、点播、直播、发布等共性基础能力,编辑、智能识别等视频能力,增强了3D视频、360°全景视频、

VR/AR 视频的在线编辑制作能力。

3. 全媒体终端物联化

传播学者麦克卢汉曾经说过"媒介即信息"。终端能力是全媒体传播的重要信息传播环节。互联网的核心在于连接，过去无论是 PC 端还是移动端，实现的都是人的连接。物联网生态的建设，实现的是物的连接。当终端连入网络，在云计算和 5G 信息通道的保障下，每一种终端都会成为一个媒介，全媒体终端形态将完全开放，可穿戴设备、智慧家居、车联网设备、智能音箱……内容形态的边界将因为终端的开放而被彻底打破。

4. 全媒体传播模式智能化

全媒体智能模式下，人工智能深度参与内容创作，从简单的数据处理转变为提供创作灵感的智能型参与。智能型参与需要更大的数据"喂养"和实时"训练"机制，是大数据、云和勘误算法的综合性应用。智能协作平台以及智能视频生产平台，基于人工智能技术在数据体量和自动学习基础上的"决策"能力，主要包含自动摘要、自动筛稿、自动专题、智能写作、自动视频生成等。例如，在一个特定的场景中，可以拥有一个数字标牌系统，以便识别通过者的手机，根据其社交媒体资料调出特定的视频、图像和广告，并在信息沟通方面提供非常个性化的体验。

三、全媒体建设的"主战场"

要牢牢掌握全媒体时代舆论场的主动权和主导权，打造新兴主流媒体的"旗舰"和"航母"，就要在信息传播关键环节布局，推动一批融媒体机构进入新兴领域，进军主战场，建立自主自有阵地，从而把握全媒体发展带来的机遇，以应对全媒体发展带来的挑战。在充分研究全媒体用户的前提下，接下来我们需要思考的问题，就是哪里是主战场，如何"做大做强网络平台"，如何让我们的信息能够到达这些用户。我们观察到，在信息采集能力、信息处理能力和信息终端这三个环节，信息技术提供的信息高速公路、强大的个人信息终端、强大的信息集成分发平台，会成为互联网的主战场，融媒体需要进军这些主战场，形成强大的影响力和竞争力。

（一）主战场之一：信息采集平台

传统新闻采集，主要指的是经过职业训练的新闻工作者搜集、筛选、整理新闻信息的活动。信息社会新技术将推动新闻采集工作的变化，采集自动化提高了新闻采集活动的效率，同时机器采集大大扩展了新闻采集的空间范围、精细度、准确度，新闻采集将进一步实现智能化。5G网络海量连接平台，5G技术可用性的成熟和升级将加速万物在线化。发展云端无线接入网、分散式内容分发、可扩展性控制网络和自适应天线阵列等技术，将多个基站单元和相关的控制网络共同整合到"云端"，到2024年，联网设备的数量预计将超过220亿台。海量设备终端的接入大大提高了信息采集的海量化水平。

监控设备采集内容媒体化。监控设备的布局是现代城市、现代产业的基础设置。从城市交通网络、区域化安保网络，到医疗环境、航天航空，监控设备已经形成了一个庞大的网络，数以亿计的监控设备接入网络，实时采集生产海量的数据信息资源。监控设备自动采集的信息资源，因其视频质量、储存局限、传输效能不足等问题，不能直接转化为媒介的信息内容。一个重要的布局在于要完成监控设备内容的转化和使用，将万亿级的监控设备和海量的数据信息、视频信息实时转化为媒介内容。

物联网信息采集媒体化。物联网的基本技术主要由RFID和传感网络技术构成，传感网络技术通过传感器和其他传感设备检测和感知物体的各种信息，并通过网络对其进行传输和转换，以满足各种数据分析和应用的要求。传感器是"人的器官的延伸"，它们可以代替人去探测和感知世界，相比人的能力，传感器在感知的广度、深度、准确度等方面有着显著的优势。传感器在信息上的运用主要体现为运用传感器及遥感技术进行信息采集，辅以数据处理技术生产新闻的模式，多运用于与气候、环境有关的报道。未来传感器的种类和应用领域将进一步丰富，传感器将成为连接器，把各种对象产生的数据输送给媒体，从而不断拓展新闻生产的思路与空间。无人机是传感器在新闻信息采集中的典型应用，它在一些重大新闻报道中已经有了很好的表现，并展示了未来的可能性。在 5G 平台上，无人机上搭载更多的传感器，也将作为远程流媒体摄像头发挥作用，允许用户对现场位置进行虚拟特写。同时，通过 5G 传输网络实现远程协作的指数级增长。

（二）主战场之二：新闻内容集成平台

信息集成分发平台，一直是行业中最为引人注意的部分，从搜索引擎到社交媒体，从直播平台到短视频平台，它提供了各种各样的信息应用。在下一个阶段，思科预测，2022 年全球联网的 4K 电视机总数将接近 8 亿台，全球 4K VOD 流量占全部网络视频流量的 22%。基于大带宽的 VR 应用数据量在未来也会以较大幅度增长。

实时视频平台。5G 具有很高的速率，其系统的空口及无线接入网确保端到端低至毫秒的延时，从而使 VR 等高端业务，特别是实时视频业务和应用可能得到普及。国际、国内主流的信息服务平台和实时游戏平台都在实时视频传输方面投入了大量资源。

虚拟现实（VR/AR）业务平台。虚拟现实（VR）技术包含全景采集、内容拼接制作、编码传输解码、渲染和显示等关键技术环节，采用图像拼接合成技术、图像分视点传输技术等实现完全虚拟环境的构建。增强现实（AR）技术除上述流程外，以图像智能分析平台构建为重点，采用图像语义分析技术、基于图像的定位与追踪技术、图像叠加渲染技术等实现虚拟信息在现实世界上的叠加。实时的 VR/AR 节目将会成为更重要的集成平台。

云视频平台。基于云驱动的视频存储和处理平台，可以支持媒体间的技术转换，同时满足媒介内容快速扩展的需求，且无须构建昂贵的储存空间。为实时视频流媒体编辑、生产和传输过程复杂，成本高和耗时长等问题提供了解决方案。云平台定位于为各类视频业务提供核心基础能力，如视频上传、存储、转码、点播、直播、发布等共性基础能力，以及统计、视频质量评估、编辑、智能识别等视频能力，增强了 3D 视频、360° 全景视频、VR/AR 视频的在线编辑制作能力。云平台加入导播能力，包含视频信号源切换功能、实时语音对讲功能及多路视频源监视功能。云端部署，灵活易操作。

（三）主战场之三：终端平台

移动互联网时代，布局信息接收终端，尤其是家庭场景终端、移动场景终端和车载场景终端，应该是主要环节。

家庭终端入口。网络传播体系和传播模式的改变，形成家庭信息传播出现平台级"新入口"。移动互联网时代形成了个人移动媒体的各大入口，5G时代也将在一定程度上遵循这个基本规律和逻辑形成家庭媒体入口，家庭用户应用场景更加丰富。新体系的构成是以家庭组网服务为核心的，网络运营商以家庭接入移动宽带网络为基础，进而为家庭用户提供多样化的应用于新闻、视频、音频、休闲娱乐、运动健康、安全防护等领域的家庭信息增值服务。

个人移动终端入口。对于个人用户而言，5G带来个人移动媒体终端的升级换代，随着个人移动媒体服务及应用形态的转变，我们将会遇到一个非常创新的设备，就是5G智能手机。"瘦终端、宽管道、云应用"是5G时代的典型业务模式。在"瘦终端"+"云应用"的模式下，用户在终端侧的本地计算资源的购买成本将会被大量节省，从而转变为向运营商和内容提供商购买云资源、云服务、管道宽带及时延保障的新模式。终端将会变成一块单纯的具有联网能力的信息显示界面，可以提供给用户更加高清且便携的内容服务；终端将会带给用户更加丰富的存储空间和更低时延的业务处理能力。

车联网终端入口。车联网拥有更快的信息处理速度和更大的云端存储空间，使得车载媒体成为一个可以兼容不同应用的开放平台，其不需要依赖体积庞大的终端，便可以为用户提供实时联网的导航、信息、娱乐和安全等服务。车载开放平台可以连接车载智能音响和麦克风，使用户在行驶过程中通过语音与平台进行交互，全方位满足用户在驾乘过程中获取信息、社交、安全的需求，而不必再使用其他移动终端设备。车载开放平台结合大数据和人工智能技术，通过人脸识别便可开启平台、完成身份认证；也可以通过捕捉驾驶员的微表情等信息，判断其身体状况，确保安全驾驶。整个平台的智能化、便捷化的服务，使其成为用户获取服务和内容的主要渠道，为驾驶的安全性保驾护航。

四、如何推动技术生态与产业生态的融合发展

信息技术发展的动力,会推动形成以技术平台为中心的业态,而这些业态要壮大发展,就需要推动技术生态和产业生态的融合发展。全媒体传播体系需要围绕主业,增强自我造血能力,推动资源循环能力,做大做强全媒体传播体系。

(一)提高主流媒体资本运营能力

在过去几年媒体融合发展的实践过程中,资本能力是媒体融合的一个重要能力。上海报业集团、浙江报业集团、湖南广电以及芒果 TV,都表现出了非常好的融媒体发展的态势,其中运用资本手段,通过上市公司平台、投资基金等模式实现媒体融合发展,是其深度融合表现优秀的重要支撑。文化产业投资基金二期、中国互联网投资基金都是行业的重要力量,能够从头部影响融媒体行业投资的方向。上海设立的众源母基金、人民网设立的人民创投都对本体媒体融合发展起到了积极的作用。《意见》提出,"创新媒体投融资政策,鼓励符合条件的媒体企业上市融资。支持主流媒体控股或者参股互联网企业、科技企业",这个政策对于推动融媒体机构更加灵活地运用资本手段具有巨大的作用。

(二)积极参与国家信息化建设,提高技术经营能力

融媒体机构要提高信息化技术水平,要提高自身的综合信息服务能力,就需要积极参与国家信息化建设,这个市场规模很大,是媒体融合经营发展的巨大空间。《意见》指出:"各级党委和政府要积极支持主流媒体参与电子政务、智慧城市等领域信息化项目的建设,开发社会治理大数据,优先发布重大信息、重要政策,共同促进国家治理体系和治理能力现代化。"全媒体传播体系建设,主要是信息采集、信息处理和信息发布,与国家信息化建设项目应用的技术体系基本一致,环节也比较一致。主流媒体应该通过国家信息化

建设项目，提高信息化基础设施技术能力、电子政务服务能力、信息服务能力，从而提高全媒体信息的传播技术能力和经营能力。

（三）积极把握新兴媒体中的热点市场，提高市场竞争能力

新兴媒体发展中会周期性出现新型业务。例如，直播电商业务从2016年开始启动，到2020年上半年出现了爆发式的增长，2020年市场规模估计会达到9000亿元，目前形成了淘宝、抖音、快手三家为主的竞争格局。众多的融媒体机构都在从事直播电商的经营，发挥各自的主持人、节目内容等优势，取得了一些成绩。主流媒体应利用自身全媒体的优势，在新兴热点市场积极开拓，以获得市场收益，保持竞争能力。

（四）增强主业信息传播能力，提高信息服务经营能力

传媒领域的经营重点一直就是广告收入，随着互联网业务的不断发展，传统媒体广告收入不断下降，这是造成传统媒体困难的重要原因。互联网广告经营收入不断增加，这就需要进入互联网广告经营的市场，提高其信息服务能力。全媒体传播体系的打造，内容建设为根本、先进技术为支撑、创新管理为保障，共同推动传播能力整体提升，而全媒体传播能力的提升，势必会带来广告信息服务业务的拓展。

总之，技术创新是全媒体传播体系建设的技术动力，也是全媒体传播体系的技术支撑。主力军要全面挺进主战场，打造一批具有强大影响力和竞争力的新型主流媒体，做大做强全媒体传播体系，就需要把握技术体系的核心，建立强大的信息处理平台。

"新闻+"运营模式的理论与实践*

一、"新闻+"的理论范式是连接

新媒体从诞生开始，连接就是基础，连接范式对于媒体融合模式也有着重要影响。彭兰提出，连接是互联网的根本逻辑。人、内容、服务之间的连接，成为互联网应用探索的主要方向，而人与人的连接始终是各种应用的核心，不同阶段人—人连接有着不同的模式。[①]

（一）新闻本身就是硬连接

新闻一直紧紧连接着用户，对用户具有强大的吸引力。新闻为人们提供关于世界和社会的信息，用户需要新闻，需要了解世界了解社会，从而在实践中选择正确的方向和路径，做出基于信息的决策。每当重大突发事件发生后，新闻的需求量都会直线上升，就算是平时不怎么关注新闻的人也会抽出时间看新闻。数据表现也印证了这一点。CNNIC 的报告显示，截至 2022 年 12 月网络新闻用户规模达 7.88 亿，占网民整体的 75%，这说明新闻作为一种高品质的内容对用户是具有强大吸引力的。

---

* 本文原载于《青年记者》2023 年第 11 期，与郑月西合作，收入本书时有改动。
① 彭兰."连接"的演进：互联网进化的基本逻辑[J].国际新闻界，2013，35（12）：6–19.

（二）新闻能够多样化连接用户需求

第一，新闻具有权威性连接能力。主流媒体都将新闻的权威性放在头等重要的位置，高度重视新闻呈现的权威性、真实性与时效性。新闻的权威性充分体现了新闻的专业性和严肃性，如党报在时政新闻方面具有权威性。人民日报网络版上的时政新闻具有非常高的权威性。相比之下，商业互联网平台上的新闻不仅比例低，而且多属转载，权威性大打折扣。

第二，新闻具有功能性连接能力。除时政新闻以外，财经新闻、农业新闻等新闻也具备很强的功能性。新闻对于很多垂类的专业方向，提供大量及时优质的资讯和数据，提供功能性支撑，能够帮助用户了解相关资讯。例如，在财经新闻中，股市信息、经济走势、进出口数据等能够支撑人们的商业活动决策。

第三，新闻具有娱乐性连接能力。体育新闻、娱乐新闻等内容，具有吸引人们注意力、提供娱乐和消遣的特点。娱乐新闻通过娱乐价值连接用户，并且能够利用情感元素来吸引受众的注意力，通过故事的叙述、有趣的细节和悬念的设定激发人们的兴趣，带给人们阅读或观看的乐趣。

二、"新闻＋政务服务商务"模式的实践

媒体融合时代，由于互联网具有可扩展逻辑，很多过去难以关联的业务可以在互联网平台上关联起来，Web2.0时代，互联网打破了不同行业、业务之间的界限，跨界运作的空间更为广阔。在以数字化、网络化为底层逻辑的移动互联时代，主流媒体不是游离于社会运行系统之外的平行力量，而是与社会高度同构并深度嵌入的基础设施，持续探索和深耕"新闻＋政务服务商务"的运营模式，能够推动主流媒体从单一的"传播"模式转向"传播＋连接"模式，构建新型主流媒体的综合性功能，推动媒体深度融合发展。蔡雯总结"新闻＋"模式时指出："主流媒体自主可控平台在连接政府机构、企事业单位方面已经颇有成果，这种连接也使媒体突破传统边界有了各种'跨界'的尝试，在政务

传播、社会服务、文化建设、经济活动等领域扮演了新的角色。"[1]

（一）"新闻+政务"的传播连接实践

"新闻+政务"即以新闻为基础，为党政机关单位提供政务类合作服务。"打造以电子政务、新闻发布、舆论引导、形象宣传、舆情监测等为核心的政务平台，为政务服务提供融媒体资源支持。"[2]

1. 发挥"新闻+"的政务整合功能

例如，浙江安吉县融媒体中心，以"爱安吉"客户端为载体，参与智慧城市建设与社区治理，整合本地政务数据、便民服务事项、群众文化活动等，在客户端上搭建政务服务办理入口，大大便利了市民的生活。

2. 发挥"新闻+"的政府智库搭建功能

媒体搭建自己的数据库平台，连接多方的数据，为政府提供政策方案、设计规划、咨询报告与调研数据等。

3. "新闻+"连接着政府政务信息沟通，拓宽了群众表达意见的渠道，能够以新闻平台的互动方式为政务工作建言献策

例如，央视新闻客户端建立两会委员代表与群众沟通的渠道，大大促进了政府和公民之间的沟通。

4. 新闻媒体积极参与城市政务共建

媒体在数字化发展的过程中具备了数字化的基础，主流媒体将这些技术赋能智慧城市、智慧街道的建设，推动地方城市的数字化，如苏州广电的无线苏州深度参与苏州智慧政务与智慧城市建设。

5. 新闻媒体承接政务新媒体运营工作

媒体从业人员在新媒体的运营、流程管理方面具备专业能力，将这些能力连接上政务平台，能够为政务平台提供一系列、全流程，包含用户数据、

---

[1] 蔡雯，蔡秋芃.媒体办智库：转型期的实践探索和理论发展——对2008—2018年媒体智库及相关研究的分析［J］.国际新闻界，2019，41（11）：127-141.

[2] 肖叶飞.传媒"新闻+政务服务商务"运营模式研究［J］.新媒体研究，2022，8（23）：57-60，72.

新闻发布、政策解读、形象维护、品牌宣传、活动承办、专业调研等的全套服务方案。例如，深圳晚报代运营政务新媒体近200家，深圳晶报代运维的有112家，媒体从业者用自己的专业能力运维政府新媒体，赋能政务数字化。

6."新闻+"帮助政府引导舆论

在重大事件和社会热点事件中，媒体能够及时传递政府声音，引导舆论，在群体走向极化之前及时准确地传递具有公信力的信息，疏导公众的情绪，稳定民心。

7."新闻+"助力政府活动

主流媒体积极参与政务会展、论坛和会议等活动，搭建政务活动的传播渠道，做好政府活动的保障服务工作。例如，广东省提出举办"重大农业"项目投资开工仪式，南方农村报社参与协办会议，积极做好服务工作，这次活动结束之后，南方农村报社收到了很多政府部门的合作意向，为"新闻+"提供了新的连接渠道、使用方法与对接模式。

（二）"新闻+服务"的传播连接实践

"新闻+服务"模式是新闻媒体开展服务类运营，依托媒体的公信力和权威性，提供延伸拓展的服务。问卷调查显示，主流媒体提供的"新闻+服务"，排名前五位的分别是提供资讯服务、提供就业服务、提供气象环保服务、提供教育服务、提供生活服务。① 对于民众关心的就业、教育、日常生活领域，媒体都有所涉及，主流媒体正朝着扎根百姓、服务基层、满足需求的目标努力。

1."新闻+教育服务"

新闻媒体可以提供教育方面的相关资讯和指导，帮助学生、家长和教育工作者做出更好的决策。例如，主流媒体报道不同学校的教学质量、招生政策和就业前景等信息，有助于学生和家长选择适合自己的学校和专业。同时，

---

① 曾祥敏，董华茜.平台建设与服务创新的维度与向度：基于2022年主流媒体深度融合发展的调研［J］.中国编辑，2023（1）：26-31.

新闻媒体可以提供教育方面的专家意见和建议，引导教育工作者改进教学方法。

2."新闻＋就业服务"

新闻媒体可以在企业事业单位和待就业人群之间搭建起方便、快捷的信息交流平台。2022年为助力社会各群体就业创业工作，澎湃新闻适时推出"就业服务平台"，提供招聘信息查询、推介毕业生、咨询就业问题等服务，维持全社会正常的工作生活秩序。

3."新闻＋医疗服务"

主流媒体联合医疗机构，提供挂号就诊服务，在特殊时期给用户提供多个渠道就诊服务，缓解流量较大时期医疗服务容量不足的问题。例如，人民网人民好医生推出"医疗服务平台"，为网友提供健康科普、问答咨询、在线问诊、开方购药等系列服务，充分发挥了媒体的信用优势，打造了健康信息传播的新渠道。

4."新闻＋交通服务"

主流媒体提供出行方面的便民服务。例如，"爱安吉"客户端开通了24小时直播交通路口的线上服务，居民在出行之前可以查看直播路口的流量，从而选择更为快速的出行方案，还开通了交罚款等线上办理交通业务的功能，实现足不出户完成业务办理。

5."新闻＋社区服务"

民生服务通常与社区密切相关，媒体通过报道和组织活动促进社区的互动和参与，如组织社区义工活动、报道社区故事和成就等，可以增强社区凝聚力和合作精神。主流媒体为社区提供智慧党建、社区建设、环境卫生、志愿活动等服务，服务本地群众日常生活，助力社区活动与治理，增强社区凝聚力。

（三）"新闻＋商务"的传播连接实践

"新闻＋商务"是在"新闻＋政务服务"之后的自然延伸，是"新闻＋"模式整合跨界资源后，市场对媒体的认可和反馈，是媒体扩大自身收入来源的一种渠道。探索"新闻+商务"模式也是现在的市场环境的必然要求，媒体需提高运营能力，增强自身的造血能力，与市场接轨，扩大自己的影响力。

具体来说，"新闻+商务"的跨界融合发展，需要在以广告经营为核心的商业模式之外，以产品思维、用户思维、大数据思维、商业化思维、产业链思维构建"新闻+"商业生态体系，通过扎根重点行业，打造集传播营销、文化创意、教育培训、展会展览等垂类板块于一身的融合经营矩阵，塑造IP化和品牌化产业运营新形态。

1. 广告宣传的全案业态发展

主流媒体对重点客户提供全案代理服务。新闻媒体基于自身的传播能力和传播优势，实现与客户的强强合作，以自身的专业能力服务于市场主体。"以新闻为基础产生扎实的流量数据、广泛的传播效应，加上服务团队高质量的服务方案和一流的服务水平，从而获得商业客户的信赖和认可。"[1] 例如，南京广电升级奇迹畅娱，旗下签约账号已近300个，粉丝达4000万人，南京广电以内容、主播、产品为IP打造多元化的凝聚力矩阵，在活动宣传、直播带货、政务宣传推广、城市形象推介等方面充分发挥了媒体机构的专业实力，扩大了营收来源，优化了营收结构。

2. "新闻+电子商务"

很多主流媒体的新媒体平台设立了电商板块，电商商城成为主流媒体和电子商务平台生态对接的一个纽带。主流媒体电商服务乡村振兴，结合当地特色，宣传乡村好物，助推帮扶产品产销对接。四川达州宣汉县融媒体中心助推"新闻+电商"产业发展，通过搭建宣汉县特色产品网络销售平台，推进当地电子商务规模化、品牌化、品质化发展，助力脱贫攻坚和乡村振兴。

3. "新闻+直播带货"

主流媒体直播带货的主要优势在于其长期积淀的品牌认知和品牌价值，

---

[1] 肖菡."新闻+政务服务商务"运营模式探析：以天眼新闻品牌运营为例[J].媒体融合新观察，2021（5）：38-41.

透过品牌为直播带货活动进行信任背书,消费者基于信任在直播间下单;而且主流媒体在直播带货活动,尤其在公益直播带货活动中更能得到电商平台和流量平台的流量倾斜。

4."新闻+文化产业"

文化产业是主流媒体重要的发展领域,也是主流媒体的商业模式优势所在。例如,湖南广电将芒果 TV、芒果影视、芒果娱乐、芒果互娱、天娱传媒五家公司以及快乐购整体打造为芒果超媒,实现大文化产业的整合升级。

三、"新闻+"多元传播连接模式的建立

"新闻+"运营模式,是媒体融合深度发展的重要实践。传统的新闻理论是传播理论,而"新闻+"拓展了传播理论,从单一传播走向"传播+连接"模式。

(一)"新闻+"正在形成多元传播连接模式

主流媒体做好新闻宣传工作,构建全媒体传播体系,新闻报道是立身之本。主流媒体提高新闻报道影响力,打造更强的公信力和权威性,需要相应的全媒体业态的支撑。随着"新闻+政务服务商务"模式实践的不断探索,主流媒体能够建立的连接体系越来越广泛,对于新闻宣传产生重要的支撑作用。一方面,政务连接、服务连接和商务连接的多元连接模式扩大了主流媒体的连接范围,推动了主流媒体和用户之间更为广泛的连接关系;另一方面,在媒体跨界越来越多的情况下,新闻覆盖面更广,体系化水平更高,传播效率更高,促进了新闻的多平台融合传播,提升了新闻传播到达率和全媒体触达率,扩大了新闻报道的传播效果和社会影响力。

（二）"新闻+"推动主流媒体多元化连接用户

"新闻+"提供了连接用户的更宽途径、更多功能，能够有效地推动媒体和用户之间的关系连接。"新闻+"多元传播连接，能够在时间、空间上全方位、全动态、无间隔、高频率地连接用户。第一，"新闻+"能够推出多元的服务与内容，多方位多层次地触达用户，满足用户在社会工作生活中的信息需求和服务要求。第二，"新闻+"能够打破时间限制，实现全天候的信息触达，有效把握用户的每一个传播时机，新闻是硬连接，政务资讯是刚需，服务是社会生活的支撑，商务满足用户的消费需求，"新闻+"通过提升传播效力，吸引更多受众成为主流媒体的忠实用户。第三，"新闻+"能够使用户在不同空间中多元化、有跨度地使用主流媒体平台。无论是政务的"信息多跑腿、群众少跑路"的惠民理念，还是贴近百姓的社会服务能力和"快递可达"的电子商务服务，都改变了原有的空间限制，提高了连接用户的能力。

（三）"新闻+"提高了主流媒体在社会关系网络中的地位

随着互联网的不断发展，特别是 Web2.0 时代，网络连接和网络传播受到了社会关系网络模式的影响。在纷繁复杂的信息传播中，主流媒体成为舆论舆情的压舱石、风向标，"新闻+"让主流媒体在社会关系网络传播中占据优势地位。

"新闻+"模式连接着广大人民群众，提供了有品质、有深度、有生活的资讯和服务，不断满足日益增长的消费者需求，奠定了主流媒体在社会关系网络传播中的核心地位。主流媒体只有成为网络传播中重要的"信息节点"，才能进一步把握互联网发展带来的机遇，进一步扩大主流新闻媒体的引导力、影响力，更加广泛地参与社会生活的方方面面。

综上，"新闻+"实践是媒体融合深度发展的重要模式，推动主流媒体建构全媒体传播体系，实现全媒体、多渠道、多场景传播，提升传播力、引导力、影响力、公信力，有利于主流媒体进军主战场，发展成为具有强大竞争力的新型主流媒体。

电视媒体融合需要理解信息革命*

媒体融合发展到今天,需要我们认真思考,广播电视行业遇到了一个什么样的问题。20世纪80年代,初入信息社会时,有一个很热的词——"信息爆炸",随着时间的推移,这个词变得越来越重要,但是迄今为止,很多广播电视媒体人都没有真正地理解什么叫信息社会、什么叫信息爆炸,没考虑清楚广播电视媒体在信息爆炸中处于怎样的地位、能产生怎样的影响。

在信息爆炸的环境下,信息的采集、处理、存储、传输的能力在信息社会有了质的发展,电视媒体融合要解决的问题就是如何提高自身的信息能力。电视媒体要大幅度提高信息采集、处理、存储、传输的能力,在信息社会中找到自己的信息地位。

一、电视媒体融合的三化

电视媒体融合的过程大致可以概括为"三化历程"——数字化、网络化和移动化。其中,数字化相关技术在1990年出现,指的是把电子化的产品进行数字化转化,用电脑干活,用服务器运行,用数据库存储。网络化指的是随着互联网的出现,传统媒体纷纷在PC端时期建立网站。媒体使用电脑进行内容生产后,通过互联网传播,传播后的内容再通过电脑呈现。在2005年之后,对于电视媒体而言,网络化就意味着在电脑上看视频。移动化则是指在

---

* 本文原载于《传媒》2018年第4期,与陈雪合作,收入本书时有改动。

手机终端上看视频、听广播。因为在 2008 年之后，移动互联网大力发展，媒体均逐渐将重点转向移动端。

电视媒体融合发展涉及三化的每个阶段，出现了各种业态并存的现象，这也是当前媒体融合的"乱象"之源。

随着计算机技术与互联网技术的发展，图文制作、传播技术已经得到突破，传统报业媒体面临的挑战非常严峻。但是，由于视频技术没有出现革命性突破，视频新闻的采、存、传仍然比较复杂，所以对于电视媒体而言，尽管发展存在挑战和竞争，其总体仍处于一个较为稳定的状态。

二、电视媒体融合的经验

中央政策对媒体融合的推动。不论是新媒体还是传统电视媒体的发展，都离不开政府政策的扶持，媒体融合是中央明确提出的，各级党委、政府都愿意为媒体融合提供资源支持。在习近平总书记重要讲话的指引下，在中央推动传统媒体与新兴媒体融合的政策指导下，传统电视媒体在媒体融合中的作用越来越受重视。一方面电视媒体努力思考，开发好的媒体融合项目；另一方面，政府给予优质媒体融合项目更多的资源倾斜，这对媒体融合起到了非常大的推动作用。

传统电视媒体与新兴媒体相互借鉴。传统广播电视媒体制作优质内容的能力非常强，且普遍超越新兴媒体。但是新兴媒体也有很多可取之处值得传统媒体学习，在相互融合的过程中，广播电视媒体内容自身也经历了不少转变——实时性更强、内容数量更多、发布更机动、形式更多样。许多新形式的内容颇受欢迎，如数据新闻、图说新闻、短视频、互动新闻、H5、无人机报道等。主流广播电视媒体与新兴媒体在不断融合发展中相互借鉴，共同成长。

新渠道的拓展。在互联网、移动互联网的发展大潮下，受众的媒介接触行为发生了改变。为了契合受众习惯、抢占市场，在融合道路上，电视媒体在渠道拓展方面有所投入。在 PC 端时代，受众喜欢使用电脑，电视媒体便纷纷建立网站。在电视媒体创建的网站中，不乏取得优异市场成绩的佼佼者。到了移动互联网时代，大批流量从 PC 端转移到了移动终端，于是电视媒体又纷纷布局两微一端，进驻"头条号"等流量聚集地、打造账号矩阵，希望可以多方位触及受众。

机制的改革创新。电视媒体融合发展至今，业内一直在谈机制的改革创新问题。何谓机制的改革创新？机制的改革创新指的是通过改革机制从而配合甚至促进生产模式的转变、升级。目前有很多的内容生产体系，沿着软件系统和信息革命的机制调整变化、打碎重组。一些单位内部通过创新的机制，促进内容"一次采集、多次编辑、媒体渠道分化、分层次多元呈现"全链条的完整运营，同时借助云平台，实现新闻素材、内容成品的集中管理、共享共用，建立媒体内部一体化内容管理体系，这些都是媒体融合的进步。

三、媒体融合的核心问题是影响人

不管媒体融合如何发展，其核心问题还是影响人——即用什么样的内容、要影响哪些人，以及如何评估这种影响。许多电视媒体在理解"融合"时存在偏差，仅仅是就"融合"谈"融合"，忽视了"人"这一基本问题。融合工作成了怎么把"融合"做好，而不是如何通过"融合"影响到希望影响的人。

媒体需要有明确的自我定位，首先想清楚自己要影响 7.72 亿中国网民中的哪些人。根据目标用户群，再去制定应该用哪些内容、如何表达，最后明确形成自己的主营业务。之后要根据媒体本身的特点、目标受众的特点、内容的特点、业务的性质，制定一套科学、合理的评估体系。总而言之，拓展新渠道以及新的合作形式等都是融合的方法，而媒体融合的第一要务是影响人。

电视媒体的新渠道营销较弱。在渠道建设方面，虽然电视媒体也都建立了自己的新渠道，但是新媒体与传统媒体在渠道建设上的投入比例是大不相同的。新媒体大都投入非常多的时间在渠道建设中，这种坚持和投入是值得传统电视媒体思考的。

新渠道成功与否，重在运营，而运营渠道恰恰是传统电视媒体的软肋。

电视媒体在新兴渠道的运营方面主要有四个缺点：一是产品运营手段的缺失，二是市场推广能力较弱，三是受众思维与用户思维转换的滞后，四是数据处理能力与意识的薄弱。简单来说，传统的电视媒体人擅长做内容，不擅长做产品，编采团队做一个口碑好的内容不难，但是要完成产品的研发、测试、推广、维护，就实在非其所长，更遑论利用大数据等先进手段玩转新媒体上的互动营销等新招数。可以说，现在新兴渠道运营的各个环节都日趋专业化，而传统电视媒体过往的运营模式往往比较粗犷，需要通过精细化打磨，才有可能适应新的大环境。内容生产是传统电视媒体的优势，电视媒体要保持内容优势，仍有明确的上升空间。如何实现平台化、带动同类业态共同发展，如何加强版权保护和进一步提高节目的精致程度，是电视媒体仍需要思考的重要问题。

除此之外，还要引起电视媒体重视的问题是，就内容类型而言，现在电视的娱乐性内容比例在大大上升。电视媒体可以思考一下，是否应该投入更多的精力生产这种能带来大量点击量和流量的娱乐内容。在媒体融合中，保持技术先进非常重要，如果没有技术领域的领先性而仅仅是抄袭、复制他人的模式、方法，是难以成功的。因此，一定要关注国际上主流的新媒体技术。目前一些被谈论的热门技术，如精准推送，就是2009年电商已经成熟的技术，如果到2018年的今天，传统电视媒体还在将精准分发作为先进技术去推动，这样的媒体融合肯定一出来就是落后的。

现在的电视媒体融合工作中很多的技术研发不是自己的技术团队来做，那么如何实现系统的更新升级、前沿技术的研发与应用呢？因此，电视媒体要紧抓国际先进技术热点，加强自有技术团队的建设，真正实现前沿技术研发能力的提高。

综上所述，电视媒体融合的核心技术应该是提高媒体自身的信息采集处理能力。如何把握中央主导的媒体融合机遇？如何使媒体更具影响力？如何在信息社会里和信息爆炸状态下重新找到媒体的社会地位？这些都是当前电视媒体融合发展的关键问题。

对广电媒体融合若干问题的思考[*]

一、理念的问题

我今年（2016年）负责全国重点新闻网站"十三五"规划课题，收集了500多家网站资料，调研了20多家新闻网站。从收集的资料来看，广电网站作为新媒体的主要成员，情况有积极的一面，也有不如人意的一面。国家重点新闻网站中广电网站不多。从客户端资料来看，广电客户端还处于起步阶段。

为什么10年来广电网站和客户端的实际发展数据一般？我认为主要是理念问题。第一个理念就是信息革命，广电网站没有完全深刻地认识到我们正在经历一场信息革命，我们原来的统计数量和信息革命以后的数据数量不再是一个层次。我们原来说电视台一天播24个小时，就是顶级台；省台能够播16小时、12小时；市台能播8小时、4小时；区台能播半小时，都是不错的台。而现在，我们经常听到视频网站一分钟上传多少小时的视频节目，这种指标体系是几十亿人点击或几百亿人次点击的体系。信息革命意味着这个信息统计量跟我们原来的维度模式差距非常大，可以说是上百倍、上千倍甚至上亿倍的差距。这要求我们对信息革命的理念还要深化。

从大数据方面来说，广电做的大数据与实际大数据差距相当大，不在一

---

* 本文原载于《新闻战线》2016年第19期，收入本书时有改动。

个维度上。我们用大数据做收视率所看到的数据量和规模，和实际的大数据相差甚远，我们做的大数据实际上只能叫小数据。

新媒体理念讲的是所有人向所有人传播的理念，与我们原来的传播理念不大一样，这个理念导致了一个有趣的现象：从去年开始，很多企业办活动，往往是媒体坐一排，再有一排是网红坐在那进行现场直播。企业解释说网红有几十万、几百万粉丝，又是现场直播，很有影响力。

我们广电人在20世纪80年代提出了"5A"理念，即任何人在任何时候任何地点以任何方式传播任何内容，今天的手机之所以有这么大的影响力，是因为与这个理念更一致。为什么手机变成一个伴随媒体？为什么大家现在都在讲移动互联网？无非是因为我们接收信息的方式更方便、更快捷、更大量。

我觉得这些理念是新媒体理念中非常重要的方向，也是信息革命所带来的方向，符合这个发展规律的新媒体就会做得好，不符合这个发展规律的就是会受到影响，数据量和信息量也会受影响。我觉得广电媒体对信息革命和对大数据的理解，不仅仅要体现在概念上，更要用这样的理念去指导创新，我们现在看到的大量互联网创新，基本上都是基于这些理念去实践的。比如说所有人向所有人传播，就出现了大量的UGC，网民间自己传来传去，导致数据量和信息量非常大，对我们产生了巨大的影响。

二、战略的问题

在国家层面，近期出台了很多大的战略规划，有的已经成文。如《国家信息化发展战略纲要》，有关文化体制发展的"十三五"规划即将出台。媒体融合也是中央的战略之一，是中央提出的一个具体要求。国家许多大的战略创新，特别是在信息化方面的战略以及由此产生的很多工程，都会对我们的信息传输、有线网、卫星网甚至无线网格局产生很大的影响。也就是说，我们广电媒体在国家整体战略中占一个什么样的比例和地位？能够参与多少？这个问题值得我们认真思考和应对。国家信息化发展战略中提到三网融合，每一个这样大的规划都意味着国家政策的扶持，意味着各级党委和政府的支持,还有各种项目的支持。

现在的广电跟我们原来的广院一样,当初广院播音专业只有一家办,现在有 300 多所大学都在办这个专业。原来广电视频业务只有一家干,现在变成了好多人都在竞争。在这样的环境下就有一个占位问题。广电原来只做视频(视频也是信息化的重要组成部分)业务,今后如何在国家信息化战略中占有主要地位,是非常重要的考验。

原来提"新闻立台"和"新闻立报",现在可以看到北京电视台和 360 公司在合作,为什么呢?现在的用户,甚至是一个卖菜软件导流过来的东西都可能靠上新闻的边。用户多了就把新闻带上,典型的标志就是微信。微信跟新闻有什么关系?每个微信公众号一天最多三条,却对中国产生了很大的影响。这个变化对我们广电媒体也有很大影响。所以,广电媒体在国家战略中、在信息化战略领域,能起多大作用,值得思考。例如,"移动苏州"客户端着力于智慧城市、智慧社区,大家往这个方向做得很好,但还要往国家信息化战略方面努力,思考到底能对中国的信息化传播起什么作用。

三、互联网技术

我做重点新闻网站"十三五"规划课题研究时发现一个有趣的规律,报纸十年前干的事就是电视后十年要干的事。1997 年人民日报开始建立网站,广电视频网站大约是 2007 年所建,网络电视台也是那个时段所建。客户端也存在这个问题,现在今日头条推送的内容都是报纸提供的,今日头条也想把电视台内容引进来,变成个性化千人千面视频分发系统。

我这里所讲的正好差十年,是指我们现在弄的以文字图片为主的互联网,过几年就会过时。现在广电媒体在互联网体系里面遇到的情况会与报纸一样,由于文字图片在互联网技术上的突破,报纸遇到了非常大的麻烦。目前,互联网视频技术还没有突破,就像一个大的集装箱卡车,还不好停、不好运、不好吊,在视频技术被理顺和突破之前,广电媒体的整体结构不会有太大变化,互联网目前只是在玩网络视频,但今后几年视频技术可能会发生巨大突破，主要是在视频搜索、识别上的突破。现在大数据里面讲机器学习，图像和影像识别就是其核心技术之一，如果视频能够识别出来，很快就会出现像谷歌一样建立搜索系统的公司。现在没这个技术不好建，一旦技术突破了就会有巨大变化。

这意味着，广电媒体在这个方面面临着一个战略问题。视频技术的突破会导致广电整个结构的变化，可能对每个台都带来重大影响，广电媒体在这个问题上要有一个战略性应对策略。

我们老讲 BAT，但是 BAT 做的主业没有一个是视频。现在包括互联网前沿的人都认为视频一定是互联网的未来，视频为王是核心，在大量互联网应用中引入视频的技术突破，一定是发展方向。因此，从战略上来讲，广电的媒体融合，目前之所以没有那么大的战略性压力，是因为互联网技术还没有在这方面有突破，但今后几年可能会突破，一旦突破，广电媒体就会发生巨大变化。可以说，我们现在还有一定的战略时间和战略空间来思考、应对。

广电媒体融合发展的基本问题思考*

广电媒体数字化发展已有十几年了，从数字电视、有线数字电视，到广播电视放到手机上的CMMB，再到宽带网络为导向的NGB，广电媒体融合在不断探索和深入。2014年，中央提出了"加快推动传统媒体与新兴媒体融合发展"的要求，广电媒体融合也到了一个新的历史发展时期。面对着新的挑战和新的机遇，我觉得有几个问题需要进行思考和判断。

广电媒体融合发展的第一个问题，是理念。媒体融合发展的理念是什么样的呢？我们再一次将镜头转回20年前，当时出现了一个非常重要的关键词——"信息革命"。计算机技术和互联网技术推动的信息革命，是"工业革命"之后人类历史上的一次大潮流。广电媒体需要深刻地认识信息革命的潮流。如果说1990年我们还看不清楚信息革命的趋势，到了2016年，信息革命已经是浩浩荡荡，席卷全球，不断地创新，影响着社会的每一个领域，每个人都有了"千里眼"和"顺风耳"，科幻小说已经变成了现实。广电媒体发展要站在信息革命历史的潮流中，思考如何全面而彻底地投身到这个信息变革中去，成为时代的引领者。"信息革命"不是"电视革命"，任何随波逐流的理念或者"水来土掩"的理念，都会影响到广电的发展。

信息革命在20年前有一个非常重要的哲学，就是"5A"，即任何人（Anyone）在任何时候（Anytime）、任何地点（Anywhere）通过任何方式（Anyway）得到任何服务（Anyservice），这个哲学引导了全球互联网以及移

---

* 本文原载于《中国广播电视学刊》2016年第10期，收入本书时有改动。

动互联网的发展。这个理念转化为广电领域的理念，就是"任何人、任何时候、任何地点、通过任何方式，得到视频服务"。这个理念非常重要，视频是传播中的"王者"，突破视频服务的"5A"技术是一个巨大的历史使命和机遇，谁能完成这个历史使命，谁就能在发展中脱颖而出。

广电媒体融合发展的第二个问题，是生态。目前来看，广电媒体融合，就是要解决如何从"小生态"变成"大生态"的问题。2000年以来，广电媒体遭遇了一个全局性的问题，那就是广电生态和互联网生态的融合与竞争，这是媒体融合导致的直接结果。从1979年到现在，广电媒体借助中国改革开放的春风，从小生态发展为大生态，发展出了一个独特而有巨大优势的媒体生态，发展出了几千家电视台、几百家有线电视公司，每个电视台发展出了几个到十几个频道，广告收入从几十亿到几百亿到上千亿，"四级办电视"成为电视的市场结构。2000年之后，互联网媒体也从小生态发展为大生态，互联网生态快速发展，从门户网站、到搜索引擎、到电子游戏、到电子商务。2008年之后，移动互联网飞速发展，客户端、微博、微信等互联网生态不断深化和发展，成为社会主流信息体系。

在媒体融合的大背景下，广电生态不断受到挑战。电信行业希望进入视频领域，大力发展IPTV；视频网站进入视频领域，逐渐分流电视终端的观众；终端厂商也希望通过智能终端进入视频领域。广电媒体生态已经从一家独大变成了多家竞争。面对这种局面，广电媒体已经在思考如何完成原有资源的延伸，保持原有生态。但是，我们更需要思考的问题是，独立的广电生态系统范围较小，而互联网生态已经广为社会应用。广电媒体融合，就是要更好更快地适应新的生态，并成为社会应用广泛的生态，保持广电在国家与社会信息化生态中的核心地位。行业主管部门提出的"广电+"，就表达了这样一个生态竞争的愿望。

广电媒体融合发展的第三个问题，是资源。广电媒体融合，大家最关注的是资本，非常羡慕互联网公司多少亿的资金与资本，很多观点是只要给我资本，我有了钱，就可以做很多事情。回应这个观点，需要先回答一个问题，就是投资方为什么要给你资本？另外一个问题是资源问题，很多广电媒体人才流失,有观点认为原因在于待遇,钱挣得少,人自然留不住。我觉得这两个问题非常实际,但是一个更重要的资源是"业务资源"。广电媒体融合,到底是做什么,然后才是需要多少钱和多少人。广电媒体融合,目前大家讲了很多"两微一端",微博、微信是新浪和腾讯的大型的信息化新媒体平台,广电和微博微信就是新生态关系,即为微博和微信的生态做贡献,指望"两微"广电发展不了。广电客户端业务也是"追随"战略,进入移动互联网新业态,"追随"战略势必造成后发劣势。广电媒体融合的资源在于音视频业务,音视频业务创新是广电媒体融合的根本出路。

从融合新生态来看,新型信息平台是唯一方向。广电媒体有三大战略方向,第一个是视频大型信息平台方向,就是大型的视频信息处理平台;第二个是智能终端信息平台方向,其中如何把电视机变成新的信息终端是关键;第三个是网络信息平台方向,利用有线网络和卫星网络,发展视频大型信息平台。面对信息革命,面对融合的新媒体生态环境,广电媒体融合就是要加大、加快音视频信息处理能力,这个大和快是对标互联网的,通过经营手段把更大和更快的信息传播能力变成业务点,是广电媒体融合的基本道路。

媒体融合：唯一不变的就是变化[*]

随着一系列媒体融合政策的推出，主流媒体加速了融合进程。2014年，新华社上线了聚合新华视点、中国网事、新华国际等多类新闻资讯的"新华社发布"客户端。2015年，人民日报推出媒体融合发展的重要平台——"中央厨房"，并于同年全国两会上首次试运行。2016年8月22日，人民日报上线中国媒体融合云，将技术资源向全行业共享，为所有合作媒体提供各类新型内容生产、大数据运营、人工智能等应用。2014年8月开始，中央电视台推动了以央视影音客户端、央视云和大数据平台为代表的媒体融合工程。

一、报业的媒体融合

报业的媒体融合首先体现在平台、终端、渠道的构建和技术支持上。通过技术建设，人民日报探索出了具有中国特色的媒体融合采编发平台模式，即"中央厨房"模式下报刊、网站、客户端、社交平台的联动。在终端和渠道建设方面，人民日报经历了报纸入网、手机报、社交账号与客户端等发展阶段，并形成了报刊+网站+社交媒体+客户端的传播矩阵，实现了数字化、网络化、移动化传播。新型传播渠道的建设释放了人民日报的传播活力和内容创作力，并生产出一批深受网民喜爱的H5、短视频、直播等内容作品。例如，人民日报客户端策划制作的短视频《人民代表习近平》《改变——习近平

---

[*] 本文原载于《新闻战线》2018年第19期，与刘若歆合作，收入本书时有改动。

治国理政这四年》等，两微一端总播放量均超过亿次。

更为深层的媒体融合则表现为报业新媒体产品的横空出世，且形成高价值的新媒体品牌。例如，澎湃新闻脱胎于传统报纸，从网站起步，逐步扩展到微博、微信和客户端，实现了全渠道的覆盖。在内容融合方面，澎湃新闻突破传统报纸的传播思维，定位于中国的全媒体内容平台，上线以来，凭借《打虎记》《中国政库》等优质栏目和内容迅速成为"现象级"新媒体。

二、广电的媒体融合

广播电视的媒介融合注重融合发展布局，全方位利用云计算、大数据等新兴技术，创建多维度的新媒体集群。包括网络视频平台建设、云生态体系建设、产品和品牌集群建设，部分地方媒体借助云平台建设，开始向区域性生态媒体平台发展。

（一）央视云

依托央视云和大数据建设，中央广播电视总台充分利用自身在视频领域的内容优势，形成了全媒体采集、制作、播出、数据智能关联的闭环云生态体系。例如，在融媒体新闻评论节目《中国舆论场》中，节目组与央视网联合推出"中国舆论场指数"，实时关注全网新闻的热点舆情，对共计1万多个网站和3500万个账号/公众号的互联网海量数据进行抓取分析，每日采集数据总量超过1000万条，运用网络大数据支撑节目选题。通过融媒体中心和"中央厨房"，央视推进了传统媒体平台和新平台项目融合，努力实现从数字化传播向智慧媒体转型。

（二）芒果 TV

芒果 TV 是湖南卫视在 2014 年推出的湖南广电唯一互联网视频平台，依托湖南卫视优质的综艺节目，专注视频和新媒体业务，探索"内容为王"战略下的媒体融合。在终端和渠道建设方面，芒果 TV 完成了产品和品牌集群的建设。芒果 TV 先后布局网站、互联网电视、移动客户端、PC 移动 M 站、PC 客户端、手机电视、IPTV 等七大传播方式下的十多种产品或品牌集群，构建了以芒果 TV 为核心的涵盖视频终端和内容生态圈的"一云多屏"的传播体系。芒果 TV 探索出基于优质视频内容的独家版权，实现了从传统电视媒体向网络视频平台的转变。从 2014 年自制综艺节目《花儿与少年》率先试水独播反响强烈，到 2015 年全面启动独播战略，芒果 TV 成功实现了网络化的平台转型，已经成为可以和爱奇艺、腾讯视频等互联网视频平台进行有力竞争的传统媒体新平台。

三、报业 + 广电的融合

对大部分媒体来说，媒介融合主要在单个媒体或媒体集团内部进行，而打通全部媒体平台的全媒体融合则需要行政力量的介入和引导。

2016 年 11 月，天津市津云大数据平台一期——"中央厨房"项目启动，2017 年 3 月 31 日正式运行。与国内大多数地区的"中央厨房"项目由地方传统媒体集团内部投入建设不同，天津的津云"中央厨房"是由天津市市委统一部署，市委宣传部与网信办牵头，依托北方网技术与运营经验建立运行的。津云"中央厨房"，融合中央驻津媒体、天津日报、今晚报、天津广播电台、天津电视台、北方网、津云客户端以及天津党政机关高校 1752 个自媒体，打通报业、广电、网端、移动端以及自媒体，打造了一个庞大的媒体矩阵。"中央厨房"还利用北方网新媒体集团直通资本市场的有利条件，激活创新细胞，为天津全媒体融合发展注入生生不息的动力。

四、问题与思考

（一）吸引用户及准确定位

CNNIC 数据显示，截至 2017 年 12 月，我国网民规模达到 7.72 亿，互联网普及率达到 55.8%，其中移动互联网用户规模达到 7.53 亿，97.1% 的网民都使用手机上网，而传统媒体受到受众的"冷落"。据中国网络视听节目服务协会 2017 年的用户调研数据来看，过半的用户已经不再接触传统媒体。受众的"离开"对传统媒体给予直接的冲击，最明显的影响就是传统媒体广告业务的大幅度下滑。CTR 数据显示，自 2014 年上半年开始，我国传统媒体广告业务便一路下滑，到 2017 年上半年同比下降 4.1%。因此，吸引用户成了媒体融合的核心问题。

（二）唯一不变的就是变化

互联网环境正变得越来越复杂，技术的迭代速度已经超出了想象，全球企业用于数字化转型的支出巨大，新兴互联网企业更是在诞生之时就使用了全新的技术架构。技术生产工具的升级大大释放了媒体的内容创作能力，从新闻媒体自身特质来看，利用新技术增强观众体验感及抓住新闻的时效性也是促使新闻媒体行业蓬勃发展的原因之一。媒体融合，唯一不变的就是变化，没有哪一种模式可以立竿见影、一劳永逸地完成媒体融合。在新兴媒体的环境中，技术创新日新月异，竞争环境变化迅速，产品创新不断迭代，传统媒体应该适应快速变化的新媒体环境，不可抱有一蹴而就的想法。

新媒体技术在县级媒体融合中的应用*

国内媒体纷纷推进媒体融合工作,将大数据、云计算、虚拟现实、人工智能等新媒体技术应用在新闻传播领域。"VR新闻""融媒报道"等新的新闻产品形式不断出现,新闻传播影响力持续增强。但是,仅仅依靠国家媒体、省级媒体进行传播是不够的,县级媒体在我国媒体传播矩阵中同样扮演着不可替代的角色,同样需要考虑媒体融合的技术工作建设。

技术既催生了新媒体的诞生,也影响着其走向,甚至直接决定了一家媒体未来能走多远。技术创新已成为媒体融合的重要驱动力,从内容创作到内容生产,再到内容分发,技术创新贯穿了整个媒体的产业链。因此,在县级媒体融合的工作中,需要深入思考新媒体技术的应用。

一、县级媒体融合的基本技术

(一)采编发平台是媒体融合的基础平台

一次采集、多种生成、多次分发的采编发平台是目前组建媒体融合中心的基础平台。典型的具有中国特色的媒体融合采编发平台模式,实现了报刊、网站、客户端、社交平台的联动,统一采编发平台可以打破部门之间割裂的运作模式,通过总编调度中心和采编联动平台可以统筹采访、编辑工作,在面对重大专题宣传时,能够实现报、网、端、微内容生产全流程的深度融合。

---

* 本文原载于《新闻论坛》2019年第1期,与刘者歆合作,收入本书时有改动。

在采编发一体化平台支撑下，传播活力和内容创作力得到释放，生产出一批深受网民喜爱的H5、短视频、直播等形式的内容作品。《人民日报》、新华社、中央广播电视总台、《光明日报》、《经济日报》等媒体也完成了统一采编发平台的建设，可以看到，采编发平台大大提升了内容生产能力，显著提高了新闻的发布数量和质量。

（二）数据中心是县级媒体融合的核心资源

数据中心通过数据集纳与整合，打通媒体信息、政府信息、网络信息间的数据孤岛，盘活数据资源，建设和完善来源多元、专业化、规模化、现代化的基础性海量信息资源池，可以为媒体提供计算能力、存储能力、网络能力。从宏观上看，媒体通过对数据进行筛选、整理和挖掘后转化为满足不同层面用户需求的定制化的新闻资讯，借助于新媒体平台，以直观、易用的形式向公众提供互动式服务，可以满足公众日益增长的信息需求。

县级媒体建立数据中心后，可以开展新闻选题、受众画像、舆情监测等方面的应用。通过在信息中寻找关键联系，可以发现有价值的新闻线索，既能满足受众的需要，也能为新闻采编找到方向。

（三）云平台是县级媒体融合的支撑保障

以云处理、云存储、云接入为核心的云技术和云服务已经成为互联网发展的新动力。随着媒体互联网业务、移动互联网业务的高速发展，用户数量快速扩张，数量及存储量呈几何级增长，云平台的建设成为媒体发展转型的基本要求。近几年通过对媒体融合项目建设的观察，我们发现云平台建设已经成为央媒推进媒体融合进度的标配。例如，中央广播电视总台建立了央视云，形成了全媒体采集、制作、播出、数据智能关联的闭环云生态体系；湖北广电推出长江云平台，在融合方式上较单一媒体云平台更进了一步。

县级媒体在应对大量的信息存储和计算的时候，采用云平台技术可以节约大量的硬件成本。此外，多家央媒的云平台可以开放给县级媒体直接使用。以新华社"现场云"为例，截至2018年2月12日，该平台入驻机构用户

2400多家，覆盖全国省级、地市级媒体，入驻记者、编辑12000多人。

（四）客户端是县级媒体融合的重要渠道

移动化是媒体融合的前沿，通过移动终端完成媒体发布，推动媒体融合进入移动互联网进而影响手机用户，促进了主流媒体阵地的建设。客户端的建设赋予了传统媒体新的生机，对于专业性强而平台空间不足的广播媒体、电视媒体来说，客户端不仅可以提供内容平台，还能直接将海量用户呈现在媒体面前。

同时，县级融媒体中心由于投资、人才等方面的限制，只有少量县级媒体拥有客户端，新媒体渠道方面普遍使用微博、微信、头条等平台，我觉得这个低成本的模式是可以选择的，最重要的是"移动化"，对于县级融媒体中心来说，手段、措施、阶段也是可以多方考虑的。

二、适度采用新兴前沿技术

新兴媒体同样要面对新兴的技术，这些新兴技术对于县域媒体既是机遇，也是挑战。对于不同的县级融媒体中心，适度采用新兴前沿技术，跟进技术潮流，是创新精神的具体体现。

（一）无人机

无人机为新闻摄影开辟了新视界。一方面，无人机独特的空中视角，使其在拍摄城市景观、大型工程项目、大型地标性建筑、范围广大或地势险峻的风景等方面具有独到的优势，可表现出宏大的场面、清晰的方位和透视效果[1]。另一方面，无人机突破了新闻摄影的空间限制。在一些对摄影记者人身安全有威胁的区域，如洪水、火灾等自然灾害发生现场，人力难以靠近的区域或某

---

[1] 张建平.略谈无人机时代的新闻摄影[J].中国地市报人，2015（9）：81—82.

些有毒有害环境等，无人机就可大显身手，代替记者接近现场[①]。

（二）人工智能的媒体应用

人工智能化强调的是在人机交互过程中，机器逐步具备类似于人类的学习和理解事物、处理问题并做出判断及对策的能力。在传媒领域，人工智能最典型的应用是传媒核心内容生产的智能化。在未来的新闻行业里，记者和人工智能将形成"人机联姻"的生产模式，算法用于分析数据、发现有趣的故事并向记者提供初稿。随后，记者通过深入分析、采访重要人物和幕后故事完善报道。

2017年12月26日，新华社在成都发布了中国第一个媒体人工智能平台——"媒体大脑"，该平台实现了运用人工智能技术由机器智能生产新闻[②]。其生产过程是：首先通过摄像头、传感器、无人机等方式获取新的视频、数据信息，然后经由图像识别、视频识别等技术让机器进行内容理解和新闻价值判断[③]，依托于大数据的"媒体大脑"会将新的内容与已有数据进行关联，对语义进行检索和重排，智能生产新闻稿件。

（三）VR推动内容表现力

在VR新闻中，用户面对的是360°的立体空间，可以自主选择观看角度，突破了以往镜头框架的限定。2015年初《德梅因纪事报》用VR技术向观众交互呈现了美国爱荷华当地一个农场家庭的变化，此举引发了VR技术在新闻界运用的潮流[④]。2015年9月，ABCNews与科技公司Jaunt合作开通了名为"ABC News AV"的AV频道，这个频道通过VR技术将观众带到新闻

---

① 李春竹，刘怡林. 新媒体背景下新闻摄影传播特征分析 [J]. 新闻研究导刊，2015，6 (12)：274-275.
② 新华社推出中国首个媒体人工智能平台 [J]. 新闻记者，2018 (2)：57.
③ 常斐，赵子君，李霞，等. 第一个媒体AI平台，助力成都传媒集团发展 [N]. 成都日报，2017-12-27.
④ 喻国明，张文豪. VR新闻：对新闻传媒业态的重构 [J]. 新闻与写作，2016 (12)：47-50.

现场①。观众只需要在手机上下载 Jaunt 应用，戴上像 Google Cardboard 那样简便的虚拟现实设备，就能观看到来自叙利亚等新闻现场的视频。纽约时报于 2015 年 11 月 7 日制作的 VR 新闻短片《流离失所》，让新闻传播业界和学界开始关注和重视 VR 新闻这一新的新闻形态②。从此，VR 新闻便在全球各地呈现爆发式的成长。

（四）机器写作

2002 年，在阿富汗战场第一次出现了"机器人记者"，它的主要作用是对战争进行报道。初期的"机器人记者"的应用目的是对生命的尊重，功能也非常有限，其作用仅是减少伤亡人数。目前，大部分新闻机器人被用作撰写与处理大量数据相关的新闻，如财经新闻、体育新闻等③。新华社在 2015 年推出了"快笔小新"，它包括 4 个写稿程序，具体工作是搜集数据、加工数据、自主写稿、编辑签发。在擅长的体育和财经领域，无论是 CBA 和中超的体育比赛，还是财经领域的股市行情触发、年报等财报的实时分析，原来需要编辑记者用 15~30 分钟完成的稿件，小新只需要 3~5 秒钟，极大地降低了新华社编辑记者的工作强度，提升了新闻信息的生成能力和发稿时效性，将编辑记者从基础数据信息的采写中解放出来，将更多时间用于采写深度分析稿件④。

三、新媒体技术在县级融媒体中心应用的几点思考

对于县级融媒体中心采用新媒体技术，一经讨论，连我们的学生都提出来很多问题，包括县级融媒体中心有这么多投资吗？县里面的技术人才水平

---

① 赵金. VR 新闻及对媒体融合转型的启示［J］.青年记者，2016（13）：49-51.
② 新浪.不止用于游戏 美国广播公司推出 VR 版新闻联播［EB/OL］.（2015-09-21）［2019-01-22］. http://dj.sina.com.cn/article/fxhytwu5780936.shtml.
③ 钟盈炯."快笔小新"：新华社第一位机器人记者［J］.传媒评论，2017（9）：9-11.
④ 贺晓娇.一场正在发生的革命：论机器人新闻写作面临的机遇与挑战［J］.新闻研究导刊，2018，9（16）：49-50，52.

够不够？这些技术到了县里能发挥多大的作用？我觉得这些问题确实存在，但是，应用新技术是县级融媒体中心建设的突围之路，是县级媒体发展的必要保证，不存在要不要推动新技术的疑问，只存在怎么适当、有效地使用新媒体技术的方案。

（一）广泛合作，借力"外脑"

"中央厨房""数据中心""云平台"的建设与运维需要大量资金。以"中央厨房"为例，目前央媒及各省级媒体的建设投入都在百万级别。但是，县级媒体缺少资金和技术来搭建，而且如果没有多元的回报作为支撑，也难以维系。从美国的地方媒体的发展经验来看，无论是社区报，还是地方电视台，都很少单打独斗，常常作为加盟台或者大的传媒集团的一个业务单元而获得更高层级传媒系统的支持[1]。因此，和省级媒体、央级媒体或者互联网公司开展合作是县级媒体实现技术应用及落地的一个可选方向。

（二）深耕群众需求

受众对获取信息的便捷性、多样化和个性化等要求是媒介融合的主要原因，无论是媒体产品还是媒体运营，都应该注重用户的感受和体验。传播渠道的建设只是解决了渠道传播的可行性，并没有解决传播的必然性。读者关注的重点仍然是内容，内容的特色、可读性等因素吸引着读者，要实现传播目的，依旧需要依靠优质的内容，否则，什么样的新技术都无济于事[2]。脱离了用户需求，传播技术就成了技术堆砌。

（三）搭建适用的新媒体技术团队

对于县级融媒体而言，人才缺乏是一个重要制约。优秀的技术人员以及

---

[1] 朱春阳．县级融媒体中心建设：经验坐标、发展机遇与路径创新［J］．新闻界，2018（9）：21-27．

[2] 陈国权，付莎莎．传播力建设的最后一公里：县级融媒体中心建设路径［J］．新闻与写作，2018（11）：24-27．

新媒体人才主要分布在北京、上海、广州等一线城市。县级媒体在新技术的应用过程中，一方面面临人才引入困难问题，另一方面面临现有人才的系统培训问题。县级媒体可以考虑建立小型技术团队，灵活适用，引入外部技术力量。同时，让技术人才进入管理层决策层，可以更好地发挥技术在县级融媒体中心的驱动作用。

媒体融合"省带县"模式：财富和包袱[*]

近日，作为甘肃省新媒体集团专家组特聘专家，我们参观和调研了甘肃省县级融媒体中心的建设情况。由甘肃新媒体集团和甘肃日报牵头，甘肃省县级融媒体中心完成了省级移动新媒体平台"新甘肃云"的搭建任务，并为各县整合原有媒体机构、对接省级技术平台等工作规划了清晰的路径。今年（2019年）内，由甘肃日报搭建的"新甘肃云"平台带动各县共同建设融媒体中心，全省69个县融媒体中心全部挂牌。

这就是"省带县"的融媒体建设模式。我去年在《网络传播》上发表了一篇文章，阐述了县级融媒体中心建设的四种模式和出路，甘肃日报的县级融媒体建设正符合第三种模式——县级媒体入驻省市媒体云平台，也就是"省带县"的模式。这个模式最早是湖北长江云、津云进行的探索，由省里的报业集团或者广电集团推动县级融媒体建设，并为其提供技术、资源、运营等方面的支持。现在看来这个模式已经成功实践。

"省带县"的媒体融合建设体系有很多好处，是路径相对简单、容易实践的一种模式。第一，从技术上来说，县里的新媒体技术比较薄弱，技术人才不好找，重复建设融媒体平台难度大，不切实际，不如由省里提供一个技术平台，省市县共同建设，形成高效集约的工作流程。第二，省里传媒集团业务管理水平整体较高，经验丰富，如果能够将整体工作流程传输给县里，对县级融媒体的成长非常有好处。第三，省里有省级新闻要事，县里也有县里

---

[*] 本文原载于《新闻论坛》2019年第4期，与张坤合作，收入本书时有改动。

的新闻内容，汇集在一起成为内容池，都为新闻工作贡献内容，涓涓细流汇成江河。第四，省级和县级融媒体集成后就是很好的联盟，共同探讨联盟的机制和体系，进步更快。毕竟人多力量大，众人拾柴火焰高。

省带县的关系是辩证的，就省媒而言，县级融媒体中心可能是财富，也可能是包袱。如果搞好关系，落实资源，县级融媒体中心就是财富；如果没办法搞好关系，县级融媒体中心建设不好，那就成了包袱。

第一个关系是省级和县级融媒体建设的业务落差。省级融媒体中心做新闻、做传播的专业水准较高，是站在全省的高度，视角宽阔；而县级视野相对集中，更多是县里发生的事。因此这个业务能力是有落差的。省里要"俯下身来"，需要明白县的业务模型和逻辑，更接地气；县里需要"抬起头来"，由下至上认真学习，将业务落差之间的关系转换好。

第二个关系是人才落差。省级融媒体由于地处省会，信息来源广，资源渠道多，工作者受教育程度高，业务能力高、经验多；县里的融媒体地域下沉，人才虽然有一定水准，但是整体业务能力还是有一定差距。此时，省里的人才和县里的人才是有落差的，要使省里的人才理解县里的情况和实际条件，照顾到信息相对闭塞的基层情况。县里的人才也需要积极投身媒体融合任务，提升新技术的水平和能力，提高专业水准。比如移动优先的能力，省里传媒和县级传媒的同事玩手机都能玩得好，间接证明做手机业务也是有可能做好的。

第三个关系是体制机制的落差。省里的体制机制比较综合、健全、丰富，是事业型和经营性的组合，事业空间大，体制模型健全，在业务处理和经营处理上方法和手段很多，能够保证宣传任务的实现。县里的媒体偏财政型和事业型，体制不够丰富。在这样的情况下，省里的机制要向县里倾斜，对体制机制的创新、促进提供帮助，县级应该完善创新，通过改革体制机制释放活力。

第四个关系是资源体量的关系。省里的融媒体经过这些年的发展，有了几亿、几十亿规模，人员上千。在这样的规模体量下，省级媒体能够与资本市场对接，参与全国省级媒体的市场竞争，获得省里各项资源的支持。县级融媒体中心规模只有几十万、几百万，传媒人员十几个到几百个。小体量和大体量的媒体对接在一起做融媒体中心，必然有落差。省里要理解县里资源少、市场规模有限、经营经验也有限，在此基础上考虑如何激活小锅小灶的模式；县里要思考怎样共享资源，借鉴经验，与大体量进行对接。

省带县的模式已经得到了一定体量的推广，有它成功的合理性和先进性。因此我们要理顺关系，建立好模式，推动县级融媒体中心成为财富，不要变成包袱。

社交媒体研究

齐白石文件

元宇宙的源起动力*

元宇宙源起于人类有关"星辰大海"的梦想,来自人们对于虚拟空间的想象和向往。"元宇宙"一词源于科幻小说,1992年尼尔·斯蒂芬森在科幻小说《雪崩》中,描绘了一幅物理世界与虚拟世界融合的图景。元宇宙概念也来自科幻电影,《阿凡达》就成功地讲述了一个人们通过脑机接口进入新世界的故事。

如果说《阿凡达》并没有让我们想到元宇宙,那么斯皮尔伯格的电影《头号玩家》,则是清清楚楚地告诉我们,元宇宙的视觉模式是什么。影片中,在2045年,游戏大神詹姆斯·哈利迪打造了一个虚拟游戏宇宙。他宣布,第一个闯过三道谜题、找出他在游戏中藏匿的彩蛋的人,将获得巨额财产和"绿洲"的所有权,从而引发了一场全世界范围内的竞争。人们只要戴上VR设备,就可以进入这个与现实形成强烈反差的虚拟世界,里面有虚拟的繁华都市、形象各异的玩家、不同次元的影视游戏中的经典角色。就算你在现实中是一个挣扎在社会边缘的人,在"绿洲"里也依然可以成为超级英雄。在这部电影中,我们已经感受到了整个社会对于元宇宙的思考和认知。

这些毕竟是艺术作品中的元宇宙,当我们从科幻作品走向现实世界,现实版元宇宙的源起动力又来自哪里?

元宇宙的一个源起点是VR世界。这个概念离不开Facebook的创始人扎克伯格,他认为"VR是互联网世界的入口"。入口这个概念对互联网世界而

---

* 本文原载于《新闻论坛》2022年第1期,收入本书时有改动。

言是决定性的要素之一，我们看到了 IBM、HP 等计算机公司曾经的辉煌，那是因为 PC 是互联网的入口。2008 年之后我们见证了苹果公司的兴盛，那是因为智能手机成为互联网的主要入口，我们从敲击键盘走向了触摸手机，学会了使用苹果应用商店里的 App。对于互联网生态而言，入口的争夺是最为激烈的市场竞争。所以，扎克伯格提出的"VR 是入口"是一个多么让我们觉得有挑战性的事情。VR 智能设备，如 VR 头显、眼镜、鞋、跑步机、椅子等设备，可以分别捕捉不同的感官数据，用于虚拟空间的沉浸感，将人带进虚拟世界中。Facebook 收购了 VR 的主要平台 OCLUS，用于为 VR 的创作生产提供平台。作为平台，它希望众多的创作者提供不同的 VR 场景，以便让人们进入 3D 的虚拟世界，并沉浸其中。

元宇宙的第二个源起点是数字货币。如果说 VR 是扎克伯格的一个传播愿望，数字货币则是扎克伯格提出的一个经济愿景。Facebook 提出了名为 Libra 的数字货币，并发布了 Libra 白皮书，提出了 Libra 由三个部分组成，分别是：安全、可拓展和可靠的 Libra 区块链；提供支持其内在价值的储备资产；以及负责治理并促进生态系统发展的 Libra 协会。Li—bra—X 的经济模型是由 Libra 协会发行货币，允许广泛的访问主体，包括商业银行、金融机构、企业、家庭，Libra 支付利息，支持跨境支付，建立与发行机制匹配的合格抵押品，包括国债、外债，甚至数字资产的经济机制。

元宇宙的第三个源起点是社交。Facebook 是全球最大的社交平台，具有社交平台中最大的影响力。Facebook 收购了 Horizon，意图打造元宇宙社交平台，从而可以在家庭、游戏、健身、工作中实现新形态的社交。2021 年 8 月，Facebook 推出了基于 VR 技术的会议软件 Horizon Workrooms，希望能够打造沉浸式的会议体系。沉浸式社交是一个激动人心的想法。我们可以在更加虚拟现实的环境中，实现更为接近真实又无限虚拟的社交活动。VR 入口、数字货币、沉浸式社交这三个概念的提出，已经足以让元宇宙变得非常有吸引力。然而，互联网的另一个力量一旦进入，大家立刻就会觉得元宇宙非常"元宇宙"。这个产业力量就是网络游戏。

元宇宙的第四个源起点是游戏。游戏产业对元宇宙的破圈，来自 2020

年 Roblox 的成功上市。此举印证了金融市场对元宇宙现实可行性的信心，资本的激情率先被点燃。但这个不是重点，重点是"UGC 游戏"的新概念。Roblox 是 UGC 游戏的代表，平台通过引导和激励两种机制，触发和推动 UGC 游戏创作的自循环，从而建构起多种多样的游戏内容体系。这和抖音、快手构建的多元短视频内容是一个模式。

  用游戏的例子讲元宇宙，就更容易一些。例如，在一个沙盒游戏《我的世界》里，麻省理工学院的学生们就创建了一个服务器，启动了 MIT 虚拟校园计划——在游戏中完全复原一个 MIT 的校园。另外一个例子是，在游戏中开演唱会。游戏《堡垒之夜》先后举行过 Ariana Grande 和 Travis Scott 两位歌手的演唱会，在线人数分别为 1200 万和 2700 万，将真实的演出嵌入虚拟的游戏场景。

  产业力量是显在的原动力，元宇宙更为深层的源起点来自"技术奇点"。数字孪生技术、人工智能、区块链、云计算、边缘计算、物联网、6G、智能制造等技术的发展，推动了元宇宙的入口技术、平台技术、算力技术和网络技术的探索。元宇宙在这些技术发展的推动下，已经开始上路，后续还有大量的课题留给我们去思考和探索。

连接*
——主流媒体平台化建设的关键路径

一、用户：平台建设的基石

从受众到用户的理念转型。要打造主流媒体平台，需要有一个重要的认知转变，就是从受众向用户的认知转变。在传统大众媒体环境中，面对报纸、广播和电视，人们主要是被动接受信息，受众是主要概念。随着互联网的发展，人们成为计算机用户，进而发展成为网络用户，用户成为互联网重要的概念。

主流媒体平台建设中，用户是发展的基础。中国互联网络信息中心（CNNIC）第50次《中国互联网络发展状况统计报告》发布，截至2022年6月，我国网民规模为10.51亿，互联网普及率达74.4%。主流媒体平台建设的基础就是这些网络用户。

平台用户的年龄圈层逐渐扩展。平台成为年轻人获取信息的主要渠道，是他们日常生活工作中必不可少的组成部分。近几年，平台型媒体对老年人群的渗透度越来越高。中国广视索福瑞媒介研究（CSM）相关数据显示，50岁及以上短视频用户群体持续扩张，50岁以上用户占比自2021年起快速提升，2022年占比达到28.1%。

传受一体的传播模式。在主流媒体平台建设中，用户既是受众又是传播

---

* 本文原载于《新闻战线》2023年第4期，与廖文瑞合作，收入本书时有改动。

者，在传播生态中发挥着越来越重要的作用。全媒体时代，用户成为重要的传播者。主流媒体平台建设需要理解传播者和受众一体化的概念，由此获得更多的用户。

主流媒体平台建设的目标。用户规模和用户的使用率，是主流媒体平台建设发展的关键。据中国互联网络信息中心统计报告，用户规模最大的平台，第一为即时通信，达 10.27 亿；第二为短视频，达 9.95 亿；第三为移动支付，达 9.04 亿。因此，主流媒体平台建设应着力扩大用户规模，提高用户市场占有率。

二、连接：构建平台与用户的关系

构建主流媒体平台和用户的关系，需要找到相应的理论体系，其中一个重要理论就是"连接"理论，我们应在主流媒体平台建设中对其进行思考和研究。

喻国明等提出，连接是互联网的基本功能，是公认的互联网内在法则之一。在互联网实现的各种连接中，人作为一种社会化动物，人与人的连接始终是核心。① 彭兰提出，连接是互联网的根本逻辑。在技术底层实现了终端的连接后，人、内容、服务之间的连接，成为互联网应用探索的主要方向，而人与人的连接始终是各种应用的核心，不同阶段的人—人连接有着不同的模式。② 沈阳等提出，互联网社会演化的目标和手段是连接，网络连接起到的是将"语言不通"的人、节点和各类应用连接起来的基础性桥梁作用。③

多年来，"连接"一直是互联网偏爱的热词，体现了互联网公司对于连接的认同，并且在实践中不断补充其内涵。

---

① 喻国明，曾佩佩，张雅丽，等.趣缘：互联网连接的新兴范式——试论算法逻辑下的隐性连接与隐性社群 [J].新闻爱好者，2020（1）：9–13.
② 彭兰.连接与反连接：互联网法则的摇摆 [J].国际新闻界，2019，41（2）：20–37.
③ 沈阳，冯杰，闫佳琦，等.网络连接观：类型划分、演化逻辑及风险防范 [J].西安交通大学学报（社会科学版），2020，40（3）：126–131，141.

在主流媒体平台建设中，主流媒体对"连接"这个概念的提及率不是很高，在传媒行业发表的业界文章中，"连接"的概念也较少被讨论。"连接"理论对于互联网生态而言，是一个基础性的理论，可以被称为互联网发展的"基因理论"。

连接是平台和用户建立关系的关键途径。对于报纸媒体而言，发行是一个关键词，发行把报纸和读者连在了一起。对于广播电视媒体而言，播出和接收是关键词，播出和接收把广播电视和观众连在了一起。主流媒体建设平台也需要一个关键环节，把平台和用户连在一起。从研究的角度来看，这个概念就是连接；从渠道角度讲，连接就相当于报纸的发行、电视的播出。

平台需要有能力连接用户，终端、网络和应用就是构建连接的基础。第一个是终端连接，随着移动化的发展，平台要将内容输送到手机上，就要建立起平台和手机终端的连接。为了适应手机终端信息展示的方式，平台推出了竖屏内容，建立瀑布流模式等，就是为了让内容适配手机终端。第二个是网络连接，平台需要购买带宽来建立网络连接，保证内容能高效地输送到手机上。第三个则是应用连接，平台提供多种业态的应用，形成和用户的应用需求连接。

三、主流媒体平台连接力的建构

连接力体现了主流媒体平台的市场竞争力。连接力越强，用户规模越大，用户市场占有率就越高；平台与用户之间的联系越紧密，媒体的影响力和传播力就越大。连接，是主流媒体平台体制机制建设、流程建设的重要理念，连接力建设需要主流媒体整个组织架构提供机制保障。只有按照"连接"理念架构主流媒体，才能提升连接力，产生推动力。同时，连接思维将会反哺组织架构和体制机制创新，推动主流媒体建设的优化和调整，使其适应互联网的发展。主流媒体平台的连接力建设主要体现在以下几个方面。

1. 技术连接力。主流媒体平台提供技术工具、完善相关技术功能，通过技术平台建立用户和平台的连接。以潮新闻客户端为例，潮客频道提供了自主拍摄、剪辑、上传短视频的技术平台。通过拍摄、剪辑工具的不断迭代、升级，贴纸、滤镜、美颜等功能的优化，潮客频道不断进行技术赋能，吸引越来越多用户参与。

在主流媒体平台建设中，有一个被广泛关注的话题，即如何利用先进技术实现平台的突破性发展。同时，必须创新机制，保证资源投入、产品形态和生产方式的创新。

2.产品连接力。探索主流媒体平台建设，可以考虑引入一个概念，即"产品"。传统媒体生态中很少使用产品这个概念，而随着平台建设的推动，平台需要吸引用户，通过产品强化和用户的连接。引入产品概念，就要认真考虑"迭代"模式。只有不断迭代互联网产品，丰富其功能，才能吸引用户。迭代和创新是平台连接用户的重要手段。

每个主流媒体平台产品会形成不同的连接力，而平台上的产品矩阵连接力相加就是平台的连接力。主流媒体平台需要对产品矩阵进行系统规划，搭建结构，合理布局，建构平台和用户之间的稳定连接。

3.内容连接力。索福瑞的报告显示，近五年，新闻短视频的用户观看率持续提升，从2019年的66.7%升至2022年的79%。主流媒体平台应继续推出优质的新闻内容，增强平台和用户的连接。

生活技巧类、科普类、健康类等相关内容都有较强的连接力。以快手平台为例，《2020年快手内容生态半年报》数据显示，"生活"相关内容始终占据首位，且占比由2018年的28%升至2020年的30%。主流媒体平台需要建设内容体系，增加"泛知识""泛生活"等多元化内容，增强平台和用户的连接。

4.社交连接力。主流媒体打造自有平台，要加强社交连接力的建设。从当前传播生态来看，平台上的内容通过用户传播实现再生产、再传播，用户二次生产和转发的作用是非常大的。平台传播关系呈现社交化、网络状特征，而节点之间的互动、分享、交流是主要传播行为和传播范式。主流媒体平台要建设社交产品团队，进行内容设计时要考虑内容是否有足够的社交属性。在传统传播模式中，传播是从内容到用户，现在的传播模式则是从内容到社交网络再到用户。

热点话题能提升平台社交力。如微博的热搜、抖音的热榜等，都属于热点话题，而热点话题具备强大的社交连接力，用户就一个共同话题进行讨论、互动评论，会产生社交传播行为。彭兰提出，在互联网中，集体的想法要想让连接与汇聚产生群体智慧，更重要的是改善连接与汇聚的机制。① 要引导和设计主流媒体平台中的热点话题，使其建构更强的社交连接力。

社群运营能提升社交连接力。主流媒体平台既要支持平台和用户的社交，也要支持用户和用户之间的社交。社群是平台跟用户之间的紧密关系的体现，是推动用户实现社交的载体。运营团队和组织社群对社交连接力有很大的影响。例如，江西网络广播电视台的今视频搭建了 40 余个数字社区，开发了情感问答、相亲交友、爆料求助等特色模块，形成了"江西少年诗词大会"国学社区等多个"垂类"数字社区，大大增强了用户和平台之间的连接。

5.商业连接力。主流媒体平台商业模式包括电商、广告、会员等，国内主要的主流媒体平台都开设了电商商城，也都开展了广告业务。

电商本身具备很强的连接力。根据中国互联网络信息中心第 50 次《中国互联网络发展状况统计报告》的数据，截至 2022 年 6 月，我国网络购物用户规模排名第四，用户规模达 8.41 亿，网民使用率达 80.0%。电商是平台和用户之间重要的连接，在用户的社会生活中扮演着重要的角色。

近几年，直播带货成为电商新业态。很多主流媒体平台开展直播带货，在活动宣传、直播带货、政务宣传推广、城市形象推介等领域已经取得了一定成效，形成了有效连接。

平台广告和传统广告形态也不一样。平台型媒体推动了计算广告学模式的发展，精准推送，提供秒级响应能力，与用户的日常行为关系密切。平台广告的形态非常丰富，以巨量引擎为例，其涵盖了挑战赛、开机广告、界面广告、评测广告等多种形式。

---

① 彭兰."连接"的演进：互联网进化的基本逻辑［J］.国际新闻界，2013，35（12）：6–19.

在主流媒体平台建设过程中，要提升用户规模、提高用户市场占有率、提高主流媒体在舆论场的引导力和影响力，就必须进行理论思考和引导。"连接"理论作为互联网发展的"基因理论"，可以为主流媒体平台建设提供借鉴。

新媒体多元化的基本模型及其特征*

一、"多元"含义简述

在《说文解字》中,"一部"的第二个字为"元",注释为"元者,始也。"可见"元"是"开始""最初""源头"之意。道教最高神三清之首的元始天尊在宇宙诞生之前便已存在,所以尊为元始;历史纪年的起算年代称为"纪元";"元气"始见于先秦哲学著作《鹖冠子》,是指构成世间天地万物的原始物质,为其后老子的"道"和"元气说"的形成奠定基础;在哲学中,"一元论""二元论"探寻的是世界的本源。

在《古汉语常用字字典》中,"元"还有"身体部位的头""第一"等意。科举考试以名列第一者为"元",乡试第一称解元,会试第一称会元,殿试第一称状元;"元月"意为"新年的第一个月"。关于"元"的释义大致为以上几种,我们这里阐述的"元"主要沿用"起点""源头"的概念。

"多元化"具有两重含义:首先,多元就是多个出发点,多种源头。因此多元不是集中统一的,而是分散的、多中心、多样的(英文 multiple 的形容词含义:多种的、众多的、复杂的);第二,多元具有多层次、跨类型的意义。需要注意的是这里的"多元化"跟"企业多元化经营"中的生产经营战略并非一样的概念。

---

* 本文原载于《现代传播》2019 年第 1 期,与张坤合作,收入本书时有改动。

二、多元的理论基础

（一）去中心化理论

去中心化是在互联网发展至 Web 2.0 形态时诞生的内容生产形式，是指内容的生产者不再是单一的专业人员，而是每一个互联网民。人人都能在互联网中发表言论和表达观点，每个人都是内容生产者，每个生产者都处于平等地位。这种开放式的内容生产方式使得内容变得多元和丰富。自媒体就是用户贡献内容的典型例证，大众可以在微信、微博、论坛、视频网站里提供内容，做属于个人的媒体。还有淘宝的电商平台的达人号，他们通过穿搭、推荐的图文视频为店铺引流，做新电商领域的 KOL；咪蒙、新世相、深夜发媸等我们熟知的微信公众号撰写者，他们通过更精准的定位、更细分的方式给用户提供优质内容，获得流量。这使得新媒体的供给有了多元的供给主体和类型。

（二）Web 2.0 理论

Web 2.0 时代是相较于 Web 1.0 的新时代的概念，它改变了 1.0 中由传统媒体机构生产内容的单向化传播模式，具有由用户生产内容、用户可进行交互的特点。知乎这种网络问答社区就是 Web 2.0 时代的产物，它主打"知识分享"的概念，同时形成了一个社交网络。自媒体人在知乎的不同社区中自主发布知识信息或回答用户提出的问题，也在评论区与用户进行互动，更进一步地交流；而用户在求知的同时会点下"赞同""反对""感谢"的按钮作为反馈。

（三）个性化定制理论

个性化定制通常指在海量数据和精准推荐的算法支撑下，根据用户喜好和个人设定，信息服务机构为大众提供"量身定制"的内容，从而提高用户的使用体验。类似于 ZAKER、今日头条等 App，它会在用户登录后为其匹配数据，进行精准的内容推荐和服务。在 2017 年世界物联网无锡峰会上，马云发表演讲，提出"未来的制造业已经不是靠规模化和流水线，它表现为个性化、定制化，是 C2B 而不是 B2C。"在这个概念里，由顾客指向商家，顾客提出需求，由平台链接，供应商为其提供商品和服务，直接满足顾客多元化的需求。那么每个人都可以通过互联网定制一件不会撞衫的夹克，都可以喝到自己喜欢的配料比例的咖啡，都可以开一辆自己设计组装的汽车。这种不再是标准化的服务给人更个性化、更具有智慧的新体验，丰富了供给的模式。

（四）千人千面

千人千面与个性化定制有些相似，同样是依据数据挖掘和推荐，为用户提供有价值的信息，最大程度满足个性化需求。它最早出现在广告学里面，根据心理学中的"迎合心理"原理演算而来。今日头条在国内移动互联网领域发展迅速，它的平台有着精准的流量分发模式，能够依据用户数据生成的画像判断用户兴趣爱好，并预测用户需求，形成千人千面式的阅读场景。淘宝也有千人千面的算法，既能平衡内容的分发，又精准迎合用户需求，提高购买率。

（五）众包理论

众包理论与分享经济时代紧密联系。在分享经济时代中，物品、知识、时间、人力、数据等多种形式都可以成为共享的社会资源。众包就是指各个企业通过互联网的形式把部分任务分给大众，用上述所说的社会闲散资源共同解决问题，提高工作效率。现下流行的众包公司有同城快递的蚂蚁专送，以及美团外卖的众包配送等。

三、多元化的基本模型

信息革命为新媒体的多元化提供了技术动力。新媒体的基本架构，就是每个人一个信息终端，可以在任何时间和任何地点，通过任何渠道发布各类信息，这种生产海量信息的能力形成了多元化的第一个支点。在移动互联网的时代里，新媒体去中心化的大量信息生产者、多样的细分类型和圈层文化都催生着信息多元。同时，以云计算和大数据为代表的新兴技术，推动了"平台经济"的发展，平台就成为多元化的第二个支点。平台中多层次的互动模式和算法推荐可以满足新媒体用户各式各样的需求。

新媒体多元化的基本模型，就是多元信息供给—信息平台—多元需求，在新媒体多元化模型中，多元供给与多元需求成为相辅相成、互相促进的两极关系。

新媒体用户的多元需求刺激着多元供给的产生和快速进步，多元供给的不同模式在满足需求的同时提供了需求的多元可能性。我们大家都比较熟悉滴滴叫车，首先是用车的多元需求，有人用作通勤，有人去接机，也可能三五好友一起聚餐，因此叫车的时间、地点、用途、预期价格和车型等都不相同，这就需要很多开着不同车型的车主覆盖各个时间段和地理位置去完成接送订单；其次是多元供给，滴滴车主高度分散和随机，他们居住和出行在不同区域，车的型号和价位也有一定的差异。在叫车平台的技术能力支撑下，多元需求和多元供给有了良好的匹配，构成了多元的模型。

新媒体多元化也可能存在着其他的结构模型，"多元需求与多元供给"只是一种基本的模型。

四、新媒体多元化需求

新媒体提供的信息服务、信息需求是人类动机产生的基础，是影响人们行为的基本要素。人的信息需求极具多样性，首先，单个个体具有复杂多样的需求，会随时间、空间的变化而产生差异；其次，不同的个体因生存发展阶段的不同也具有多元化需求，如小学生和已婚妈妈有着不同的身份，必然有着相异的需求；最后，随着社会大环境的变迁，个人信息需求转化成为社会信息需求，具有了更多的社会多样性。

(一) 时间

一年有春夏秋冬四季、一日有早中晚二十四时，在不同时间段内人类有不同的行为和意义，有着不同的信息需求。移动互联网时代的到来意味着个人从 PC 端转向了移动端，拥有更多的时间和可能性进入互联网世界，大量的时间红利被释放。例如，受众想要获取知识，文字版知识付费如知乎或者纸质书籍需要花费整块的时间和精力去阅读；而喜马拉雅、得到等语音内容付费的 App 却可以在上下班通勤或者洗衣做饭的时候使用。受众闲暇、琐碎的时间得到了整合和有效利用。再试想一上午的工作结束，午间时光人们会有怎样的需求。先用美团、饿了吗点份外卖，等待外卖的时间打开 App 来一局手机游戏。外卖送达，就着抖音视频或者网易新闻享受午餐。因此，在不同的时间节点上受众处于不同的状态和心理模式，个人的信息需求是多元类型。

(二) 空间

人总是不断流转在不同的生活空间和场景中。首先，人们身处不同空间场景时有多样的信息需求。例如，短途出行用滴滴打车，长途旅游需要携程订机票，自驾则要依靠高德地图；走进健身房，要打开 Apple Watch App 连上手表监测实时运动数据，超市结账则使用支付宝作为便捷支付工具。其次，同一空间场景也有不同的信息需求。例如，咖啡厅里遇到一个聊得来的朋友，你会打开微信加个好友，然后关注微博了解他的日常，关注小红书了解他的喜好，再关注抖音看看他的审美。全覆盖的网络社交软件能更好地拉近你们的距离。又如旅行的景点场景内涵盖了吃、住、行、玩等多个行为需求，会用到大众点评、Airbnb、驴妈妈等多款应用软件。因此，场景需求种类、层次极多，不断地滋生和刺激着多元化供给的产生和创新。

(三) 角色

在社会中每个人具有不同的身份角色，包含了不同的社会分工，不同的角色带来了不同的信息需求。在家中身为父母，常会打开作业帮 App 辅导孩子学习，使用理财软件平衡家庭收支；而在职场需要通过知识付费的手段不断提升个人业务水平和能力。可见，不同的圈层文化、身份特点有着不一样的需求。

（四）心理

心理活动是一个深刻、复杂的领域。常见的个人心理需求包括愉悦感、新鲜感、刺激性、好奇心、满足感等情绪性需求，相信、认知、亲近感、归属感、成就感、自尊心、被理解、受尊敬等精神性需求，人处于不同的心理状态就会形成不同的心理需求。例如，当我们在刷知乎时，个体可能作为内容消费者，在阅读内容的过程中充分满足自身求新鲜、感到好奇的心理需求，并不知不觉产生愉悦感，进而产生继续阅读的动力；与此同时，个体可能作为内容提供者，将个人专业知识尽数展露，或者偶尔抖个小机灵。收到赞同和评论的同时，除了欣喜这种最直观的感受，个体的自豪感、自尊自信的心理也得到了极大的满足和鼓舞。

此外，人的需求有浅表性行为需求，如想喝什么味道的咖啡、喜欢什么样式的衣服，以及深层的反思需求，即"成为怎样的人"。我们经常可以意识到自己的行为需求，但是对于深层的人生目标需求却不自知，其实个人的本能需求和行为需求都处于最深层需求的支配下。

五、新媒体多元供给

（一）多元供给

新媒体的多元供给体现在供给主体、供给类型及供给模式的多元性中。供给主体可能有政府、社会组织、企业、事业单位以及个人，呈现出开放、去中心化的特点，也催生了内容生产的开放性和多元化。

供给模式的多元可以依据时间和空间进行不同的划分。例如，逢年过节时有扫福、抢红包、电商新年大促等玩法；过生日时社交软件送礼品或者主播直播送祝福；想吃猕猴桃时可以盒马生鲜急速送达、拼多多凑单或者淘宝直接下单；开学季也会出现"开学第一课"系列视频、微博吐槽热搜等多元供给模式。因空间场景切换而形成的供给模式也很广泛,像出门可以 PP 租车、滴滴叫车,还可以扫 ofo 单车;旅行有携程订酒店或者小猪短租住民宿等。

(二) 注意力经济

人的时间精力有限,需要在海量的流动内容信息中作出选择,此时注意力资源成为一种有价值的资源,且极为稀缺。新媒体多元的供给就是为了吸引大众的注意力。媒介获得的注意力越多,经济效益就越高,这正是注意力经济的概念。

大众注意力具有由强至弱的不同场景,如叫车、看电影、刷综艺或者打游戏就属于强注意力场景,精神集中,人们的注意力直接被供给内容所吸引,大脑对信息进行即时处理。类似于上淘宝购买商品或者浏览微博消息就是弱注意力场景,大众的精神会被分散的事物吸引,无法集中且长久保持。此外,大众注意力还分为无意注意、有意注意和有意后注意三种类型。在强注意力场景中,大众处于有意注意的状态,而弱注意力场景中,大众处于无意注意的状态,供给主体则需要通过更优质的供给内容和模式去吸引关注。由此可见,供给模式的不断创新正是为了更好地吸引注意力。

(三) 新媒体多元供给的典型模型

多元的信息供给类型主要有两个,一种类型是搜索引擎式的多元,通常就是用户自己主动去找到信息,这种多元来自用户,平台提供了海量的信息,然后提供了多元寻找的能力和技术工具,我们熟悉的百度大约就是这类用户多元的供给模式;另外一种类型是个性化推荐,这种方式是平台对用户进行了画像和标签,然后平台收集了海量的信息,并根据这些标签进行推送,我们熟悉的今日头条就是这类模式。两种平台都在不断优化和迭代算法,这正是为了带给用户更优化的使用体验,送达更精准、更合口味的信息。

搜索引擎平台是用户主动地在搜索框中输入想要知道的内容描述,引擎根据自然语言识别用户需求后再依据信息来源可靠程度、信息匹配程度、用户行为等机制筛选信息，给用户陈列出相关答案。搜索引擎的出现实现了多元供给和多元需求的第一次匹配。问答网站的出现为搜索引擎提供了新的供应模式。例如，在"百度提问""作业帮"等搜索网站中，用户可以用更俗的语言提出需求，而网站中其他用户根据问题的描述直接回答，供给针对性更强。

当然，信息检索的效果很大程度上取决于用户输入需求的方式是否恰当，而很多时候，用户并不能正确地表达需求。例如，用户在搜索框中输入"怎样去清华"这一问题时，原意为"我想考上清华"但搜索引擎无法精确识别用户意图，将这个问题拆解成"去""清华"，因此搜索结果出现了"清华北大一日游最佳路线""北京地铁线路"等回答。可见，搜索引擎根据用户提供的关键词进行检索时，如若用户不能准确描述需求，搜索效果将大打折扣，效率也极大降低，最终导致用户体验感变差。

推荐系统是平台主动向用户推荐信息。用户不需要提供准确的需求，互联网会根据用户画像为其推荐匹配的内容。在此过程中，互联网会对产品进行数据集成的分析，识别其类目、品牌、属性等特征形成产品画像，对用户注册信息、历史行为数据、用户喜好、反馈等数据打上标签，形成用户画像。基于大量产品内容和用户信息的数据，现业内普遍认同的推荐方式有四种，即人口统计学推荐、内容推荐、协同过滤推荐和混合机制推荐。四种推荐模式应用于垂直领域内的不同场景，通过打标签的形式解决多元化供给的匹配。"准确性""覆盖率""多样性""满意程度"等指标成为衡量推荐体系的标准。由此可见，标签体系使得多元化供给更加高效。

现在的推荐系统已经在很多领域广泛应用，如电商购物、视频网站、新闻推送、精准广告营销等。例如，今日头条的个性化定制是根据用户注册数据、好友关系、文章的阅读点击次数、转发、评论、收藏等指标将用户分群，再依据不同内容标签进行个性化匹配，最终形成"千人千面"的多元供给。网易云音乐中"每日推荐""新歌推荐"等板块会根据用户日常听歌的类型、歌手、语言、场景等进行分类，并根据"听过此歌的人也会听某某"的协同推荐方式为用户进行推送。

当然，现今的推荐系统依然做不到完全的精准和智能。当我们在德云社进行过一次场景定位后，移动互联网便会将"德云社"的位置和空间信息作为用户历史行为的数据进行标签化管理，进而在全网的信息中为我们推送"德云社相声"等相关内容。实际上，在德云社定位并不能等同于"喜欢德云社相声"，定位的产生可能是因为在德云社附近停车，或者在天桥（德云社天桥总部）附近见朋友、吃饭、逛街等。

在直播的生态环境中，大量的直播内容和类型令人眼花缭乱，算法推荐就是一种与用户沟通的良好方式。用户会首先选择喜欢的直播类别如娱乐、游戏、聊天、才艺展示等几大类，这成为用户画像的第一步分类。此后，系统会根据用户经常搜索或者浏览的视频特性为其推荐相似视频。例如，在游戏直播中，"手游""竞技类""男性主播""王者荣耀""娜可露露"就组成标签体系，系统基于此为用户推荐更多的直播视频。

短视频生态同样具有推荐体系，可以在大量 UGC 和 PGC 的视频信息中筛选出符合用户喜好的内容。算法根据视频内容中广告短片、纪录片、剧情短片、创意混剪等不同类型以及用户地域信息、身份信息、年龄特征等标签做出差异化推送。

六、多元化的裂变与聚合

在海量信息极速产生的新媒体环境下，多元化成为信息裂变与平台聚合的助推力量。在新媒体多元的信息裂变中，碎片化体现在受众"碎片化"的类型和需求、平台海量的供给类型和内容、全覆盖以达到无孔不入的传播媒介等方面。不同消费者有着相异的态度观念和生活方式，形成了大量的细分人群和细分需求。与此同时，新媒体大数据和算法推荐的技术让每个人都能够最大限度地张扬个性并表达喜好，获得定制服务和个性化推荐。在受众日益关注自身极细化的需求并寻求满足时，多元化供给也形成了细分的类型和内容去满足受众。多元供给主体通过垂直服务，以多元形式提供碎片化信息内容以获得注意力。于是，多元需求和多元供给都在不断催生着信息的裂变，形成"碎片化"的新媒体业态。传播媒介的碎片化体现在其无孔不入的媒介形态，从电视、报纸等传统媒体到移动端新媒体，传播媒介已经覆盖个人生活场景的方方面面。受众可接触的媒体种类多、数量多，接触方式便捷，极大地促进了新媒体信息裂变。

新媒体的多元化带来了信息供应的裂变，但大量信息需要有一个载体将用户聚合到一起。在多元化的新媒体现状下，类似于"农业""科技""教育""母婴""经济"等笼统直接的领域划分已经不能满足碎片化的受众，平台需要开发以客户需求为导向的新聚合方式。在受众极其细分的碎片化环境下重新审视用户，把握用户聚合的新指标——细分需求；通过细分化的供给满足各类别用户需求，重新聚合起碎片化人群，获得流量。这意味着，只有平台所覆盖的受众需求多且广，供给的针对性强且程度深，聚合起的用户量才能够多，才能获得流量。值得注意的是，此时用户的注意力也极其碎片化，平台吸引注意力并保持流量不仅需要聚拢目标人群，更要保持好用户黏性，加强平台供给的持久性。

从上述分析来看，多元化是新媒体的重要特征之一，新媒体想要发展也必须依赖于多元，多元特征极大地促进了新媒体的发展。首先，海量信息为多元化的供给提供了可能性。其次，互联网不断打造不同的综合性和垂直性平台，应用于精细化细分的场景模式，增加了多元供给的广度和深度。最后，用户也在互联网平台中提出了多元化的需求。

新媒体的多元化，成为新媒体研究和实践的理论支撑之一。

知识付费的发展*

知识付费其实不算一个新词,在书店里买几本书、报补习班交学费,其实都属于为"知识"付费的行为。早在1996年,OECD就基于重新认识知识和技术在经济合作与发展中的地位,提出了以知识为基础的经济,即知识经济这一术语。

近两年高学历网民规模扩大、网民个人月收入大幅增长,生活节奏加快、生活环境复杂多变,群体焦虑激发了用户的知识需求。在人人皆可传播的大众传媒时代,信息爆炸大大降低了知识获取的效率和质量,促进了用户对高品质信息需求的增长,而付费门槛能帮助用户降低内容筛选成本,移动互联网在线支付的普及和发展,使用户消费观念与消费行为发生了巨大转变,知识经济被重新推到风口,成为热点。

2016年被称为"知识付费元年",用户规模高速增长,图文音视频、问答、线下交流等产品形式层出不穷,由此带来专栏订阅、付费课程、打赏、有偿问答等知识变现的方式,不同平台采取了不同的产品组合打法且收益可观,其中喜马拉雅2017年第二届123知识狂欢节销售额达1.96亿元,是首届的近4倍;分答上线42天付费用户超过100万。风口下的"知识市场"获得了资本的关注与青睐,各巨头纷纷利用其平台优势和资本实力助力知识付费项目,金额上亿的融资动作频发。

前两年资本入局,知识付费取得的辉煌战绩让许多人跃跃欲试,风生水

---

* 本文原载于《新闻论坛》2018年第3期,收入本书时有改动。

起好不热闹，内容创业的这条大鲶鱼确实搅动了传媒领域原本稳定多年的模式鱼塘。到了2018年初，平台和创业者逐渐发现，原本高价但仍被疯抢而空的内容现在即使降价也不一定能有销路，很多平台甚至做出了免费的妥协。创作成本高、内容同质化、打开率不高、用户付费意愿走低、复购低迷、行业收益增长渐缓等问题逐渐显现，知识付费"春天已去"还是仅仅迎来了"倒春寒"？

同时，现有很多知识付费内容被批评为"碎片化、娱乐化、收割粉丝"，内容种类繁杂但深度不够。王思聪在分答"猎奇"问答的点击率奇高、新世相疑似"传销"被叫停等众多乱象也让熟悉了传递价值观、精英文化的传媒人陷入疑惑，内容创作该何去何从？目前市场上知识付费的几大商业模式究竟能否赚钱？同样是资本催熟的局面，知识付费能否避免重蹈直播昙花一现的覆辙？

成本和流量是知识生产所面临的必然考验，垂直细分领域创作能否常态发展，资本助推很关键。从现阶段融资项目可以窥见，资本正在逐渐锁定人群定位清晰的精英产品。针对问题，各平台都开始着力进行调整，如今年2月"分答"正式更名为"在行一点"，与"在行"成为并行品牌，并将利用"在行"的资源和优势，打造"行家孵化计划"。阿里也在着力打造阿里大文娱平台，旨在打通体系内所有与知识分享有关的领域环节，实现一点接入、多点分发的运作模式。

知识付费野蛮生长的上半场已经暂告段落，用户从前期的跟风购买变得更为理性，艾瑞咨询统计显示，2017年中国网民内容消费越来越偏好于有益的、有思想的深度内容。下一阶段知识付费应向垂直细分领域纵深，构建知识图谱，为用户提供系统化的知识服务。

至于内容乱象，毛姆在他的《读书随笔》中专门讨论过畅销书的问题，他认为畅销书的存在必定有其原因和价值。知识付费领域也是如此，有人希望学习系统的方法论，有人想学习做一桌饭菜，而有的人就只是需要一些所谓的心灵鸡汤或者网红猎奇问答来给自己"打打鸡血"，用户接受水平不同从而产生的内容需求也不同，这是现阶段市场不可避免的。

互联网内容付费的特征*

随着互联网技术的快速发展，信息的采集、存储和分发能力大幅提升，互联网内容呈现出爆发式增长的态势。海量的内容带来了信息超载、内容质量参差不齐等问题，需要新的模式来促进内容生态的进一步繁荣发展。内容付费的模式让优质内容得以更精准地获取用户的注意力，在一定程度上解决了上述问题，其出现具有一定的必然性。

近年来，互联网各类平台都在内容付费领域布局。2003年，起点中文网推出VIP付费阅读特定章节制度，开启了网络文学付费阅读模式；2010年前后，激动网、PPS、优酷、搜狐、爱奇艺等各大视频网站纷纷开始尝试单视频点播、包月付费等模式；2014年前后，QQ音乐、酷狗音乐等线上音乐服务商尝试搭建包括单曲付费、会员付费、流量包月等付费方式在内的付费体系；2016年，知乎发布一对一付费问答、专栏赞赏、一对多实时付费问答产品，分答推出一对一付费问答、旁观者偷听答案模式，得到推出付费专栏订阅、付费音频及电子书等产品。互联网内容付费已经涵盖了娱乐、生活、教育等多种应用场景，成为互联网平台较为重要的盈利方式之一。艾媒咨询的数据显示，中国知识付费用户规模保持平稳增长态势，2020年增长至4.18亿人，中国知识付费用户规模有望进一步扩大。①

"内容付费"这一名词早已出现，但学界对其概念的界定并不清晰。早期

---

* 本文原载于《青年记者》2021年第4期，与杨少彤合作，收入本书时有改动。

① 知识付费行业数据分析：2020年中国知识付费用户规模为4.18亿人[EB/OL].(2021-01-01)[2021-02-01]. https://www.iimedia.cn/c1061/76159.html.

的内容付费囊括了音乐、视频、文学等多元化产品，用户可以通过购买会员等付费方式获取一般免费用户难以获取且更具价值的内容。[①] 如今，随着互联网内容的快速发展，直播打赏、短视频直播带货等新的内容业态出现，内容付费得到了进一步扩展。内容付费主要有以下五个特征：内容产品化、内容产品碎片化、内容类型多元化、付费方式多样化、内容产品跨界化。本文主要对这五种特征进行分析，以供内容经营者参考。

一、内容产品化

内容供应商通过观察、分析、定位、设计、运营、反馈、迭代等手段，把文字、图片、视频等多种形式的内容"包装"成为能够吸引用户的、可批量化生产的产品，卖给消费者，以实现内容产品的商业价值。一方面，内容供应商希望以标准化的方式，让内容以持续、稳定的方式输出给用户，实现内容效益最大化；另一方面，互联网时代的用户面对着真假难辨、纷繁复杂的内容，也希望能以更高效的方式获取高价值内容。内容产品化的过程在一定程度上实现了内容供应商和互联网用户在内容上的供需匹配，因此，产品化成为互联网内容付费的重要特征之一。

垂直类的内容产品是互联网内容产品化中较为典型的代表。其一，垂直类内容定位明晰，聚焦固定领域的专业资源，内容相对更有深度，价值量相对更高；其二，垂直类内容的用户群体相对稳定，在内容转变为产品后，用户付费的可能性相对更高。以原创财经新闻平台产品财新 App 为例：财新以移动端 App 作为入口，以高质量的财经新闻内容作为核心产品，设置了财新周刊、要闻、数据通、财新 FM、私房课、财新商城等板块。财新 App 有两款核心付费产品，一是财新通，包年价格 498 元，包月价格 58 元；二是数据通，Lite 版一年 998 元，Pro 版一年 1998 元。除了付费内容外，财新 App 还

[①] 喻国明，郭超凯.线上知识付费：主要类型、形态架构与发展 模式［J］.编辑学刊,2017(5): 6–11.

有针对普通用户免费的常规性新闻、博客以及部分观点评论等内容。从形式来看，除了文字之外，财新App还打造了音频和视频内容，拓展了用户的使用场景。根据国际期刊联盟（FIPP）最新数据，财新以51万付费订阅用户（截至2020年上半年）名列全球期刊第10位。①

近年来，专栏类内容的产品化趋势也较为明显。优质的专栏内容有一定的原创性、稀缺性，内容供应商将这类内容进行系统化的精加工，形成高价值的内容产品，能够为用户带来更多价值，吸引用户付费。以音频分享平台喜马拉雅FM的精品知识付费产品为例。在2016年的辩论类综艺节目《奇葩说》热度极高之际，节目主持人马东携手节目中的优秀辩手马薇薇、周玄毅、黄执中等人共同打造精品音频课程产品《好好说话》。在产品形式上，《好好说话》以8min/集的音频形式呈现，每天播出一集，持续一年时间。在用户定位和核心内容方面，该产品服务于"上班族"用户，提供从沟通、说服、辩论、演说到谈判等一整套应付生活场景需求的话术，教人如何"避开沟通雷区、把话说得漂亮得体"。② 截至2021年1月，该产品播放量已达1.05亿次，深受"上班族"喜爱。

二、内容产品碎片化

从院线电影到微电影，从线下专辑到付费单曲，与传统的线下付费内容相比，当下的互联网付费内容表现出碎片化的特征，这一特征反映出了大众注意力匮乏与信息超载的现状。第十六次全国国民阅读调查结果显示，数字阅读的娱乐化和碎片化特征明显，主要以阅读新闻、社交和观看视频为主，

---

① 财新入围《2020全球数字订阅报告》榜单十强［EB/OL］.（2020-12-09）［2021-02-03］. http://corp.caixin.com/2020-12-09/101637346.html.
② 马东携奇葩天团亲授"好好说话"［EB/OL］.［2021-02-03］. https://www.ximalaya.com/gerenchengzhang/4345263/.

深度阅读行为的占比偏低。① 由于完整内容被分解为若干个短片段，互联网内容常常出现内容本身不全面、内在逻辑不完整等问题。对于内容供应商而言，只有生产相对完整的内容产品，创造良好的内容产品体验，才能持续地吸引用户付费，实现内容产品的变现。从这个角度来看，当下的互联网付费内容产品在呈现出碎片化特征的同时，具有相对完整性。以樊登读书 App 为例，该产品每周为付费用户更新一本书籍的精华解读，以音频、视频、图文等多种形式呈现书籍内容。解读一本书的音、视频时长为 50~60 分钟，阅读介绍书籍的文字稿需要 35~40 分钟。与传统阅读相比，用不到 1 小时的时间读一本书是一种碎片化的学习方式。但通过讲书人樊登的提炼和讲述，该产品与线上其他的书籍切片内容相比，更加系统和完整。

短视频平台内容同样具有此类特征。以快手的付费产品为例，付费网络电影《督工九千岁》时长为 38 分钟，《他是我兄弟》时长为 44 分钟，与传统院线电影相比，其内容表现出了碎片化的特征；付费悬疑短剧《石盘村诡事》每集时长 3 分钟，与普通电视剧 40~50 分钟一集相比，碎片化特征非常明显。这些影视内容产品以碎片化的形式呈现，但是其故事内容仍具备开端、发展、高潮、结局等要素，片段与片段之间具有一定的连贯性，相对比较完整。

三、内容类型多元化

当下的互联网付费内容涵盖了互动娱乐、知识服务、生活服务、在线教育等多种类型，呈现出多元化的特征。究其原因，内容类型的多元化，源于用户需求的多样化与多面性。大众传播领域的使用与满足理论强调，阅听受众的媒体使用是一种有目标的主动行为，目的是满足其需求，所获得的满足感是支持个人持续使用这些媒体的原动力。② 在互联网内容付费领域，用户

---

① 中国新闻出版研究院全国国民阅读调查课题组，魏玉山，徐升国. 第十六次全国国民阅读调查主要发现［J］. 出版发行研究，2019，35（6）：33–36.
② 戴程. 社群知识付费的使用、满足与忠诚：用户体验价值模型建构［J］. 现代传播（中国传媒大学学报），2020，42（12）：152–157.

的使用满足感亦是支持其继续付费的原动力。用户为内容付费的行为，实际上是在为体验升级、认知成长、价值信息等满足其需求的内容产品付费。用户与用户之间的需求有所不同，同一用户在不同场景下的需求也有所差异，因此，为了满足用户的多样化需求，内容供应商根据自身内容资源优势打造出的付费内容产品同样有所差异。内容产品也由此呈现出多元化内容类型的特征。

娱乐内容。当前，社交、游戏、动漫、影视、文学等多种类型的付费娱乐内容纷纷出现，并形成了一定规模。以在线视频网站爱奇艺为例，从2011年推出 VIP 服务开始，爱奇艺不断拓展覆盖泛娱乐生活的付费业务，涵盖了影视、动漫、儿童、教育、体育、纪录片、演唱会等多个垂直内容领域，为付费用户提供不同层次的内容产品服务。

行业知识。行业知识服务在"上班族"群体中的需求度较高。对于用户而言，此类付费服务能够减少获取知识的时间成本，或增强对于知识的理解程度。以三节课 App 为例，其立足互联网、泛互联网等前沿行业和职业，为在校大学生、互联网职场新人提供体系化和实践性的音、视频课程和进阶式、实战化的持续学习解决方案，满足用户了解行业知识、提升岗位胜任力的需求。

在线教育。2020年以来，在线教育优势更加凸显，其便捷性、交互性、多元性满足了用户对于随时随地获取多样化教育内容的需求。以月活用户过亿的教育类产品作业帮 App 为例，该产品的核心付费服务是直播课和 VIP 搜题与听课，能够在一定程度上满足中小学生课外时间听课和写作业的需求，而其拍照搜题、口算批改、练习、学习小工具等延伸功能，能够与核心产品形成补充，让用户的在线学习体验更佳。

四、付费方式多样化

随着内容付费群体规模的不断增长，互联网内容供应商逐渐探索出了多样化的付费方式，如付费订阅、会员模式、单次付费、社群付费等。多样化的付费方式，反映出了内容付费产品的商业模式差异。

付费订阅。互联网内容的付费订阅通常是指用户一次性预付订阅费用，而后每期内容将定时更新和送达。这种方式类似于传统报纸、期刊的付费订阅，只是载体发生了变化。知识付费类内容通常会选择付费订阅的方式，如得到、喜马拉雅、36氪、钛媒体、三联中读等知识付费平台或资讯平台的付费内容专栏。付费订阅方式的前提在于付费内容和付费平台的权威性，只有用户对于内容付费产品有需求、对产品平台有信任，付费产品才能实现其商业价值。

会员模式。会员模式通常是指用户按周期付费购买平台会员资格，在会员期间内可以享受免广告、看指定内容等服务。娱乐内容付费平台通常采取此种付费方式，如以爱奇艺、腾讯视频、优酷视频、芒果TV等为代表的视频网站；以起点中文网、云起书院、潇湘书院、17k小说网、百度阅读等为代表的阅读网站；以QQ音乐、网易云音乐、酷我音乐为代表的音乐网站等。此外，知识付费类平台也会采取会员模式，如喜马拉雅FM、知乎、得到、樊登读书等。会员模式对内容提供商有一定的要求，平台需要拥有吸引用户的、优质的内容，能够稳定地为会员提供固定价值。会员模式的优势十分明显，能够提升用户对内容品牌的忠诚度，还能够以此开拓平台的社群价值。

单次付费。单次付费聚焦于某一具体内容，只为该内容付费一次，不具有延续性。早期的知识付费平台如分答、知乎的知乎live、值乎、微博问答等采用此类方式，但由于用户黏性不强，单次付费方式的后期发展受限。此外，部分视频网站、音乐平台也会采用此类方式，如爱奇艺推出的付费点播、超前点播模式，QQ音乐可以购买单曲、数字专辑等。对于用户而言，娱乐内容平台的单次付费，给了用户会员付费之外的新选择，用户的付费意愿相对更强。

社群付费。用户按照周期付费进入以个人为中心的社群，在获取优质内容服务的同时，满足精神需求。对于此类社群来说，付费是一种增加用户黏度的方式。不同社群的付费方式具有一定差异，比较典型的付费方式有押金返还型、任务激励型、收费递增型、身份分级型。押金返还型和任务激励型社群都有助于推动用户按时完成目标，只是激励方式有所差异，北辰青年、英文流利说等知识付费产品早期采取押金返还型方法获客，后期转向任务激励的方式维护社群运营；收费递增型社群会随着某些条件的变化而加价，通常以社群成员的数量作为标准来增长价格；身份分级型社群会根据缴纳费用的差异将社群成员分成几个等级，提供差异性福利，罗辑思维采用的就是这种付费方式。

五、内容产品跨界化

内容产品的跨界多见于知识付费领域，在知识付费的过程中，泛在的知识很难只涉及某一个领域或某一个行业，而是跨越了多个领域、多个行业的思考与判断，互联网内容的跨界特征较为明显。互联网平台中，未经产品化的跨界内容供应量较低、稀缺性高，内容质量参差不齐，用户需要花费大量时间从海量信息中筛选出高质量内容，效率较低。一方面，跨界的内容服务产品为用户提供这类服务，满足了用户对于内容品质和效率的需求，自然获得了用户的青睐；另一方面，对于内容供应商而言，跨界的内容能够实现更多圈层的覆盖，触达更多用户，产品的生命力将有所提升。以知识付费的典型代表得到 App 为例。得到所提供的知识服务产品都表现出了鲜明的跨界特征。2016 年，得到推出首个付费专栏《李翔商业内参》，内容涵盖商业、科学、科技、心理、管理、个人成长等多个领域，跨界性较强，该产品上线 1 天订阅量突破 1 万，订阅额超 200 万元[①]，证明了跨界知识产品的可行性。2019 年得到上线的六大学院中，视野学院提出"为用户提供跨领域的多元思维能力"，明确提及产品的跨界性；能力学院提出聚焦能力，帮助用户"塑造职场形象、提高生活质量、提升家庭幸福感"，其内容也跨越了职场、家庭等多个领域。

---

① 《李翔知识内参》停更，李翔又杀回"知识付费"了[EB/OL].（2019-05-28）[2021-02-05]. https://baijiahao.baidu.com/s?id=1634740227827734023&wfr=spider&for=pc.

六、结语

随着内容付费用户规模、市场规模的进一步扩大,对于内容生产者而言,只有充分掌握用户需求,在市场环境下重新整合内容资源,提升付费内容产品的使用感知,打造更符合用户需求的产品,推进内容跨界多元化发展,才能真正促进互联网内容付费生态健康发展,让内容生产者、用户等各方在生态中受益。

内容付费的内涵及主要类型*

2003年网络文学网站推出特定章节付费阅读模式，开启了内容付费时代；2015年国内视频网站内容付费迎来大发展，腾讯视频、乐视、爱奇艺相继推出会员独享、付费点播、直播付费等模式；2016年被称为"知识付费元年"，知乎、分答、得到等平台纷纷推出付费问答、付费专栏、付费音频等产品，内容付费逐渐向知识服务方向发展；2020年人们对知识、信息的需求度大大提升，用户对内容的付费意愿显著增强；如今，随着互联网内容的快速、多元化发展，短视频、直播等内容形态的出现使得内容付费得到了进一步的扩展。[1] 内容付费如何一路发展而来，有哪些内涵与特征，不同类型的内容付费发展现状如何，是本文探讨的主要问题。

一、内容付费的发展历程

内容付费这一商业模式，其本质和底层逻辑已基本稳定。然而，从传统媒体时代到新媒体时代，内容付费的具体形式和承载平台发生了很大变化。本文以互联网的发展节点作为传统媒体时代和新媒体时代划分的节点，以此来梳理内容付费的沿革之路。

---

* 本文原载于《青年记者》2022年第4期，收入本书时有改动。
[1] 赵子忠，杨少彤. 互联网内容付费的特征[J]. 青年记者，2021（4）：13-15.

（一）传统媒体时代的内容付费

电视、电影、报纸、杂志等一直有内容付费的商业模式。它们处于马克·波斯特所说的"第一媒介时代"，其付费内容跟媒介的物理性质是高度绑定的，媒介与媒介之间的物理特性也是高度分离、高度独立的。例如，报纸、杂志、图书等媒介承载文字内容，光盘、光碟等媒介承载视频内容。从形式上来看，消费者购买的是报纸、杂志等实体媒介，而实际是对文字、电影、音乐等的内容消费。

（二）新媒体时代的内容付费

20世纪90年代以来，随着互联网的发展，传统的内容行业受到了数字时代的严重冲击，媒介的物理形态以及媒介之间的边界被打破，数字化技术将传统的图文、视频等内容转化为0、1代码，内容在互联网上生产、复制、传播的成本被无限降低，用户对内容的付费意愿得以消解，"免费"成为趋势。随着版权进一步规范，优秀内容逐渐增多，长视频网站的电视剧付费和电影付费、文学网站的小说付费、新闻客户端的新闻付费、音乐网站的歌曲付费、游戏道具付费、直播秀场打赏、短视频短剧付费等种种互联网内容付费模式逐渐出现并发展。今后随着人工智能和VR/AR的发展，虚拟人、场景付费等将成为值得期待的内容付费的新模式。

二、内容付费的内涵与外延

（一）相关概念辨析

知识付费、信息付费等概念是容易与内容付费混淆的。信息付费较早由移动通信运营商带入消费者视野，随着各类知识付费产品的大量涌现，消费者容易直接把内容付费等同于知识付费。本文对以上三个概念进行辨析，并认为知识付费和信息付费是内容付费的子集，三者在内涵上存在差异。

从产品形态来看，知识付费指知识的接收者为所阅览的知识付出资金，其提供的产品是"知识"，是能够帮助付费者实现自我提升、带有学习性质、存在一定价值的内容，图文、音频、视频都可以作为"知识"的载体。知识付费的产品具有严肃性、专业性，有别于音乐、影视戏剧等娱乐程度较高的内容[1]，得到、喜马拉雅等平台提供的在线课程、有声读书等产品形态就是典型的知识付费。随着知乎、网易云等平台不断增加其内容品类，近几年"泛知识"一词开始活跃于大众视野，用户知识付费的对象也拓展到了理财、养生、心理等多元化内容。根据香农的信息论，"信息"是指"不确定性的减少或消除"，信息必须能够消除消费者的不确定性并解决问题。例如，"百度健康问医生"就是这样一款产品，用户可以"付费问诊"，根据专业医生的病情分析来掌握自己的身体情况。在商业应用中，规模最大最广泛的是电信运营商向用户收取的彩信、彩铃等"信息费"。内容付费的外延则更加广泛，其提供的产品也更为丰富，除了专业的知识和信息，还包括娱乐属性的内容，如在爱奇艺等视频平台上开通会员看剧，在网易云音乐等平台上购买歌曲等。

从付费目的来看，知识付费和信息付费的目的性更加明确。知识付费通过购买并学习知识性、教育性内容来高效地获得知识或技能，达到自我提升的目的。信息付费通过咨询专业的个体或机构来获取精准权威的信息，以解决当下具体的问题。在这个充满焦虑的时代，用户的时间和注意力高度碎片化，再加上高价值密度的知识和信息的稀缺性，知识和信息付费平台成为用户学习、决策过程中的重要渠道，其提供的精准、高效、垂类的知识和信息起到了信息降噪的作用，使用户能在海量的内容中快速地获取有效信息，大量地节约了时间成本，减轻了焦虑感，与其说是为"知识和信息"付费，不如说是为"时间成本"付费。[2] 内容付费的目的则较为多元化，除了提升自我、解决问题之外，还包括娱乐消遣、满足精神和心理需求、获取增值服务等。

---

[1] 王强. 知识付费走下神坛，内容付费表现抢眼［J］. 文化月刊，2020（1）：20–21.

[2] 搜狐. 你到底是在为知识付费，还是在交智商税？［EB/OL］.（2017–05–29）［2022–01–25］. https://www.sohu.com/a/144443367_486778.

（二）内容付费的内涵与外延

笔者曾在《内容产业论》一书中提出，"内容"是各种类型信息的概括，是为了满足特定需求的信息组合，而且对于每个应用者来说都是特定的和独一无二的。[①] 内容付费通常指通过互联网平台将各类信息（包括图文、音频、视频、问答等内容形态）变成产品或服务，以实现其商业价值的互联网商业模式，本质上是内容生产面向市场的一种新型传播、消费方式。[②]

从内容付费的边界来看，并非所有在互联网上的内容交易行为都可以被称为内容付费，内容付费有着明确的内容产品、服务以及付费场景。在内容付费的场景下，交易双方都明确自己的行为和目的，提供者精心打造内容产品和服务，消费者则自发、自愿地为他们认为优质的、有趣的、有用的内容付费。

从广义上来说，传统的电视、报纸、杂志也属于内容付费的范畴，本文讨论的内容付费主要指狭义上的概念，即新媒体时代下出现在新媒体渠道上的内容型产品，如音乐、视频、文学、电子书、直播课、问答等。以上内容形态的发展大大丰富了内容付费的外延，为内容付费带来了新机遇。

三、内容付费的主要类型及其发展现状

（一）新闻类专业媒体

国外专业媒体内容付费起步较早，20世纪90年代，随着美国传统报业的衰落，《华尔街日报》《纽约时报》等媒体开始尝试"付费墙"模式，即将新闻资讯搬运到互联网上实行付费阅读。财新传媒受到国外新闻付费的影响，在2017年上线"财新通""数据通"等付费订阅产品，成为国内首个全面实施新闻收费的媒体，根据《2021全球数字订阅报告》，财新以70万付费订

[①] 赵子忠.内容产业论[M].北京：中国传媒大学出版社，2005：10.
[②] 蒋广学，王志杰，杨梦茹."内容付费"的本质探析与教育启示[J].学校党建与思想教育，2018（1）：92-93，96.

阅用户入围榜单，位列全球第 10，成为唯一入围榜单的中国媒体。①2018 年底，南方周末推出付费会员制，会员可以获取全部新闻报道、电子刊等产品。澎湃新闻从 2020 年开始试水"自制付费内容"，陆续推出了音频小说《小王子》、修心课程《金刚经》等付费内容，拓展了新闻媒体内容付费的新领域。虽然目前已经有不少专业媒体在新闻付费上做出了探索，但是多数媒体缺乏推行内容付费的条件，再加上用户对新闻资讯的付费能力和付费意愿较低，国内新闻付费市场规模仍然较小。可以预测的是，随着用户收入水平的提高和消费的升级，用户对新闻的付费意愿将进一步提升，新闻付费市场也会迎来新的增长空间。

（二）长视频

网络长视频平台在经历早期的圈地竞争后迅速开始尝试内容付费，如 2011 年爱奇艺首次推出付费会员制，

2015 年视频网站的内容付费进入了新的发展阶段，腾讯视频、乐视等视频平台相继推出会员独享、付费点播、直播付费等模式。如今随着大量自制剧、自制综艺的打造，超前点播、会员大结局抢先看等模式也开始兴起。内容付费模式成为网络长视频平台的主要营收来源，根据爱奇艺 2021 年第三季度财报，其订阅会员规模达到 1.036 亿，会员服务营收达 43 亿元，占总营收比重的 56.5%。②

（三）短视频

随着短视频流量红利触顶，国内短视频平台纷纷开始试水内容付费。秒拍曾在 2016 年计划上线付费观看功能，但观众对于娱乐化的短视频付费并不买账；火山小视频在 2017 年推出"火苗计划"；抖音在 2021 年底推出"赞

---

① 国际报刊联盟. 2021 全球数字订阅报告［EB/OL］.（2021-12-07）［2022-01-25］. https://www.lanjinger.com/d/172704.

② 沈钊. 爱奇艺发布 2021 年 Q3 财报：总营收 76 亿元同比增长 6%［EB/OL］.（2021-11-17）［2022-01-25］. https://new.qq.com/rain/a/20211117A0CRR500.

赏"功能，允许用户向短视频内容制作者进行"打赏"。快手作为短剧的先行者，在 2021 年实现破圈并开启短剧付费模式，抖音也在 2021 年年底回应正在探索测试短剧付费功能，这种模式一般按集数进行付费，每集价格在 1 元左右，并支持一次性付费解锁全剧。短剧付费成为短视频平台的一大趋势，但是目前用户付费意愿普遍较低，要靠付费实现盈利仍然存在很大的难度。可以看出，内容付费成为短视频平台寻找的下一个增长点，在长视频付费和音频付费风生水起的今天，轻量级的短视频能否成为内容付费赛道上的重要一员，还需探索。

（四）游戏

最初的游戏付费模式和其他商品一样，都是玩家付费给零售商购买游戏内容，零售商向游戏厂商进货的"买断制"，随着互联网的发展，网游的诞生也催生出了购买月卡、点卡的"计时制"模式，免费体验、游戏内购买的 P2W（Pay to Win）等付费模式。① 智能手机的发展使得移动游戏成为主流，开发商通过售卖游戏道具来获利，如今云游戏正逐渐流行，主要的收费来源是平台订阅费。根据前瞻产业研究院的统计，在不同移动端细分行业的付费率中，手机游戏达到 31.6%，排名第一。总体来看，游戏付费是伴随游戏行业发展不可忽略的配套服务，具有较大的收益潜力，并且用户普遍在游戏方面的付费意愿相较于其他产品更大。②

（五）小说、音乐、音频

2003 年网络文学网站推出特定章节付费阅读模式，开启了互联网内容付费时代。如今网络小说已经发展成为一大产业，独特的"阅读券""无限畅读月卡""众筹"等付费模式为其带来巨大的市场规模，根据易观分析发布的

---

① 知乎."氪金"之路：中国游戏付费模式探讨［EB/OL］.（2018-09-12）［2022-01-25］. https:// zhuanlan.zhihu.com/p/44297765.
② 前瞻产业研究院.中国网络游戏行业商业模式创新与投资机会分析报告［EB/OL］.（2021-07-30）［2022-01-25］. https://www.qianzhan.com/analyst/detail/220/210730-1f7b1d43.html.

《中国网络文学版权保护白皮书》,2020年中国网络文学市场规模达288.4亿元。① 此外,自2015年加强网络音乐盗版整肃以来,中国数字音乐的内容付费开始起步,付费会员、付费单曲等逐渐为用户所接受,但是横向对比游戏、视频等其他数字娱乐形态,数字音乐付费率仍处于较低水平。② 值得关注的是,在线音频成为一大黑马,其内容付费趋势日渐显著,根据艾媒咨询相关数据,2021年上半年中国在线音频用户中有62%曾购买过在线音频服务,喜马拉雅成为付费用户满意度最高的平台。③

(六)知识付费

从2016年开始,中国知识付费行业快速崛起,分答、得到等知识付费平台正式上线;知乎推出实时语音问答产品"知乎 live";喜马拉雅创办知识狂欢节。2017年,豆瓣推出首款知识付费产品"豆瓣时间";2020年1月,微信团队对微信订阅号付费功能进行了灰度测试。直到现在,知识付费产品和平台还在大量涌现,并将在线教育和学习推向了一个新的高潮,许多创业者借助知识付费的风口获得了飞速发展,知识付费市场还将持续扩大。艾媒咨询数据显示,2017年以来,中国知识付费行业市场规模快速扩大,2020年达392亿元,预计到2021年将达到675亿元,知识付费用户规模也将保持平稳增长态势,预计从2020年的4.18亿人增加到2021年的4.77亿人。④ 然而,经过了上半场的飞速发展之后,知识付费面临着用户流量瓶颈、内容同质化、监管与版权、复购率低等问题,这成为制约其下半场发展的关键因素。

---

① 易观分析.中国网络文学版权保护白皮书2021[EB/OL].(2021-04-25)[2022-01-25]. https://www.analysys.cn/article/detail/20020094.

② 艾瑞咨询.2019年中国数字音乐内容付费发展研究报告[EB/OL].(2019-07-15)[2022-01-25]. https://www.yixieshi.com/130272.html.

③ 艾媒咨询.2021上半年中国在线音频行业用户消费行为及意愿分析[EB/OL].(2021-08-13)[2022-01-25]. https://www.iimedia.cn/c1020/80317.html.

④ 艾媒咨询.2020年中国知识付费行业发展专题研究报告[EB/OL].(2020-12-25)[2022-01-25]. https://www.iimedia.cn/c400/76060.html.

四、结语

内容付费进入新媒体时代，在内涵和外延上都发生了深刻的变化，不同类型和不同领域间的付费发展现状也存在较大差异，如何把握新时代内容付费的底层逻辑，突破发展过程中的阻碍与难题，针对用户多元化的需求重新构建内容和服务的形态，是下半场赛道上亟待解决的问题。

内容科技的主要特征与基本结构[*]

一、概念的提出

2019年，在《人民网深度融合发展三年规划（纲要）》中，人民网明确提出了"内容科技"的概念。[①] 之后，人民网还主办了一场内容科技创新创业大赛。参赛的项目主要涉及人工智能与内容生产、风控、分发、运营应用；区块链与内容产业升级；5G、物联网与内容产品产业创新；内容赋能各行各业的场景与技术应用；海量内容中的大数据提取与应用。[②]

同年，腾讯提出了一个类似概念，叫"ConTech"。在2019腾讯ConTech技术大会上，国内外人工智能学者、5G专家、风险投资人共同探讨5G、人工智能时代内容与新技术的融合之道。他们关心的问题有：人与机器如何协同？好内容如何依靠技术涌现？如何有效打压坏内容？数字内容产业如何突破瓶颈？新趋势和新机遇到底在何方？

---

[*] 本文原载于《青年记者》2020年第16期，与李明毫合作，收入本书时有改动。

[①] 上海证券交易所.人民网深度融合发展三年规划（纲要）[EB/OL].（2019-07-26）[2020-08-16]. http://www.sse.com.cn/disclosure/listedinfo/announcement/c/2019-07-26/603000_20190726_2.pdf.

[②] 2019人民网内容科技创新创业大赛公告[EB/OL].（2019-09-19）[2020-08-16]. http://capital.people.com.cn/n1/2019/0919/c405954-31363085.html.

二、内容科技的主要特征

内容与科技的融合，在过去五年中呈现出七大特征。

第一是移动化。移动互联网的发展在为内容产业带来新增量的同时，影响着舆论环境和媒体格局。上海报业集团澎湃新闻得益于移动互联网为采编分发带来的灵活性，虽以时政内容为主体，却文风通俗，采取扁平化的内容架构，根据用户的订阅、追问、分享调整内容供给，多平台分发形成了巨大影响力。中央广播电视总台 2019 年推出了基于 5G+4K/8K+AI 等新技术的"央视频"客户端，作为"台网并重、先网后台、移动优先"战略实施的抓手。

第二是社交化。去中心化是技术对内容最深刻的影响。新的互动模式和互动产品，让越来越多的人成为内容生产传播活动中的一个个节点。基于用户关系进行内容生产交换的社交媒体日益强势。据《腾讯控股有限公司 2019 年报》，社交化带来了新的圈层传播模式，让"关系"和"连接"在传播中的重要性凸显。传统媒体在融媒体技术平台建设中，也都十分重视社交媒体内容分发。

第三是视频化。视频内容接受门槛低，更容易唤起用户的情感反应。随着网络基础设施的完善、相关技术的发展，视频有了被更广泛使用的技术基础和网络条件，更多机构和个人得以进入视频生产传播领域。2016 年，我国移动网络直播出现井喷式增长，不仅秀场直播风头无两，而且推动了直播电商的发展，创造出新的内容价值商业转化模式。近几年兴起的网络短视频，更是成为用户使用时长的强有力竞争者。《2019 年抖音数据报告》显示，抖音 2020 年 1 月日活跃用户超 4 亿。思科公司预测，到 2021 年，网络视频流量占全球消费者 IP 流量的比例将达 81.9%。[1]

---

[1] Cisco. Cisco visual networking index: forecast and methodology, 2016–2021 [EB/OL]. [2020-08-16]. https://www.cisco.com/c/en/us/solutions/collateral/service-provider/visual-networking-index-vni/complete-white-paper-c11-481360.html.

第四是云端化。美国国家标准与技术研究所认为，云计算是一种模型，它可以实现随需应变地从可配置计算资源共享池中获取所需资源，使管理资源的工作量和与服务提供商的交互减小到最低限度。[①]云计算还能够提升内容生产的灵活性、协同性和效率；能够更精准地定位用户需求，提高内容、广告分发的个性化、准确性。在2018年首届中国国际进口博览会上，新华社运用"现场云"移动采编平台，将采集的素材实时传入智能生产平台，批量生产出聚合类新闻视频。3天推出390余条视频报道，在新华网客户端上的浏览量近2000万。

第五是数据化。算力、算法和数据，是当下新技术生态的三个支点。随着各领域数据量的不断增长，数据的价值凸显。英国《经济学人》杂志2017年的一篇文章把数据比喻成数字时代的石油，认为数据是这个时代最宝贵的资源。媒体数据资源十分丰富，内容的采编、分发、管理在用户使用过程中都可形成数据。现在，很多媒体在利用大数据进行内容分发，实现内容产品的千人千面，建立内容与用户兴趣之间的精准连接。转型中的传统媒体，很多建设了以大数据为支撑的融媒体技术平台，打造全媒体传播矩阵，实现内容的精准传播。

第六是智能化。人工智能科技将会推动内容到另一个高度，或者说推动内容的转型。"人机共生"将成为内容科技的主题之一。通过遍布世界各个角落的传感器带来的更高效、更海量的数据采集，通过数据的智能化处理、智能化分发，通过5G、物联网带来的更灵活、更多样的内容产品形式，传媒业这一原本高度依赖于人类智力的行业，将有越来越多的岗位逐渐被机器所取代。无论是内容的采集、分发还是运营、管理，高度自动化、智能化成为显而易见的趋势。当然，科技在不断提升内容生产传播效率的同时，要回应人与机器共生共处中产生的诸多新问题。

第七是物联化。在互联网时代，有一句著名的话是"你不知道网络那边是一个人，还是一条狗"，在物联网时代，估计就是"你不知道和你聊天的，是一个人还是一台机器"。在"万物皆媒"的世界里，一方面是生产传播内容

---

① 贾一苇，赵迪，蒋凯元，等. 美国联邦政府云计算战略[J]. 电子政务，2011（7）：2-16.

的主体泛化。过去，媒体内容生产传播必须建立起一套完备的组织才能实现。而现在，一家普通企业也能够建成自己的融媒体中心，普通人也能通过各种内容平台制作发布自己的作品。另一方面是内容载体泛化。现在我们就能在很多物品上看到粘贴其上的二维码，通过这一入口，我们可以获得大量信息。未来，各种联网的设备都可能成为内容产品的传播载体，内容的传播空间被大大拓展了。

三、内容科技的基本结构

内容科技目前已应用于内容生产、内容分发、内容管理和内容终端等方面，应用的深度和广度在不断拓展。

（一）内容生产科技

内容生产是内容价值生成的核心环节，也是内容科技应用的主阵地。

在内容采集方面，语音识别等辅助工具的运用提高了工作的效率。可穿戴设备不仅增强了专业媒体工作者采集信息的灵活性，也为个人随时随地参与新闻创作提供了便利条件。无线射频设备、红外感应器、激光扫描等信息传感器，能够全天候、不间断地收集和处理自然界、社会中的各类信息；无人机的出现，使得在不适合人类前往的恶劣环境中获取信息成为可能，这些技术的应用都大大拓展了新闻采集的时空范围。

在内容编辑方面，当前技术已经能实现音视频自动剪辑、滤镜添加、问题视频检测等功能。5G 为音视频实时云存储、云编辑提供了良好的网络基础。新华社"快笔小新"、腾讯 Dreamwriter、百度 Writing-bots 等智能写作机器人，推动了机器写作的应用。特别是在财经、体育、气象等领域，自然语言生成引擎能通过大数据分析处理自动生成新闻稿，有时比专业记者写成的稿件在准确性上更胜一筹。

在内容策划方面，数据分析可以较为准确地判断舆情热点及走势，辅以用户数据分析，帮助新闻采编人员针对用户需求更好地策划选题。技术在娱乐产品的决策上也开始发挥作用。爱奇艺开发了影视作品 IP 价值评估、剧本评估和选角系统，依靠影视作品播放数据、全网舆情数据、演员档期数据、演员图谱数据，分析影视项目的价值和可行性。

（二）内容分发科技

2012 年，基于数据挖掘的推荐引擎产品"今日头条"客户端上线。这类平台改变了传统媒体一个产品统一分发的局面，通过将内容结构化、标签化，使用算法标记，根据用户反馈不断更新模型，再按照内容标签和用户画像的匹配度来进行个性化推荐，实现了内容产品的千人千面。个性化推荐已经成为网络媒体内容分发的主要策略。但是，算法推荐也需面对机器是否有价值观、用户接触到的内容不断窄化而产生"信息茧房"等问题。人民网近年来提出了"党媒算法"的概念，研究如何提高海量内容与个性化需求的匹配效率，搭建一个兼具主流价值与创新活力的内容生态。

（三）内容管理科技

智能化的媒体内容分析处理技术，能帮助我们更简单、更便捷地开展媒资管理和内容安全管控。内容识别技术的发展，已经能够完成图像视频语义的自动分析及标注，从而支持内容分类、自动切片、视频摘要等应用。在内容安全管控方面，传统的内容审核由人工完成，需大量人力，且效率不高。智能化的审核工具，利用深度学习技术，发挥人机协同作用，从而抵抗谣言假新闻、色情暴力等不良内容带来的风险。人民网智能化应用平台提供的智能图像审核产品，利用深度学习、神经网络，构建具有高层次表现力的模型，从而实现用机器替代人力对高复杂度的图片数据进行违规判断的创新应用。这在一定程度上缓解了图像内容审核成本高昂和难以实时处理两大痛点。①

---

① 2019 内容科技元年白皮书［EB/OL］.（2020-03-27）［2022-01-25］. http://media.people.com.cn/GB/22114/431528.

（四）内容终端科技

内容科技的发展，正逐步形成手机、车联网、物联网三大内容终端体系。5G 带来的高速率、低时延网络，将手机等个人移动终端从繁重的信息处理任务中解放出来，变得更加便于携带，从而为用户提供更好的内容消费体验。语音识别等技术推动了车联网发展，车载传感器和智能化屏幕日渐普及，催生了人们对于车载内容的需求。而万物互联时代的到来，使用户内容消费不再局限于现有的大屏小屏，物联网设备日益媒体化，内容载体泛在而多样，推动了场景式内容生态的兴起。智能音箱、VR/AR、可穿戴设备也是重要的内容终端。内容科技正不断拓展着内容消费的边界，让内容消费变得随时随地触手可及。

当前，从政府到市场，各个主体都在大力推动 5G 网络、数据中心等新型基础设施建设，这为内容科技更快发展和应用奠定了基础。在内容与技术的融合中，做好基于技术自身特征的"原生"创新十分重要。传统媒体一直在努力适应微博、微信、头条等平台的原生生态，但适应度不佳。未来，内容科技应当更多关注如何在新技术里发展出新传媒业态这样的"原生"创新问题。

新基建：内容科技的支撑与动力[*]

2019年，在《人民网深度融合发展三年规划（纲要）》中，人民网明确提出了"内容科技"的概念。①2019腾讯ConTech技术大会在北京举行，与会者共同探讨5G、人工智能时代下内容与新技术的融合之道。探讨的问题有：人与机器如何协同？好内容如何依靠技术涌现？坏内容如何有效打压？数字内容产业如何突破瓶颈？新趋势和新机遇到底在何方？

内容科技的概念，是否会发展成为一个新潮流呢？2020年新基建的提出，对于内容科技而言，是顶层和底层的动力。顶层动力是指，新基建是中央的战略部署，可以理解为内容科技的顶层设计；底层动力是指，新基建是为数字化修桥铺路的工作，是内容科技的底层支撑。

一、新基建，内容科技的基础

2020年3月，中共中央政治局常务委员会召开会议提出，要加快5G网络、数据中心等新型基础设施建设进度。2020年4月20日，国家发改委创新和高技术发展司司长伍浩在国家发改委新闻发布会上表示，新基建包括信息

---

* 本文原载于《新闻论坛》2020年第3期，与孙艺珂合作，收入本书时有改动。
① 上交所. 人民网深度融合发展三年规划（纲要）[EB/OL].（2019-07-26）[2020-03-10]. https://company.cnstock.com/f10/ggqw/sh603000.html?l=25&p=3.

基础设施、融合基础设施和创新基础设施三方面。①

第一是信息基础设施。主要指基于新一代信息技术演化生成的基础设施。例如，以5G、物联网、工业互联网、卫星互联网为代表的通信网络基础设施；以人工智能、云计算、区块链等为代表的新技术基础设施；以数据中心、智能计算中心为代表的算力基础设施等。

第二是融合基础设施。主要指深度应用互联网、大数据、人工智能等技术，支撑传统基础设施转型升级，进而形成的融合基础设施。如智能交通基础设施、智慧能源基础设施等。

第三是创新基础设施。主要指支撑科学研究、技术开发、产品研制的具有公益属性的基础设施。例如，重大科技基础设施、科教基础设施、产业技术创新基础设施等。伴随技术革命和产业变革，新型基础设施的内涵、外延也不是一成不变的，要持续跟踪研究。

从世界经济形势来看，每当经济形势面临下行，政府就会增加基础设施投资来拉动经济，2020年，中国推动新基建，一方面是为了为中国经济发展提供动力，另一方面是要将中国经济从原来"铁公机"的模式转向新形态数字经济体系。"大力发展新基建，其实就是补经济高质量发展的短板，强经济高质量发展的动能，与以供给侧结构性改革为主线，推动经济发展质量变革、效率变革、动力变革的目标一脉相承。"

二、新基建，内容科技的动力

数字经济是以信息和知识的数字化为关键生产要素，以现代信息网络为重要载体、以有效利用信息通信技术为提升效率和优化经济结构重要动力的广泛经济活动。②数字经济的基础建设，一定会成为内容科技的强有力的推

---

① 国家发改委."新基建"包括哪些领域？国家发改委权威解读［EB/OL］.（2020-04-20）［2020-04-25］. https://news.sina.com.cn/c/2020-04-20/doc-iirczymi7321296.shtml.

② G20峰会. 二十国集团创新增长蓝图：支持创新、新工业革命、数字经济［EB/OL］.（2016-09-07）［2020-03-10］. https://www.sohu.com/a/113787765_470089.

动力。

第一是投资动力。基础设施需要大量资金，对于基础设施的投资将会形成资本的热点，新基建将吸引不同身份的投资者参与工程建设，焕发投资新动力。以 5G 为例，整个网络建设的投资高达几千亿元，能够拉动非常大的经济体量。中国信息通信研究院的王志勤院长提到过，5G 能够拉动万亿级的产业市场。据中国信通院预测，预计到 2025 年，我国 5G 网络建设投资累计将达到 1.2 万亿元。未来五年工业企业开展网络化改造投资规模有望达到 5000 亿元。5G 网络建设将带动产业链上下游以及各行业应用投资超过 3.5 万亿元。强有力的资本投入建设信息基础设施使内容科技得以借势借力，调动全社会资本力量建造通用基础设施助推内容科技的发展。

第二是创新动力。大规模的基础投资之后，会形成新的创新，这种创新，一定会为新消费、新制造、新服务带来推动力。我们现在已经看到了很多内容科技的创新，这些创新和新基建都有着非常密切的关系。比如开源人工智能技术框架、丰富的人工智能开放平台生态。Google 的 TensorFlow 现在是全球应用最广的机器学习框架。国内的阿里巴巴的商业操作系统能够帮助 B 端用户迅速实现全产业链的数字化、智能化转型，而百度大脑是百度 AI 核心技术引擎，包括视觉、语音、自然语言处理、知识图谱、深度学习等 AI 核心技术。这种开源人工智能平台，就是内容科技最重要的发源地，多类型开源技术，能够为内容应用提供最好的创新土壤。

第三是产业动力。基础投资将成为新的产业生态基础，围绕这些基础设施，产业不仅面临数字化转型、产业升级，还会形成众多的产业形态，是新的经济引擎。我们在研究 5G 应用的时候，移动运营商经常和我提及一个概念，就是"媒体行业是 5G 最重要的应用"，我也在思考，为什么媒体行业最早应用 5G。之后我们研究了关于冬奥会中 5G 应用的情况，大型体育赛事一直是一个非常兴盛的内容产业，对于体育赛事而言，新兴科技能够更好地带动人们去体验体育内容，是一个非常重要的部分。

第四是理念动力。新基建是以新发展理念为标尺，以技术创新为驱动，以信息网络为基础，面向高质量经济发展需要，提供数字转型、智能升级、融合创新等服务的基础设施体系。习近平总书记指出:"高质量发展就是体现新发展理念的发展",相较于过去的粗放型经济发展,理念的新体现在可持续、可再生的数字经济。例如,区块链技术构建的价值互联网对媒体商业模式带来颠覆式创新,媒体一般以广告、付费订阅为变现方式,内容的价值由流量、注意力、算法决定,导致内容走向低俗、造成信息茧房,而区块链的共识机制和激励机制将价值的判断回归内容本身,构建以价值为导向的内容生产、传播、变现机制。

三、新基建,内容科技的支撑

新基建代表底层经济支撑体系的升级。工业社会,大量的基础设施是以人或者货物的移动为标志的,公路、铁路、机场主要是完成人口移动或者货物转移。在信息社会,数字化生活或者工作,是为了推动信息的快速转移或者变动。"信息网络高速移动互联正在发展并向传统基础设施渗透延伸,形成万物互联、数据智能的新型基础设施,实现以信息流带动技术流、资金流、人才流、物资流,在更大范围内优化资源配置提升效率。"[①] 支撑内容科技升级的新基建,体现在五个方面。

第一是5G。5G的一个重要愿景是连接社会,让整个社会变得更加数字化、智能化,虽然目前的5G技术主要服务于个人终端接入和家庭宽带接入,但是,目前5G的发展方向是致力于连接千行万业,实现全行业、全社会的连接。连接方式和连接对象的探索和实践会激发更多新技术、新应用和新业态。例如5G在新闻领域的应用,与4K、AR、VR技术的融合带来超高清直播新突破,"记者到得了、拍得着、能传回"、5GVR制播、5G轻量级动画媒体生产以及5G融媒体机构都是5G连接新技术产生新业态的重要体现。

第二是大数据基础设施建设。数字经济就是要促进数字要素参与价值创造和分配,发挥数据新生产要素的优势,以数据带动人才流、资金流、物资

[①] 贾康. 新基建:既是当务之急,又是长远支撑[J]. 党政研究, 2020(4): 11–16.

流、信息流，大数据中心是数字经济基础建设的心脏工程。大数据基础设施建设包括"物本"和"人本"两种，其中物本包括软件定义网络、边缘计算、云计算、安全多边计算等技术，人本包括数据思维的人才及其培养。贵阳市发力大数据产业打造"中国数谷"，建设云计算中心、呼叫中心、大数据应用展示中心、大数据产业资本服务中心、大数据产业科技研发中心、大数据产业端产品制造中心，到今年（2020年）建成全域块数据城市。

第三是云计算。云在定义一切，一切也在定义云。当前的计算场景发生了巨大的变化，除了硬件的算力以外，加强机器之间的协同、强化计算力也越来越重要。据IDC预测，到2023年，全球各类物联网终端连接产生数据量将达175ZB，数据类型和场景需求多种多样，算力需求巨大。预计到2025年，AI算力需求将以每年超过10倍的速度增长，占据数据中心算力的80%以上。① 以腾讯公司为例，其作为全球（云计算服务模式之一的IaaS，Infrastructure-as-a-Service）市场增长最快的云计算厂商，目前全网服务器总量已经超过110万台，是中国首家服务器总量超过百万的公司，也是全球五家服务器数量过百万的公司之一；目前已在天津、上海、深圳、贵阳等地拥有数座大型自建或合建数据中心。

第四是人工智能。数据和算法是两大核心，机器深度学习发现数据特征并建立模型进而利用模型解决问题。人工智能作为新技术的基础设施在媒体内容生产、传播的各个环节都有所应用，写作机器人、智能主持人、媒体大脑等智能媒体工具大大提高了信息处理效率，将人力从简单机械的劳动中解放出来处理智力要求更高的信息，重塑内容生产与传播全流程。新华社智能编辑部在生产环节，利用"媒体大脑"、AI合成主播、时政动漫平台等智能化工具和平台，对新闻素材进行自动分类和标引，智能化生产文字、图片、AI主播视频、短视频、地图新闻、数据新闻、卫星新闻、VR、AR、MR等30余个品类的全媒体产品。

---

① 人民网."新基建"定义来了，哪些行业受益［OL］.（2020-04-22）［2020-03-10］.http://it.people.com.cn/n1/2020/0421/c1009-31681869.html.

第五是工业互联网。产业体系新旧动能转换的重要抓手是工业互联网。基于信息技术与传统的生产制造过程的融合，通过数字化、网络化和智能化改造，将生产设备、产品、业务流程、员工、客户、订单和信息系统连接形成网络，采集并分析网络上生成的数据，指导实际生产，调整生产方式，提高效率，减少成本和资源消耗。青岛港智能生产控制系统高度融合了物联网、智能控制、信息管理、通信导航、大数据、云计算等技术，自动生成作业指令，现场机器人可以按照设定自主完成相关作业任务，实现码头业务流程全自动化。2019年的网络春晚特别设置了青岛港全自动化集装箱码头分会场，"青岛港自动化码头世界第一"一度成为媒体热词，青岛港借助网络春晚这个新平台、新媒介展示了技术实力、塑造了企业品牌形象。

内容与技术融合需关注的四个问题*

对媒体的深度融合，我们做了长时间的研究，其中一个重要的话题就是内容与技术的融合。传统媒体提出的概念是"内容为王"，强调新闻内容的传播力、引导力、影响力、公信力，强调传统媒体的内容优势。新兴媒体依托技术创新，建立了一个又一个信息技术平台，在一定程度上形成了"渠道为王"的局面，"技术决定论"成了主流。因此，传统媒体具备的内容优势和新兴媒体的技术优势如何融合，是媒体融合战略需要重视的，以下四个问题值得关注。

一、科技公司的新闻化

我们经常提到一个观点，即传统媒体面临着互联网技术的挑战，实际上，传统媒体面对的更多是科技公司新闻化的挑战。科技公司有着强大的实力，通常具备创新型的技术平台、巨大的资本规模、强大的平台和产品运营能力，拥有海量的用户数据，这些都是互联网的"超级入口"。不同于传统媒体，大多数科技公司的新闻化布局，主要依托内容分发渠道、更多的用户数据、强大的用户洞察能力、更为市场化的营销手段。

在国外，谷歌于 2015 年 6 月推出新闻实验室项目——News Lab。谷歌将旗下的谷歌地图、谷歌云计算数据库、YouTube、谷歌搜索等资源开放给开发

---

* 本文原载于《青年记者》2019 年第 18 期，与许雅合作，收入本书时有改动。

者和新闻从业者们，支持他们进行包括数据新闻、新闻可视化、即时新闻在内的生产等。①

Facebook 在新闻化上表现得更加明显，2015 年 4 月，Facebook 推出了 Instant Articles 平台，允许新闻机构直接在 Facebook 上发表文章。Instant Articles 平台拥有比普通网页快 10 倍的移动页面加载速度、支持地图、照片、视频等多媒体元素。Instant Articles 还有 Facebook 庞大的用户数，能够帮助新闻机构进行内容的传播与拓展。②

这两款科技公司的新闻化产品都在一定程度上削弱了传统媒体的内容优势。前者降低了内容生产的门槛，让新闻生产者的边界模糊，人人都可以生产新闻；后者绕过新闻机构的自有平台，让新闻机构沦为遵守 Facebook 规则的打工者。传统媒体需要对科技公司新闻化的冲击保持警惕。

科技平台新闻化带来的问题也非常明显，那就是虚假信息。Facebook 的创始人扎克伯格做过很多努力，如与第三方事实核查机构建立合作，打击平台上的虚假信息。但他自己也承认，在控制虚假信息这个问题上，还是传统媒体机构有着更为丰富的经验，有着更好的把关能力。

二、新闻机构的技术化

媒体融合是一场"技术马拉松"。传统媒体的"技术马拉松"已经经历了信息化、网络化和移动化三个阶段，这三个阶段的技术建设表现在三个不同方向上，即报纸、电视，网站，移动端。

报纸和电视体系，需要的是推动信息化技术应用。报社的信息化，表现在印刷媒体的数字化上，即重新建设数据库，存储报纸内容。电视台的信息化，表现在建立媒资系统上，即把视频数据管理起来。由于多数融媒体中心

---

① 传媒参考. 谷歌打造的新闻实验室，这一年都在做什么［EB/OL］.（2016-08-08）［2019-10-21］. http://www.sohu.com/a/109613819_381322.

② 36 氪. Facebook 上线媒体内容创建工具 Instant Articles［EB/OL］.（2015-05-13）［2019-10-21］. https://36kr.com/p/532842.

原先没有视频信息化能力，电视台的视频媒资系统就成了一个重要的媒体融合项目。

网站技术建设。网站的建设，主要是面向PC端用户的信息输出，体现在网站页面设计、网站功能及活动设计、网站数据库建设、网站内容采集能力、各类数据端口的对接、后台用户数据管理、内容产品设计及推动等方面。网站小编、产品经理、网站技术工程师就是这些项目建设的关键人才。

移动端的技术建设。移动端的技术主要体现在客户端、云平台和大数据上。近五年来，传统媒体纷纷开发和推出了新闻客户端，客户端技术成为重要技术。要支撑客户端应用，就需要引进并使用云计算技术，媒体融合结构都采用了云技术，纷纷搭建云平台。用户行为数据的处理，成为客户端应用的另外一个支撑，各个融媒体中心都建设了大数据平台。现在的媒体融合技术，主要是围绕新闻采编发系统（中央厨房）、数据中心和云平台、大数据这四个方向构建的。技术平台的演进，对内容采集和编辑提出了新的要求。

第一是新闻采编发系统（中央厨房）。中央厨房是以内容生产为主线的业务平台、技术平台和空间平台，它能够整合多方资源，连接多家媒体，实现内容的协同生产、共建共享。目前，人民日报等很多媒体的中央厨房均已投入使用，且在重大事件的报道中发挥出色。

第二是数据中心。报业集团加强了数据中心建设，如人民日报的数据中心承载了人民日报社、各入驻单位对计算咨询和数据存储、整合、分析、挖掘、备份和容灾等的服务需求。电视媒体的媒资系统建设也逐渐成形。

第三是依托云平台构建的生态。云平台实现媒体的信息共享，互联互通。依托于新媒体云平台，各级媒体可以提高内容的生产和分发效率，实现新闻的一次采集、多样编辑、多渠道分发、多终端触达。新媒体平台也扩大了自己的信息源，实现了云平台技术体系下的有机协同。新华社全媒体产品数字加工云平台、湖北的"长江云"平台、新华社的"现场云"平台均是此模式。

第四是大数据平台。对于媒体融合而言，内容大数据和用户行为大数据越来越成为媒体的核心资源，大数据技术能力也成为核心能力。例如，个性化推荐技术越来越成为媒体信息传播的重要支撑，其能够通过对内容和用户进行标签化建设，建立多种算法模型，针对用户的兴趣和需要进行个性化推荐。

三、技术和原生内容

媒体内容和技术不断融合，推动了媒体内容发展。在传统媒体历经的数字化、网络化、移动化过程中，不断适应新的技术环境，做好原生内容的建设是媒体融合的应有之义。

第一种，数字化内容。传统的报纸电视内容大家比较熟悉，报纸的数字化过程表现为对报纸所采集信息的数字化处理，采用计算机排版印刷，用数字技术改造传统报纸，实现报纸生产流程和形态的再造。

电视的数字化建设体现为，淘汰模拟设备，变模拟信号为数字信号，在内容生产环节引入数字设备和数字系统，实现数字化电视节目的摄制、编辑、播出。中央电视台大力推进台内数字化、提高广播电视节目采、编、录、存、播的能力和水平，推动了台内节目制播的互联互通和资源共享。

第二种，网络化内容。网站技术的发展，使得网站建设及维护更加便捷，传统媒体开始注重内容和活动的关联应用，并对网站的版面设计、栏目设置以及网页的结构布局作出优化。制作门槛低、存储空间小、形式多样的 flash 通常是网站重要的内容形式，如全国两会期间，央视网推出了 flash 形式的"小丫跑两会"特别节目与网民进行互动。

第三种，移动化内容。传统媒体应用移动客户端技术，带来了新的内容形式。

第一个是短视频内容。短视频模式给用户带来了"竖屏"观看体验。竖屏短视频短、平、快的特征使其制作方式和叙事方式发生了变化。除了竖屏的呈现形式外，短视频的时长非常短，对内容编辑和故事架构也产生了重要的影响。

第二个是微信社交媒体内容。微信是通过微信好友、微信群、朋友圈、微信公众号来分享与传播信息的社交媒体平台，是一种基于熟人关系的较为封闭的信息空间，也是信息流广告和H5内容的呈现平台。人民日报的H5产品《快看呐！这是我的军装照》顺应了微信社交媒体的传播特征，通过微信平台上的裂变式分享，实现了较好的曝光。

第三个是微博内容。微博是基于用户关系并通过关注机制对信息进行分享与传播的广播式社交网络平台。微博内容具有碎片化、及时性、平等性、交互性强的特征，它加快了信息的传播速度，扩大了信息传播范围。

第四个是直播内容。互联网视频直播是新型的媒体形态，它降低了内容生产的门槛，拓展了用户的视听场景，满足了用户对真实感和现场感的需求。传统媒体在面对互联网直播平台的冲击时，一方面要坚守自己的专业内容制作能力，另一方面要积极探索内容生产的平民视角。央视在直播"天舟一号"发射时运用VR技术，让用户在VR全景视频中自由选择观看角度和观看内容，增强了用户的沉浸体验。

四、内容和新兴技术融合

2019年，信息技术进入了新一代的创新。主要的新兴技术，包括VR技术、物联网技术、人工智能技术、5G技术等。面对新的技术发展、内容和技术的战略性融合，新闻传播业又一次被推到了风口浪尖。

新华社推出人工智能合成主播，用机器人主播来播新闻。两会期间，新华网Star以"读心术"的方式——生产出国内首条生理传感新闻（SGC）。

人工智能技术改变了传媒业的内容生产环节和内容分发环节。在内容生产上，人工智能技术使海量、高效、全天候的内容生产方式成为可能。人工智能写稿机器人在体育赛事、财经信息发布的速度和准确率上远超人工记者。在内容分发上，人工智能写稿机器人能够根据用户数据定制私人化新闻产品，同时能够基于场景分发给用户，提升用户的阅读体验。目前，新闻媒体正在不断尝试推出人工智能写稿机器人，完成部分技术含量低的、机械的新闻写作工作。

物联网是继PC互联网、移动互联网之后的下一个网络。物联网技术使信息生产与接收的时间和空间被重塑，智能家居、无人机、各类传感器的使用使得家庭、学校、街道、写字楼等城市任何角落都成为信息生产与接收的场景。在物联网技术的作用下，信息的生产主体增多，信息的来源渠道扩大、用户的信息采集维度增加，打造全程媒体、全息媒体、全员媒体、全效媒体成为可能。

5G技术具有高带宽、低时延、广连接的特征，它将带来网络速度的提升、终端性能的升级以及内容形态的改变。信息的传输会变得更加快捷，新闻产品的制作将更加简便，信息的传播方式变成端到端的传播，每个物体都可以成为信息的传输端和接收端，传媒行业的边界也因此拓宽。内容与科技的融合，用技术革新内容生产流程，让内容引领技术发展。

私域流量，直播电商和微商模式*

今年（2020年），很多人兴致勃勃地进军直播电商，发生了很多有意思的事情。许多人楞冲冲地进入了直播电商业务，开始了直播，发现互联网这么多人，居然就是没有人看，也没有人加入粉丝团。还有些人做了各种活动，做了各种内容，有了很多粉丝，但是没有人买货。再对比一下媒体上报道的各种网红奇迹、网红业绩，真是让人产生了满满的挫折感。

于是，一些务实的企业经营者，开始思考自己的客户群，开始改进自己的直播电商模式。有人导出了自己的"会员"，让自己积累的多年顾客，来参加自己的直播电商活动，效果非常好。虽然人数或者粉丝并未达到百万千万，但是销售收入非常多。

这就是我们所说的私域流量，互联网的成功，让人们看到了巨大的公域流量的红利，微博、微信、抖音、快手、美团，为我们展示了一个个巨大公域流量的成功模式。但是，想转型上互联网船的众多企业需要清楚地认识到，公域流量的成功是BAT的，私域流量才是你的。

每一次互联网平台公域流量的狂欢之后，就是企业入场、探索自身产品和销售的过程。如何让自己的商品、用户转型到新平台？如何开发好自己的目标市场？我们传统营销上讲的"目标市场"，就是今天网络营销的"私域流量"。

私域流量就是企业的私有"流量资产"，"你是谁""你在哪里""你在干

---

* 本文原载于《国际品牌观察》2020年第32期，收入本书时有改动。

什么"这样的灵魂拷问才是核心的依托,这几个问题决定了私域流量的规模和大小。

私域流量来自顾客。不管是提供产品还是提供服务,客户就是肯"付费"给你的群体,是一个赋予了你信任甚至喜欢的群体。这个群体和公域流量中给你点"赞"的人们不一样,他们需要经历更多东西才能成为你的顾客。如何在网上运营这部分属于你的"流量资产"是一个比较现实的问题,如何去网络公共空间获得更多的客户,是一个比较理想的问题。

公域流量的理想也不是不可以实现的,最重要的是进入要早,并且要忍耐平台初期的萧条"寂寞"。我们现在看到的当红网红,很多是和公域流量的大平台共同发展起来的。例如,2016年张大奕在青春路上直播衣服,每天都要直播8个小时以上。这些拥有了公域流量的"大网红",是在公域流量大平台还没有发展的时候进入的,然后享受了大平台流量发展的红利。

现在和我们讨论私域流量的企业,我觉得大多是已经错过了大流量平台的红利,然后看到了别人享受了流量红利,开始思考如何应用红利的企业。随着大平台流量红利分配的稳定,我们剩下的一个机会,就是寻找自己的流量,这个流量就是"私域流量",即企业在社交媒体上的存量,把自己线下的已有用户转化成为线上用户,把现有网络用户变成营销用户。

私域流量和定位是密切相关的。我现在遇到了很多的企业,他们的业务是toB的,也非常羡慕巨大的流量资产,这些企业一转型,就遇到了很多的困难,一方面他们非常羡慕成规模的流量,一方面和粉丝的沟通能力不够。我觉得你的业务定位,决定了你的流量模式,如果你的定位是一线城市的白领用户,你就不要还惦记五线城市"小镇青年"的粉丝群了。

私域流量的运营模式之一是代理制模式。我觉得世界真的是很有创造力,这几年,我一直在看一个有意思的商业,叫"微商"。有些企业充分利用了这个微信的功能,推动了代理模式的转变,其中一个重要的词叫作"裂变",就是把代理制模式复制到了互联网,然后代理找代理,形成了一个巨大的私域流量,几百万的会员,最后就有了巨大的销售,这个模式打动了千千万万中小企业经营者的心。这个代理制的私域流量业也有很多失败的案例,有些太着急或者太明白的企业将其做成了"传销",有些企业把自己做"迷路"了,有些做着做着就翻了盘。

私域流量的另一种模式是直销模式。网红是各个公域流量大盘的受益者,每个平台上都有自己的网红,网红分割了流量之后,直接面对的问题就是如何变现,通俗地说就是怎么挣钱吃饭。电商之前的网红一直是替别人做广告,成为企业传播的一个环节,直播电商的到来,吸引了更多网红进入,大家通过直销的方式,把自己的网络流量变现,这个结果就造成了直播电商的爆发式发展。

会不会产生"抖商"和"快商"?从目前看,抖音和快手也加入了直播电商的业态,一个是短视频的公域流量,一个是直播的公域流量,这么多账号如何发展电商?企业做了抖音号、快手号,追随着自己消费者的"眼球"和"注意力",来到了这么一块水草丰美的地方,如何把自己的流量,当然最好还可以把别人的流量,变成自己的"现金流"?这就是关于"私域流量"的一些思考。

在数字经济发展过程中,网络平台快速迭代,让企业成为一个游牧民族,追逐着公域流量草原变化迁移。在每一处牧场,企业都需要一块自己的草场,经营自己的私域流量。为了把互联网流量变成自己的销售额,大家已经成功拓展出了直播电商和微商。当然,这一切还仅仅是开始,私域流量的大草原还很大,还有很多地方需要开拓。

直播电商生态和广电生态的融合与思考*

一、直播电商生态分析

直播电商是一个独立的生态，这个生态始于2016年，在2020年得到了大发展，成为当前最为火热的领域。主要平台都开展了直播电商业务，各类机构纷纷进入直播电商，开展MCN业务。特别是作为产业热度"晴雨表"的资本大量涌入，给了直播电商行业发展更直接的支撑。据艾媒数据，今年（2020年）2至4月，直播电商市场已发起12起投融资活动，市场投资欲望高涨。①

直播电商的本质是电商，平台是生态中的核心力量，一类是电商平台做直播，另一类是直播平台做电商。从目前的行业竞争格局来看，直播电商行业形成"一超双雄"的局面，简称"三国演义"。

"一超"是指"淘宝"直播。"淘宝"直播发展势头强劲，在今年的"6·18"大促中，"淘宝"直播平台累计下单金额达6982亿元，"淘宝"直播增长势头强劲。从今年的局势来看，"淘宝"意在构建专业度更高的直播电商平台，吸引多方主播入场，为平台引入大流量。从明星主播到县长主播，"淘宝"直播从"人"的要素入手，不断突破流量天花板。

---

* 本文原载于《中国广播》2020年第11期，与陈连子合作，收入本书时有改动。
① 艾媒咨询．艾媒咨询：2020年中国直播电商行业规模及主要投融资事件概览［EB/OL］．
（2020–05–01）［2020–11–16］．https://www.iimedia.cn/c1020/71196.html．

"淘宝"直播平台于2016年上线,2017年平台推出了"超级IP入淘计划",2018年"淘宝"直播被提至手机淘宝首屏,2019年"淘宝"直播的客户端上线,同时启动"村播计划"和"启明星计划"。2019年间,"淘宝"直播诞生了177个带货过亿元的主播。"淘宝"直播总经理俞峰表示,这个数据意味着,"淘宝"直播平台光是腰部主播生态,就已经超过许多平台的总成交额(GMV)。① 现在,"淘宝"直播聚集了绝大多数全网带货能力较强的头部主播群体。相关消息称,预计今年"淘宝"直播目标总成交额将由2200亿元大幅上调至5000亿元人民币。②

"双雄"指的是"快手"和"抖音"。为了加快直播电商布局,弥补供应链短板,"快手""抖音"纷纷加快同电商平台的合作,打通商品链接,加快直播电商的成熟化程度。

2020年上半年,"快手"已完成的总成交额近1000亿元。"快手"作为短视频内容平台,布局直播电商的步伐较早。2016年"快手"上线直播功能,2017年开始布局直播带货,2018年推出"快手"小店,并同"淘宝""有赞""魔筷"三个电商平台合作。2019年推出"快手购物助手"小程序,并同"拼多多"合作。2020年"快手"和"京东"合作,继续补齐电商短板。

"抖音"的直播电商布局稍晚,2017年末,"抖音"才上线直播功能,2018年初推出购物车功能,并开始直播带货。2019年推出精选好物,接入放心购,并与"京东""考拉""唯品会"等电商平台合作,同时上线了商品搜索功能。2020年,"抖音"与"苏宁易购"合作,未来"抖音"将不再支持第三方来源的商品进入直播间购物车,而是搭建闭环电商产业链。在"淘宝""京东"等电商平台的制约下,内容平台掌握电商发展主动权的需求也变得更加迫切。

电商平台寻求流量,内容平台寻求变现,随着各平台发展壮大,市场专

---

① 万字长文读懂直播:很多人没明白直播带货到底要做什么?[EB/OL].(2020-09-01)[2020-11-16].https://www.36kr.com/p/862855814945666.

② "淘宝"直播2020年目标GMV上调至5000亿元[EB/OL].(2020-09-03)[2020-11-16].https://new.qq.com/rain/a/20200903A0FPI500.

业化分工程度也在不断提高。营销、直播间代运营、选品、商务、拍摄、设计等各方需求逐渐旺盛，直播电商市场愈显兴旺。

二、广播电视媒体进入直播电商领域

从广播电视媒体入局直播电商的路径来看，广电媒体的直播电商发展之路早已有所布局。作为广电媒体的商业化体系，电视购物频道最早尝试直播电商，进行业务拓展，进军直播电商领域。

初期的广电媒体尝试电商直播主要是为了探索新的发展道路和打造新的商业机会。早在2016年"双11"期间，湖南广播电视（以下简称湖南广电）旗下"快乐购"公司就以视频直播的形式促进了"视频电商形式"的发展。2016年"双11"当天，湖南广电进行了《马栏山纠结局》自有客户端直播、《我是大美人》"淘宝"直播、《一县一品》电商扶贫原产地直播、《汽车之家"双11"疯狂购车节芒果汽车》直播，以视频直播的形式促进了品牌力、商品力、供应链能力的增长。

2019年左右，广电媒体在电商平台开启电商购物直播间。2019年5月，湖南广电旗下购物频道以"芒果台快乐购"的名义入驻"淘宝"直播间。同时，湖南台的《我是大美人》以及北京"家有购物"频道的《家有淘好货》都加入了"淘宝"直播，初期的广电媒体电商直播间选品多样，从零食到美妆，类目广泛，直播间播出无固定时间，直播频率主要以周播或月播为主。

成立广电MCN，主持人转型带货主播或网红，打造个人IP，强化内容矩阵。湖南娱乐MCN——Drama TV全面对接市场，搭建了较为完善的运营机制，平台打造了"张丹丹的育儿经""叨叨酱紫""维密也小曼""逆转时光酒吧""一个大金意""张之助竟然"等IP矩阵。目前，Drama TV已进驻"抖音""快手""微视""淘宝"直播等多个平台，依托湖南广电强大的内容基因，结合市场化手段，布局母婴、美妆、美食、娱乐、竖屏剧等内容赛道。"快乐购"主持人魏恺辰在"淘宝"直播平台目前拥有37万粉丝。同是"快乐购"主持人的艾雪则在"抖音"上吸引了400多万粉丝。

济南广播电视台鹊华MCN联合全国近百家广电媒体，推出了以"扶工助农""产地直供""广电严选""历史低价"为卖点的"微信"电商公益直播。鹊华MCN携手省内最大的商业企业银座集团等，合作开展"云扫货"电商直播活动，旗下主持人"小鱼儿"带货国际大牌美妆、知名品牌小家电，实现直接销售50余万元。

广电媒体试水直播电商，在网红经济火热增长和短视频时代的背景之下，尝试用内容杠杆优势撬动电视购物、直播电商等差异化业务，挖掘新的利润增长点，同时打造多屏互动的直播电商生态圈。

三、中央广播电视总台直播带货的旗舰模式

从开启"淘宝"直播间到成立MCN培育网红矩阵、支持直播带货，广电媒体的直播电商布局逐年推进，今年迎来新一轮发展。

为落实中央"支持湖北经济社会发展"的要求，今年4月份以来，中央广播电视总台（以下简称总台）积极参与直播带货。2020年4月6日晚，总台在"央视新闻"客户端、"淘宝"直播、微博三个平台同时开启主题为"谢谢你为湖北拼单"的专场直播，直播观看人次1.22亿，销售额达4014万元。主播朱广权和李佳琦也被网友戏称为"小朱配琦"组合，此话题登上当日微博热搜话题，不少网友反馈，"小朱配琦"是一次成功的直播范本。

4月12日晚，总台在"央视新闻"客户端、"快手"、微博三个平台再次开启主题为"谢谢你为湖北拼单"的专场直播，本次直播间观看人次1.27亿，销售额达6100万元。

5月1日，总台在"央视新闻"客户端、"抖音""快手"三大平台开启"为美好生活拼了"专场直播带货，并同"国美""拼多多""京东"等电商平台合作开启带货。本次带货主播选择了康辉、撒贝宁、朱广权、尼格买提4位总台主播，他们自称的"央视Boys"组合吸引了众多网民关注，最终实现全平台销售额5亿元的带货结果。网友评价："有梗有内涵，比综艺还好看。"

5月10日，朱广权同李佳琦再次合作开展"国货正当潮"的带货直播，

直播在"央视新闻"客户端、"淘宝"直播、微博三大平台同时播出,本次直播销售额达 7560 万元。

6月7日晚间,国美电器零售携手总台央视网走进北京国美门店,开启"人人都爱中国造"直播专场。直播专场由总台主持人尼格买提和浙江卫视主持人伊一搭档主持,汇聚了中国一线家电各品牌的总负责人,为"国货之光"带货,拉动家电产业国货消费。本次直播带货额突破 7.2 亿元,各平台累计人气达 982 万人次。7月17日,总台央视网协同国美电器开展了主题为"美好生活私享家"的专场直播,主播为总台主持人李思思、曹煊一,搭档国美零售总裁王俊洲。直播节目以沉浸式直播间、创意展陈与趣味互动的方式,呈现多元化、智能化的热销家电。广电媒体直播带货的主题紧扣国家经济发展热点话题,"人人都爱中国造"直播专场定位于落实"六稳""六保",而"美好生活私享家"定位于关注消费升级,两档直播节目直击当下中国经济热点话题,从产、销两端助力供给侧结构性改革。

7月25日,主题为"买遍中国·助力美好——央视新闻＆国美零售全国31省份巡回带货直播"的活动在全国启动。[①]

总台此次大力入局直播电商,展现了在媒体融合发展背景下,总台对于机构发展战略的深思熟虑和大胆举措。

(一)战略创新

新媒体产业的发展迎来新的市场环境,总台新媒体积极应对市场机遇,做出业务尝试。2017 年开始,广播电视广告收入首次出现负增长现象,到了 2019 年,全年全国广播电视机构新媒体广告收入达到 194.31 亿元,同比增长了 25.11%[②],新媒体广告收入已经成为广电媒体机构广告业务运营的重要部分。

---

① 国美零售联手央视新闻"买遍中国"开启全国 31 省份巡回带货直播[EB/OL].(2020-07-22)[2020-11-16]. https://baijiahao.baidu.com/s?id=1672905885110650237&wfr=spider&for=pc.

② 2019 年全国广播电视统计公报发布新媒体广告收入增长明显[EB/OL].(2020-07-09)[2020-11-16]. http://culture.people.com.cn/n1/2020/0709/c1013-31776961.html.

（二）流量变现

2017年左右，总台等广电媒体进军新媒体市场的方式多以开发微信公众号、移动客户端为主，虽然媒体微信公众号在文章更新数量、用户阅读量、点赞数上占有一定优势，但这些流量的变现能力不足，无论是在微博还是在微信公众号上，传统媒体几乎都无法实现有效的变现，广告等形式的植入也有限，而直播电商的形式恰巧带来了一种高效率的流量变现形式。据"淘宝"直播总经理俞峰表示，通过"淘宝"直播引导的商品打开率、进店率能达到60%，这是任何其他平台、任何其他形式都不曾实现过的转化率。①

（三）存量资源开发

专业能力强、科班出身的主播成为广电媒体入局短视频、直播电商的重要优势资源。长沙广播电视台旗下中广天择传媒股份有限公司签约的电视主持人晏维，在"抖音"短视频平台成功转型美妆博主"晏大小姐Vivi"，账号现有粉丝量436万，账号视频全网播放量超4亿人次，账号月广告收入可达百万元。无独有偶，湖南娱乐MCN也孵化了"张丹丹的育儿经"等主持人IP矩阵。

四、广播电视媒体生态与直播电商生态的融合与分立

广播电视媒体生态与直播电商生态原属两个相对独立的生态，在直播电商的营销新环境之下，两个生态圈在保持彼此独立性的基础上，有了新的结合点。

整体来看，广电媒体在直播产业链中处于中间环节，同其他MCN机构一样，上游对接品牌商家，下游面向消费者。利用平台的影响力，推广电商环节中的商品营销价值，并促进营销效率的提升。

---

① 万字长文读懂直播：很多人没明白直播带货到底要做什么？［EB/OL］.（2020-09-01）［2020-11-16］. https://www.36kr.com/p/862855814945666.

近两年，广电平台积极同外部平台合作，在业务模式上探索求新。从广电媒体平台和直播电商平台的合作来看，广电平台拥有强大的信任背书和丰厚的流量基础，这是直播电商平台所渴求的。广电平台也需要电商平台强大的供应链、运营管理、物流管理、售后等系统的支持，以此来支撑广电系统在电商领域的新尝试，合作达成双方互利共赢。总台同"淘宝"直播、"快手""抖音""国美"等平台合作的直播效果斐然。

广播电视媒体生态同直播电商生态相互融合。一是在营销资源上，广电媒体经过多年经营，积累了一批较为稳定的广告客户资源。湖南广电快乐购物有限责任公司董事长陈刚在 2010 年接受采访时表示，"快乐购"销售商品涵盖 3C 数码、家居生活、汽车旅游、保险等 18 大类 6000 多品类，在全国拥有 1500 多家供应商、合作伙伴及 300 万会员。基于多年合作建立起来的互信关系和对主流媒体影响力的乐观估计，品牌客户对主流媒体的电商尝试更是乐见其成，许多国货品牌如数码产品品牌华为、家电品牌格力、护肤品品牌美加净、零食品牌大白兔等也成为广播电视媒体直播间的常客。二是在内容的共通性上，许多人都拿直播+电商和传统电视购物相比较，两者有内容上的共通性：直播电商和电视购物都以"视频+电商"的形式呈现产品，受众在屏幕面前既是节目的观众，又是兼具消费能力的消费者。广播电视媒体内容制作上的资源积累也可以运用在产品的宣发上，内容上的共通性为广播电视媒体进军直播电商市场提供了坚实的实力基础。

广播电视媒体生态同直播电商生态相互独立。一是大小屏营销策略的区别，广播电视媒体的生态建立在广播和电视上，手机端只是延伸，而直播平台是建立在手机屏上。电视屏幕更大，画面信息上可以呈现更多的内容，对于大件产品的展示广告如家具、电子产品等更有优势。直播间屏幕更小，观众随时随地打开就可以看，跳转支付便捷，支付体验更佳，能够有效促进营销效率的提升，且"全屏+竖屏"的场景沉浸感更强，带来更强的同主播互动的体验感。二是广播电视节目同直播节目的不同，节目内容也有各自独立的生态。广播电视媒体生态的内容多由长线剧情式的内容模式组成，节目内容主题鲜明，流程顺畅，在内容呈现上有明显的编排感。节目时长根据节目的类型一般有固定的时长限制，广告呈现多以主持人口播、内容植入的形式呈现。但节目互动性较差，只能从收视率、收视时长等监测数据分析观众反馈。而电商直播节目无鲜明主题，内容无明显的编排感，内容以主播介绍产品为主，中间穿插同观众的交流互动；内容互动性强，主播根据实时弹幕内容对观众的需求做出及时回应，观众反馈直接、效率高。在时间上，无明显规定的内容时长，品牌广告显露直接，以商品链接的形式呈现，变现效率较高。三是内容标准的不同。广播电视从业人员的政治敏锐性和政治鉴别力较高，面对纷繁复杂的商业市场，在内容的把控上更为严格。直播电商内容更靠近市场，距离消费者更近，作为中间的销售环节，直播电商主播以及产业链条中的人，需要对上游商家和下游消费者负责，且对于消费者的洞察一直是商业市场中的重要环节。直播电商内容质量参差不齐，盲目追求热点，一味迎合消费者喜好，存在内容庸俗、产品质量低劣、虚假宣传等众多问题。

直播电商已推动了营销的大变革，广播电视传媒机构入局直播电商，引起了人们的广泛关注。直播电商的本质是电商，而广播电视媒体的本质是媒体，如何理解生态，守住优势，加强同其他平台有机融合，形成广播电视传媒特色的直播电商业务，是未来的重要课题。